儿童立场的东方表达

儿童发展优先理念下的实践与反思

朱幸嫣 主编

文匯出版社

图书在版编目(CIP)数据

儿童立场的东方表达：儿童发展优先理念下的实践与反思 / 朱幸嫣主编. -- 上海：文汇出版社，2025.
5. -- ISBN 978-7-5496-4480-3

I. G612-53

中国国家版本馆CIP数据核字第2025MN6575号

儿童立场的东方表达
——儿童发展优先理念下的实践与反思

主　　编 / 朱幸嫣
责任编辑 / 张　涛
封面装帧 / 梁业礼

出 版 人 / 周伯军
出版发行 / 文匯出版社
　　　　　上海市威海路755号　（邮政编码：200041）
经　　销 / 全国新华书店
排　　版 / 南京展望文化发展有限公司
印刷装订 / 启东市人民印刷有限公司

版　　次 / 2025年5月第1版
印　　次 / 2025年5月第1次印刷
开　　本 / 720mm×1000mm　1/16
字　　数 / 355千字
印　　张 / 20.5元

ISBN 978-7-5496-4480-3
定　　价 / 80.00元

·版权所有　侵权必究·

本书编委会

主　编　朱幸嫣

编　委（以姓名笔画为序）

张玫红　陆天星　陆　益　季　琳

周　艳　周　密　周敏莉　夏丽洁

梁　雯　蔡伟萍

为儿童立场的东方表达点赞

陈家昌

转变教师的教育观念，是推进儿童发展优先战略的重要环节。幼儿园教师确立"儿童立场"的核心，在于将儿童视作具有独立人格的生命主体，视作能够激活自主能力和主动学习意识的个体，从而真正理解、尊重儿童的发展权利和发展需求，激发儿童自主探究的兴趣，使儿童真正成为学前教育的"主人"。这就是东方教育集团近几年来积极推进的教育教学和科研工作关注的主要方向，他们把这个主题命名为：儿童立场的东方表达。

围绕这一主题，近几年来东方教育集团为教师搭建多元实践和展示成功的平台，包括组建园长沙龙，建立六个活跃的特色工作坊、三个紧密型的联盟研修体，以及具有东方特征的男教师工作室，将"研、享、通"一体的教科研平台信息技术赋能在教育场景的应用等，这一切都取得了很好的业绩。例如集团先后征集教师的优秀案例和论文，经专家评选并指导修改，出版了两部有较高质量的案例和论文集，受到读者的好评。再如集团经常举办工作坊特色展示活动，将幼儿园特色转变为集团的教育资源和教师培训的选修课程，带出了一批又一批多才多艺的深受幼儿喜欢的青年教师。与此同时，集团还先后多次组织教师开展教学技能竞赛，尝试以儿童的视角将幼儿自主活动拍摄成短视频，评选出了一批批很有观赏价值和借鉴意义的优秀短视频，不仅丰富了集团的教育资源库，而且成为幼儿和家长点击率很高的亲子活动资源。通过上述精彩的活动，在东方教育集团旗下26所幼儿园的58个园区，从环境建设到课程开发及实施，都较为清晰地贯注了儿童发展优先的原则，展现了处于不同发展层面的教师对于儿童立场的个性化理解和实践。

此刻，摆在我面前的这本沉甸甸的书稿，就是东方教育集团近两年组织教师开展征文竞赛，经专家评审获奖的、在专家指导下修改后的作品成果集。认真阅读这本名为《儿童立场的东方表达——儿童发展优先理念下的实践与反思》书稿，能够感受到东方教育集团的教师确实在转变教育观念上做了大量新探索，也取得了不少成绩和经验。本书中的大多数案例和论文反映了教师自觉的角色转换，以幼儿玩伴的身份设计并参与活动的全过程，引导幼儿自主观察、记录、质疑、讨论和分享，也都能真实地展示幼儿在活动中的愉悦和教师在活动设计和实施过程中的成长。值得特别指出的是，这本书稿给我这样一种感觉：东方教育集团正在成功引导教师们积极尝试设计和实施从幼儿兴趣出发的"探索—发现—分享—反思"程序完整的活动，并且都能够对自己的活动设计和实施做深刻的反思。我认为这是一个重要的跨越。

首先，本书较多地表达了教师对"教与学"的动态共生关系的实践与反思。教育改革的任何一种探索与实践，说到底都是教育理念的嬗变，而反思"教"与"学"实践的互动关系，则是学前教育研究的一个永恒课题。集团加大教师专业发展的力度，促进教师的课程领导力和执行力的提升，归根结底，就是要改变传统的教师传授，幼儿被动接受的教学模式，努力做到在大幅度提升幼儿"学"的质量的同时，有效地提升教师"教"的能力。本书中的许多论文和案例，都聚焦于教师对实践与反思的双向研究，通过教学活动的设计和实施，用文字记录了教师如何认真观察、分析、评价幼儿，研究学情，并通过在活动中对幼儿的状况进行细致入微的观察，及时了解幼儿行为的特点，测定幼儿心理的水平，通过调整策略，实现活动的目标。这就是蒙台梭利所说的，"唯有通过观察和分析才能真正了解孩子的内在需要和个别差异，以决定如何协调环境，并采取应有的态度来配合儿童成长的需要"。

其次，本书作者还通过大量教学改革实践告诉读者，教师必须懂得把握幼儿的最近发展区，在观察幼儿游戏的时候，应该有意识关注幼儿的冲突，关注幼儿对材料的选择与舍弃，因为幼儿在游戏中的冲突行为以及对材料的处理，往往揭示了其最近发展区的呈现与变化，及时捕捉这些发展信号并趁热打铁，给予适时引导，是提升教育质量的有效环节。同时，教师要积极开展与幼儿的对话，注意了解幼儿冲突，或幼儿对材料不感兴趣的原因。通过增添新的游戏材料，提高或降低材料的操作难度等干预引导，来激发幼儿参与活动的兴趣，促使幼儿游戏向更高阶段发展。因此，每一次活动结束的分享环节，教师都会对活动从设计到完成过程中发生的问题进行认真分析，对整个教育教学过程的得与失做深刻反思。

最后，这本书体现了聚焦于真问题研究的精神。本书作者都是来自集团各幼儿园教育教学一线的教师，有的是保健员，她们表述的都是发生在教育教学现场的真问题，而且解决这些问题的方式方法也大多来自教师们自己的教育理念和教学经验，来自教师的集体智慧，更重要的是，这些问题都是解决于教育教学的现场。

例如一位老师面对缺乏集体生活经验的托班孩子，思考如何应对早晨进校后孩子们各种各样不适应的表现。老师需要关注每个幼儿的反应并及时给予回应，通过差异化的应对策略，支持他们都能在原有基础上获得进步。文章指出："保育人员应注意观察托班幼儿的眼神、表情、动作、声音、手势和口头吁求，并予以及时和有效的回应。"

于是，作者通过观察发现，她们"原先的点心座位摆放是'小组式'的，多余的桌椅会挤得空间不够宽敞，不利于托班幼儿自由行走和活动；托班幼儿的点心时光不够自由、温馨"。经过分析和思考，提出了解决的办法，即"根据餐厅布局调整了桌椅摆放位置，打破横向的'小组式'点心摆位，变成纵向的'自助餐式'点心摆位"，为托班幼儿打造更宽敞、自由、温馨、有序的就餐环境。使得托班幼儿拿取点心后，可以按照自己的喜好自由选择座位入座。此外，保育员还定位摆放餐点、漱口桶、擦嘴毛巾等物品，不仅满足了托班幼儿合理的点心动线设置，且有助于他们熟悉享用点心环节步骤。

再如，"一颗莲子的生命旅程"活动，就是来自一个大班幼儿对"莲子"生命旅程的兴趣，得到老师的回应和支持，逐渐发展为幼儿小组的活动，最终形成吸引全班幼儿参与的生成性主题活动。在这样的活动中，幼儿的观察思考能力、记录资料和收集整理的能力、表达表现能力和艺术审美素养都得到了很大程度的发展。

一线教师撰写的案例和论文，不需要长篇大论的逻辑推理和论证，也不需要过多引经据典的说教，她们撰述的都是发生在自己的教育教学过程中的故事。这些故事里的矛盾和冲突，在所有幼儿园都可能发生，因此，具有很强的典型性。她们解决矛盾和冲突的方式方法和即时效果，既有每一个具体事件的特殊性，又有类似场境相似故事的共通性，因此这些文章情节真实可信，细节生动具体，具有很强的可读性。同时，这些文章所介绍的具体做法具有很强的可操作性和很现实的借鉴价值，这是难能可贵的。

综上所述，在东方教育集团新著《儿童立场的东方表达——儿童发展优先理念下的实践与反思》即将杀青付梓之际，作为长期关注东方教育集团发展和进步的教育工作者，我谨向东方教育集团的领导和各幼儿园园长，向本书的作者们表示衷心祝贺！向一直以来始终关心浦东学前教育发展的领导和朋友们表示诚挚的感谢！

"东方风来满眼春。"

东方教育集团在帮助教师们确立儿童立场，培育反思型教师方面做了许多有效的工作，也收获了许多成果，值得赞赏。但同时我们也要清醒地认识到，教师真正转换教育观念，从实践进入反思，绝不是一件轻而易举的事，不是简单的教育技巧变革，而是涉及教育伦理、认知科学、社会文化的系统性变革。这要求教师既要有"童心未泯"的共情力、"幼有善育"的清晰意识，又要具备"科学育幼"的专业素养，在保护幼儿童真与引导社会发展间找到动态平衡点，并能够认真审视和反思自己的观念和行为是不是真正有利于促进每一个幼儿的发展，还有哪些需要修正的观念和行为，等等，努力成长为反思型的教师。当然，东方教育集团在这方面的尝试和成功，只是一个开始，今后的路会更长、更艰巨，我们期待秉持"同样的品质，不一样的精彩"理念的东方教育集团，能不断地在儿童立场的东方表达上，进行创新性的实践与反思，展示东方更多不一样的精彩，为浦东学前教育事业的发展，为浦东由教育大区向教育强区推进，奉献东方全体教师的智慧和力量。

（本文作者系上海甲辰传统文化教育服务中心理事长）

目录

代序 为儿童立场的东方表达点赞 ………………………………………… 陈家昌 / 001

推进区域学前教育优质均衡发展的东方实践
——东方教育集团创建高质量幼儿园的思与行 ………………………… 朱幸嫣 / 001
多"点"经验,"续"力成长——基于幼儿科学连续性经验发展的实践研究 …… 丁 蕾 / 007
大班科学活动理念转变:从"解密科学"到"探索过程" ………………… 董昊君 / 017
幼儿科学探究经验连续性发展的多元支持策略——以"水的探秘"为例 ……… 吴 蔚 / 028
在科探活动中成为幼儿连续性经验发展的观察者与支持者
——以"一课三研"科学活动"小小水管工"为例 …………………… 杨虹欢 / 035
助力幼儿科学探究的教研评一体化实施探索 …………………………… 张 嫣 / 041
幼儿园科学启蒙教育与五育融合的实践探索
——基于"幼儿发展优先理念下"的研究 ……………………………… 蔡伟萍 / 049
幼儿发展优先理念指引下的科探活动实施——以小班"浮力知多少"活动为例
……………………………………………………………………………… 王 培 / 059
幼儿发展优先理念下小班户外游戏的支持策略 ………………………… 金怡婷 / 065
幼儿发展优先理念下聚焦户外游戏分享交流
——"有趣""有料""有意"的分享交流助推户外游戏 ……………… 陈誉超 / 072
儿童立场下大班幼儿户外角色游戏"多元"支持策略的研究 ………… 张微微 / 082
自然·探索·共成长:户外表演游戏中幼儿深度学习的实践研究
——以《西游记》"九九八十一难"主题游戏为例 …………………… 袁 渊 / 090

发现和支持幼儿科学探究经验的连续性发展
　　——以中班"小陀螺大智慧"活动为例 .... 凌欣屿 / 100

幼小衔接背景下幼儿连续性经验的构建与实践探索 .... 康天泓 / 108

项目化活动赋能幼小科学衔接，教师反思助力幼儿连续性经验
　　——以"时间小主人"活动为例 .... 刘弘楠 / 118

幼小衔接视角下支持幼儿科学连续性经验发展的探索
　　——以科学集体活动"漩涡"为例 .... 张瑜琪 / 126

"值"道而行，衔接未来
　　——以"小当家"项目化学习为例，助推幼小衔接的实践研究 .... 陈梦璐 / 133

面向幼小衔接的幼儿科学经验连续性发展——泥鳅失踪案（中班）................ 李炜超 / 145

从单向到共生：家园共育中多元阅读的实践策略与路径探索 .... 袁 凡 / 152

"幼儿发展优先"理念下生成性主题活动的实践与探索 .... 张金贤 / 160

关注经验连续性　支持幼儿优先发展
　　——以中班主题式结构游戏"小小运动员"为例 .... 黄常露逸 / 167

幼儿发展优先背景下探索型主题活动实践的思与行 .... 顾 俞 / 175

聚焦建构游戏，助推深度学习——幼儿园建构游戏中深度学习的策略分析 .... 王志萍 / 185

儿童视角下大班幼儿户外游戏同伴关系研究——基于马赛克方法 .... 丁 蔚 / 192

以"幼"为先，小班自我服务角创设路径探索 .... 陆丹凤 / 200

亲子"家"油站，健康快乐伴——小班幼儿亲子运动初探 .... 江旭芸 / 206

尊重差异，支持个别化发展——由N个问题引发的关于托班幼儿保育护理的思考 ...... 朱伟慧 / 212

三式进阶卡：提升大班幼儿任务意识与自我管理能力的有效路径 .... 郁 贞 / 219

回应每一人　相伴共成长——托班幼儿生活活动中的回应性照护 .... 徐志颖 / 230

基于儿童发展优先，教师观察与支持的实践研究
　　——以户外建构游戏"大吊车"为例 .... 狄剑兰 / 234

尊重幼儿差异，让幼儿"心口愿开" .... 张楚旖 / 242

劳动启智，家园共融——家校社联动下的幼儿园劳育"微"课程实践 .... 申 晨 / 249

游戏活动中以"一育"带"四育"的初浅尝试
　　——以幼儿园劳动游戏活动清洗衣物为例 .... 张雪楠 / 259

生态德育视野下开展幼儿园环保教育的实践思考 .... 吴佳音 / 267

达义故事在小班生活活动中的探索与应用 .... 高敏颖 / 276

大自然的艺"树" .... 宋 悦 / 285

我们一起去探"薛"——在户外自然探究活动中引导幼儿自主学习 .... 蒋瑞芬 / 293

聚焦表征之术　开启师幼共成长之旅 .... 徐邢盈 / 300

幼儿发展优先理念背景下的幼儿园礼乐教育实践 .... 施 宇 / 309

推进区域学前教育优质均衡发展的东方实践

——东方教育集团创建高质量幼儿园的思与行

朱幸嫣（上海市浦东新区东方幼儿园）

2023年，上海市教委发布了《全面建设高质量幼儿园的实施意见》，提出"将每一所幼儿园办成办园管理规范有序、教师队伍素质优良、保育保教质量较高、场地设备投入有力、幼儿身心健康发展的高质量幼儿园"，并将"坚持规范有序、坚持创新驱动、坚持幼儿发展优先、坚持激发园所动力、坚持区域整体提升"作为基本原则，明确了到2025年的高质量幼儿园建设目标任务。

根据高质量幼儿园建设的要求，东方教育集团秉持"同样的品质，不一样的精彩"集团发展宗旨，以"儿童发展优先"理念为指引，在不断提高引领园自身办园水平的基础上加强示范和辐射，带领26家集团成员单位聚焦儿童发展，进行专业实践与探索，深耕教学，潜心研究，在争创高质量幼儿园的行进路上走出了一条独具东方特色的发展之路。

一、立足"儿童立场"，多元架构促深度研究

东方教育集团（以下简称"集团"）通过全面学习联合国《儿童权利公约》、教育部《幼儿园保育教育质量评估指南》、上海市《全面建设高质量幼儿园的实施意见》等政策文本，进一步优化教育理念，积极投入上海开展的"幼儿发展优先行动"研究，深刻领会并努力实现"三个走向"和"三个统一"（即从"为了幼儿发展"走向"基于幼儿发展"，实现幼儿主动学习与教师引导支持的统一；从成人视角走向幼儿视角，实现儿童发展行为分析与教师内生性专业成长的统

一；从"一般的、统一的幼儿"走向"具体的、个性化的幼儿",实现整体性与差异性的统一),助力东方文化浸润下的师生共同发展。

我们深知,幼儿阶段是生命个体发展的起始阶段。儿童时期的真正意义在于生长和发展,这种生长的未成熟状态,积蓄着发展的能力和生长的力量,尊重儿童时期就是尊重儿童生长的需要和时机。教育作为重要的一种生命关怀,其目的是促进儿童生命的发展,即最大限度地发展个体的潜能。因此,我们不断深化和解读"儿童立场"理念,将儿童视为主动的学习者,鼓励通过自主探索、游戏化学习等方式激发儿童内在的发展动力,推动教育实践从"经验驱动"转向"发展驱动",最终实现儿童立场从理念到落地的闭环。

为此,东方教育集团先后创建"音乐艺术""多元阅读""创意美术""科学探索""乐玩数学""保育保健"六大工作坊,从各领域着手开展基于儿童立场的专业研究,并不断加强领域的融合与板块的柔活,形成了相应的研究成果。

各工作坊聚焦儿童的发展和教师专业能力的提升,先后开展了"以学蓄力创新篇、经验探索续前行""支持每一个,提升回应性照护品质""玩美儿童,乐享童年"等十几个基于儿童立场的专题研究。在各领衔单位的组织引领下,各工作坊组建成立由市级专家带教指导的骨干教师联合研究小组,聚焦课程实践的共性问题,采用联动教研的活动方式开展专题研究,从内容到形式,从目标到措施,分阶段、有层次,逐步递进,形成了以"共同分享、协同研究、专家引领、自主研发"为特点的工作坊研修模式,打造了基于儿童立场的有效教学实践研究学习共同体。

东方教育集团各工作坊通过多元化的活动与探索,帮助教师学会倾听儿童的声音,尊重儿童自主自由,提供适时、适宜的回应,进一步尊重儿童发展规律,掌握科学的观察方法,精准识别儿童的需求,形成"计划—行动—观察—反思—调整行动"的自我反思模式,既促进了教师的专业成长,也激发了儿童学习的自主性,让教育成为师生共赴的成长之旅。

二、基于"儿童立场",多维联动促队伍成长

现代教育观让我们对"教学"有了更为深入的理解。当下教育活动中的"教"与"学"早已不是教师对儿童的单向输出,而是师生相互启发、共同建构的动态生成过程。在教学活动中,教师从传统意义上的"传授者"转变为儿童学习的陪伴者和支持者,在有质量的师生互动中引发更丰富的学习契机,激发儿童

的学习兴趣，满足儿童发展的需求。因此，作为儿童发展的关键人物，教师的专业素养直接影响着教学的质量和儿童的发展。

东方教育集团基于对当代教学的深刻认识，不断加强对师资队伍的培养，将教师的专业能力提升作为践行"儿童立场"理念的重要保障和转化条件，让教师真正成为"儿童的研究者"，让教学能促进教师和儿童的共同成长。

园长是教师的教师，在队伍建设中发挥着极其重要的引领作用。东方教育集团对标高质量幼儿园建设指标，组织集团单位园长进行政策学习，邀请专家进行深度对话，定期开展"园长沙龙"活动，帮助园长厘清影响保教质量的核心要素，并充分挖掘和共享优质管理经验，拓展保教管理工作的创新思路，积极发挥园长在队伍发展中的智慧引擎作用，全面提升园长的教学管理能力。

东方教育集团为保教主任、教研组长和骨干教师等群体设计并推出了"菁英培养计划"，旨在培养开展教学管理和专业研究的中坚力量，为带动教师队伍的整体发展打造人才蓄水池。我们邀请高校专家开设专题讲座，组织特级教师、竞赛获奖教师等教学经验丰富的优秀教师进行经验分享，在座谈和研讨过程中帮助骨干教师提升专业认知水平，掌握更为先进的教学方法。集团还不断拓展资源，带领"菁英培养计划"学员到上海多所名园进行参访，拓宽专业视野，增进了专业交流。

我们通过资源共享和协同管理，为不同层面的教师提供更多的学习和发展机会，全方位、全覆盖助推教师的专业成长。集团大力推进结对带教、园际交流、项目研究、名师工作室等各种机制，开展案例研究、跨园研修、微格教学等专业研究活动，加强对每一位教师教育教学能力的培养和历练，积极打造一支与新时代教育发展需求相匹配的专业师资队伍。

东方教育集团通过打造多维联动的系统化队伍培养体系，激励集团内全体教工在专业自信、学习自律、发展自主的成长路上不断迈进，形成了集团教师队伍蓬勃发展的良好局面，也取得了显著成效。集团内现有区学科带头人35人，区骨干教师142人，特级教师2人，高级教师97人，近两年中，区级骨干教师增幅达到65.4%，高级教师增幅达到90.2%，另有328名教师在市、区级专业评比中获得奖项，有575名幼儿在市、区级竞赛中获奖。

三、坚守"儿童立场"，多措并举促园所发展

"同样的品质，不一样的精彩"是东方教育集团的宗旨，帮助每一个集团单

位在同样的高质量办园过程中呈现自身的特色,也是集团工作的追求。对标高质量幼儿园建设目标,依据《幼儿园保育教育质量评估指南》要求,东方教育集团根据每一所幼儿园自身的办园基础,以促进儿童健康发展为目标,开展对各园所办园情况的把脉诊断,助推各园所的内涵质量提升。

集团组织专业团队进入各园所进行调研,通过"自评诊断"与"助评反馈",对园所发展进行"判断"与"诊视",科学把握园所的发展需求及增长点,分析现有问题,规划改进方向,形成"一园一方案"。同时,由集团内市示范性幼儿园园长组成"高质量幼儿园建设轮值小组",针对不同园所的需求,组建团队,搭建平台,助力提速集团内幼儿园的发展,提高集团指导质量,提升社会认可度。

担任轮值组长的园长从集团园挑选人员组建带教项目组,制订精准带教计划,对被带教园所开展一对一跟进式带教指导工作。带教项目组深入被带教园所的每一个班级,通过定期的"助评反馈"深入了解每一位教师在教学中的优势和不足,从师生的发展需求入手给予指导和帮助。通过一次次全面浸润的精准带教,教师们的教育理念发生了转变,并将对"儿童立场"的理解转化为每一天实实在在的教育行为,让教育教学改革的理想一步步变成了现实。

同时,东方教育集团通过"研享通"教研平台加强对教育教学的研究,集结集团内具有专业特长的园长、学科带头人及优秀骨干教师,带领各园所教师开展常态化"阶段式自我对话""蹲点式现场指导""交互式网络教研"等园际联动活动,走进集团各优质园的教学现场,秉持幼儿发展优先理念不断优化一日活动的组织与实施,柔活四类活动,提升教师课程实施质量,促进园所高质量发展。

另外,东方教育集团坚持每学期开展教学展示周活动,为教师们研讨专业、切磋教学和展示风采搭建平台,至今已成功举办了12届,成为集团助推教师专业发展的一个有力举措。我们的教学展示周活动围绕"儿童立场的东方表达"这个中心主题展开,先后开展了"儿童立场下的师幼互动""幼儿发展理念下的教与学""儿童发展优先的东方实践"等年度主题的教学展示周活动。

在每一届的展示周活动上,都设有专家讲座、园所展示、工作坊汇报、优质课交流等专业研讨活动。仅近两年的教学展示周活动中就组织了60个专场、137个教学展示活动,有72篇论文案例进行交流,参与教师达到4 000多人次。在这个专业研讨的平台上,更多的教师有机会站到舞台上,与同行交流、与专家对话,在历练中积淀实践智慧,提升专业素养,为集团高质量发展奠定了扎实的人才基础。与此同时，东方教育集团也完成了2所高质量幼儿园的创建，创成了3所市级示范性幼儿园，并顺利扶持开办了3所高起点幼儿园。

四、彰显"儿童立场"，多联共享促项目落实

在浦东新区积极创建国家幼儿园保育教育质量提升实验区的大背景下，东方教育集团根据《共筑幸福成长阶梯——基于儿童经验的连续性发展提升幼儿园保教质量的区域行动》实验区项目方案要求，以促进儿童的终身发展为长远目标，积极推进幼小衔接的研究。集团通过申报审批，确定了11所实验园，分别与浦东新区11所小学结对，通过与小学的互动，共同探寻幼儿园与小学在推进儿童连续性经验发展方面有效的做法。

我们本着"儿童立场、双向衔接、深度融合"的理念，将快乐探究、自然探究和STEM探究三大活动样态的实践渗透在幼儿的一日活动中，同时让幼儿园教师走进小学，通过案例分享、网络教研、幼小同课、观摩互动、联合教研等，感受小学日常教学活动、课程实施的常态化样态，比较儿童在不同学段开展学习的特点。

同时，集团组织开展关于幼小衔接的"浸润式教研"，协同小学教师一起聚焦一日活动中师幼互动中的真问题进行讨论。比如在幼儿园与小学中同步开展微教研，解读《幼儿园保育教育质量评估指南》《关于大力推进幼儿园与小学科学衔接的指导意见》以及《义务教育科学课程标准》等文献，比较和发现两个学段的学习特点与探索经验连续性发展的关系，找到两个学段在教育理念上的契合点，探寻幼儿园与小学在推进幼儿经验连续性发展方面的有效做法，为幼儿进入高阶段学习的连续性奠定基础。

通过幼小联动的研究，集团建立了"定期轮值的双向联动教研机制""幼儿园教师与小学低年级教师跨学段幼小衔接教研机制"等研究机制，帮助教师们在个性化表达、互动性启发、探讨性研究的深度对话和研讨基础上，将幼儿的发展与自身的教学行为建立联结，培养善于在实践中思考的反思型教师，为打造"五育并举、公平优质、开放融合、活力创新"的浦东教育生态进一步提供保障。

"儿童立场"是我们开展专业工作的思考源点，"高质量发展"是我们办园的目标追求。在东方教育集团，通过各项有计划、有步骤的集团工作实施，对"儿童立场"与"高质量发展"这两个关键概念的理解已经在各成员单位中形成了共

识，并依托集团的管理工作渗透于各园所幼儿的一日生活和教师的专业生活，在每一天的每一个活动中得到具体生动的演绎，诠释着东方文化视域下的解读和践行。

在坚守高质量发展的前提下，让每一个园所都绽放不一样的精彩，这是我们东方教育集团不断努力奔赴的目标，相信也一定是东方教育集团的未来！

多"点"经验，"续"力成长

——基于幼儿科学连续性经验发展的实践研究

丁 蕾（上海市浦东新区东方城市幼儿园）

在党的二十大报告中，习近平总书记指出："教育、科技、人才是全面建设社会主义现代化国家的基础性、战略性支撑。"《中国儿童发展纲要（2021—2030年）》中更将"全面提升儿童科学素质"设为关键目标之一，对学前教育阶段的科学启蒙提出高标准。可见，推进学前科学教育，已成为当前社会发展中的重要一环。

杜威（John Dewey）的教育哲学中强调，教育是基于儿童生活体验之上的经验积累与升华的过程。在实施科学启蒙教育的过程中，教师的任务在于整合和深化幼儿零散且片段化的感知与发现。在"幼小衔接"大背景下，教师以帮助幼儿顺利衔接为目标，关注幼儿科学连续性经验发展，在学前阶段提供启发性、高质量的科学启蒙教育。

在深耕实践中，以主题探究"'兔'然遇见"为例，教师始终坚守"幼儿发展优先"的理念，解读幼儿探究行为，剖析其发展需求，通过多维度、多"点"的聚力，助力幼儿科学连续性经验的不断深化和拓展，推进幼儿深入探究。教师聚焦幼儿学习品质、综合能力与科学素养的融合培养，助力其实现全面发展，并为未来学习与生活奠定坚实基础。

一、捕捉"生长点"，持续经验新增性

生长点是幼儿发展的起点，是引发幼儿获得新知的关键基础，是在幼儿已有知识与经验的基础上，探索未知、深化理解，最终达到实现自我提升的发展目

的。教师在开展探究活动时，以激发兴趣为引导原则，尊重幼儿主体地位，并通过师幼互动来识别并充分利用这些"生长点"，促进幼儿不断积累经验。

（一）兴趣导向，深耕探索，收获新经验

《3—6岁儿童学习与发展指南》指出，成人要善于发现和保护幼儿的好奇心。这意味着在幼儿探索时，教师的首要任务是识别每个幼儿特有的兴趣点，这些兴趣点被视为未来发展的关键"生长点"。

基于观察幼儿一日生活中展现的兴趣与反应，教师设计与开展既贴近幼儿生活又符合其认知发展阶段的探索活动。从而激发幼儿的好奇心，鼓励他们积极参与到观察、提问、假设以及验证的过程中去，进而逐步积累起宝贵的科学探究经验。经由这一过程，科学意识在幼儿心中逐渐萌发，激发了他们对未知世界的好奇心。

 案例1

和小兔做朋友

小班探究活动现场，我观察到昕昕因害怕被兔子咬，伸着手始终没敢摸。周边幼儿想上前，也都被昕昕一把拦住："兔子会咬人的！"于是，幼儿们集思广益，尝试以树枝互动，没想到一下就吓跑了小兔。我摸摸昕昕的脑袋，舒缓她的情绪："你们遇到什么困难吗？"胧胧耷拉着嘴角说："我们想摸小兔子！""我也想！"幼儿们产生共鸣，一同激动地喊道，充满期待。

随后的分享交流中，我把幼儿遇到的困难抛向集体："有什么好办法，让我们又能摸小兔又能保护好自己、不害怕呢？"小小说："我在外面摸过小动物，是戴着手套的。"周边几个幼儿纷纷响应："我也是！"我追问："是什么样的手套？"萌萌一边比画着一边描述："是滑滑的，上面还有一点一点的，我帮兔子梳毛的时候戴的。"我继续面向集体幼儿问："萌萌说的手套，和我们戴过的手套一样吗？"幼儿纷纷回答："我戴的手套是毛茸茸的、暖暖的。""小动物会把毛茸茸的手套吃到肚子里的，会不好的。"……我逐一倾听，每当一名幼儿发言后，我都会击掌回应，肯定他们的勇于表

达，对他们积极动脑给予鼓励。

之后，幼儿自发从家中带来许多手套，他们发现专用防咬手套可以与小动物安全互动，还收集了保暖手套、橡胶手套等，并在实践使用时发现橡胶手套可以保护双手，还可以用来清洁兔子粪便。

从上述案例中，依据《上海市幼儿园办园质量评价指南》中探究与认知领域的指标，可见幼儿对探究、亲近小兔的热情与渴望。正是这份源自内心的自发动力，促使他们在面对未知时能够勇于探索、积极求解，进而对手套的材质产生浓厚的兴趣，进一步推动了他们探索与小兔亲近、互动的新方式，不断收获新经验。

（二）幼儿本位，情感支持，积累新经验

教师遵循以幼儿为本，优先满足幼儿发展需求，以此准确把握"生长点"的关键时机。教师提供情感上的支持，让科学的种子在幼儿心中生根发芽，促进思维和情感发展，在快乐中学习，不断累积新经验。

1. 观察与倾听

教师通过持续观察和一对一倾听，追随幼儿探索进程，深入了解幼儿的需求，并识别幼儿的情绪反应，这些都可视为个体发展的关键"生长点"。

为幼儿构建一个充满温情、鼓励与包容的环境，让幼儿感到被接纳和理解，并激发他们自主自由探索未知世界的勇气，敢于尝试新鲜事物。即便面对挑战或失败，也能在教师的悉心指导与积极支持下继续前行，不断在实践中积累新经验。

2. 尊重个体差异

每个幼儿都是独一无二的个体，他们的兴趣爱好、发展水平及成长节奏都各不相同。教师应高度重视、尊重幼儿的个体差异，捕捉"生长点"，并致力于为每个幼儿创造符合其自身发展需求的机会与环境。

教师以多元化的方式给予幼儿情感支持，例如：当幼儿尝试使用纸笔记录自己新发现的事物时，老师立即用充满赞赏与惊喜的眼神来回应；在幼儿取得进步或成功时，教师则以热烈的掌声作为庆祝。教师适时运用言语、面部表情及肢体

动作等多种形式，向幼儿传递最真诚的情感鼓励和支持。

值得关注的是，教师还应适度退后与耐心等待，给予幼儿空间与时间，使其天性得到自然发展，也是促进其健康成长的重要支持。如此，幼儿在自我发现的过程中不断累积新经验和知识，逐步构建自己对周围世界的独特认知。

（三）积极互动，碰撞思维，融合新经验

通过多样化的对话交流方式，进行积极的师幼互动、幼幼互动，乃至幼儿与环境、材料进行互动，形成思维碰撞。从中挖掘幼儿的潜在能力，鼓励他们分享各自的生活经历，在此过程中，激发新的思考。这种互动方式不仅扩展了幼儿的知识领域，更重要的是培养了他们表达表现的能力及团队意识，使得新经验能够在互动中得到融合与发展。

二、探寻"契合点"，保障经验连续性

契合点是幼儿发展的内容。随着幼儿年龄增长和经验累积，教师应基于幼儿最近发展区，遵循其身心发展规律，重视幼儿已有知识与新经验之间的连贯性和整合性。在幼儿现有的认知基础与其即将面对的学习挑战间的连接中，确定有效的"契合点"，从而保障幼儿能够在每次新的探索经历中基于先前积累的经验持续进步，为其今后的学习与发展打下坚实的基础。

案例 2

小兔拉肚子

在中班上学期的探究活动中，幼儿轻抚小兔进行着亲密互动。昕昕首先注意到小兔的毛发和嘴巴都脏脏的。萌萌凑近一看，皱眉说道："好臭啊！"说完还捂住了鼻子。小小指着兔子的尾巴说："兔子尿尿了！屁股上的毛也是脏脏的。"话音刚落，昕昕立马将脏脏的兔子放在地上，略有嫌弃，并表示不想和它玩了。

我适时介入，以温和而引导性的语气询问："你们有没有注意到兔子还有什么变化吗？"小小立刻回应："兔子的便便应该是圆圆的。今天都是黄

黄的了。"萌萌也补充说，小兔的食盒里都是黄水。随后，胧胧推测小兔子可能吃坏肚子了。我进一步引导："你们发现了兔子的屁屁和以前不一样耶。那兔子怎么会拉肚子呢？"幼儿们尝试寻找答案，纷纷表示没有看到兔子吃东西。

活动结束后，幼儿围绕小兔拉肚子的话题进行了热烈讨论。部分幼儿猜测可能与兔子吃的食物有关，却不知具体是什么食物导致的。当讨论如何照顾小兔时，有的幼儿提出要给小兔吃药、打针，有的则提出要给小兔喂粥，将自己在日常生活中照顾他人的经验应用到小兔身上，显示出对小兔的爱护和责任感。

通过"一对一"的倾听方式，我意外发现有幼儿已经察觉到小兔食用了湿草，并将其与拉肚子联系起来；还有幼儿提出要晒干草、自制干草。

此案例说明，中班幼儿相较于较小班的观察能力有所提高，能通过比较观察发现小兔因健康问题（如拉肚子）而产生的身体变化，体现了他们对周围事物的敏感性。借助幼儿对小兔健康状况的关注和讨论，教师进一步引导他们探索如何照顾动物。尽管他们在直接照料"生病"小兔的经验还不丰富，但能促进幼儿在实践中不断积累、整合并构建关于动物健康护理乃至生命关怀的连续性经验。这一过程，不仅是知识和技能的积累，更是对情感态度与价值观的塑造，确保幼儿学习与发展路径的连贯性与完整性。

三、突破"质疑点"，驱动经验递进性

质疑点是幼儿发展的推力，即幼儿获得的新经验与已有认知冲突时，提出疑问。通过实验、观察及讨论等方式寻求答案。当幼儿面对难以解决的问题或向教师寻求帮助时，教师应适时介入，给予适当引导与支持，帮助幼儿突破"质疑点"，从而促进其经验累积与深化，培养幼儿批判性思考能力，增强科学探索能力。

通过重视幼儿科学情感态度的培养，教师在推进探究活动中应遵循由浅入深、循序渐进的原则，与幼儿携手共进，在"存疑同乐"的氛围中激发幼儿对未

知世界的好奇,并保持长久的探索热情和动力,驱动幼儿的经验呈递进性发展,为未来的学习品质及探究能力打下坚实基础。

 案例 3

小兔度夏

中班下学期的探究活动中,幼儿对小兔的照顾有了进一步了解,昕昕会在小兔吃湿草的时候蹲很久,就为了用自己的手护住小草、阻隔小兔吃到。幼儿通过对小兔黑黑圆圆的粪便形态,判断兔子的健康和饮食情况。同时,通过上一次活动后查阅资料,幼儿知道兔子适宜生存的温度是5—30℃。

随着天气日渐变暖,幼儿发现兔子越发不爱动,连最爱的干草也不吃,猜测兔子可能怕热。于是他们自动组队帮助小兔度过炎热的夏天。

我鼓励幼儿在掌握兔子健康的经验基础上,进一步探索优化兔子生活环境。有的小组提出给小兔开空调,保持凉爽;有的小组提出给小兔多喂凉水,补充水分;有的小组给小兔搭凉快的小屋遮阳;还有小组说给小兔剃毛,就像人类少穿衣服一样……幼儿运用已有经验来尝试解决问题的能力值得肯定。

以上案例中,教师持开放的态度,鼓励幼儿自主尝试,在实践中发现差异。同时,教师以开放性提问助推幼儿思考与探究。幼儿在面对问题后,经历"发现问题—提出猜想—行动验证—解决问题"的探究过程,在对比中寻找真相。无论成功与失败,幼儿都在探究活动中提高持久的专注度、动手能力、合作能力和创造力等多方面的能力。更重要的是培养其勇于质疑、善于思考的思维习惯。

(四)聚焦"赋能点",促进全面发展

赋能点是助力幼儿发展的关键点。聚焦幼儿在科学探究活动中所展现出的"赋能点",教师观察幼儿探究行为(如表1),关注其发展动态。

表1 幼儿在不同活动阶段的探究行为

内容	幼儿探究行为		
	小班	中班	大班
我来观察小兔	小白兔红眼睛、长耳朵、短尾巴等明显特征；小兔胆小	兔子的品种很多；比较兔子的不同；兔子身上的毛有长短；小兔的健康变化；兔子抱团取暖	大兔跑跳速度很快；兔子在土里刨洞；兔子住新家的样子
我来照顾小兔	喂小兔（兔子爱吃胡萝卜、干草）；梳毛；给兔子晒太阳；装扮小兔；清洁工具选择；制定照顾公约	给兔子修剪指甲、称重、剃毛；遛小兔；打扫兔笼；做菜干；区别兔子的"男女"；新增照顾公约	测量、记录兔子的生长变化；自制兔裙等打扮小兔；改造兔窝；给小兔办婚礼；照顾小小兔宝宝；更新照顾公约
和兔子学本领	学兔跳；爱吃蔬菜；挠痒痒	擦嘴巴；爱干净	兔子粪便变植物肥料；有用的兔毛

在大班探究活动案例"改造兔窝"的进程中（如图1），相信幼儿，赋能幼儿，鼓励幼儿在探索实践中运用所学，尝试挑战，从而实现科学经验的连续性发展，更重要的是在情感态度与价值观、科学探究能力及创新思维等方面的培育，从而全面提升幼儿的科学素养，促进全面而持续的发展。

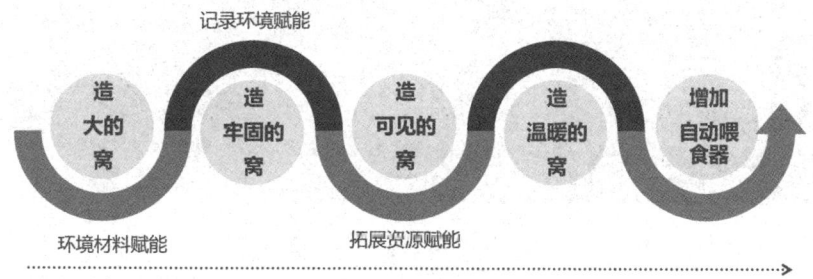

图1 大班幼儿"改造兔窝"的探究进程

（一）强化材料赋能

构建一个充满多样性和适度挑战性的环境，让幼儿成为环境的主人，借助环境与材料赋予幼儿力量,当幼儿可以自主挑选材料并决定探索路径时,其主动性和创新力得到最大限度的发展。

师幼共同创设材料仓库,幼儿不仅学会观察、分析和使用、创造材料,还掌握了如何与自然环境和谐共生,进而激发幼儿对生活本身以及未知世界的浓厚兴趣。教师除了注重材料投放的结构、比例、种类外,并为幼儿预留足够的空间,供幼儿收纳自己收集的材料或存放活动中生成的自制物。同时,鼓励幼儿参与环境创设和维护,通过亲手设计和制作个性化的材料标签,加深幼儿与各类材料之间的互动体验,培养幼儿的动手能力、分类整理的习惯及自主管理的能力。

(二)记录环境赋能

《〈3—6岁儿童学习与发展指南〉解读》中提到:记录是一种有效的信息收集方式,不仅真实客观地反映幼儿探索世界及其认知发展的过程,还可以反映幼儿的自我反思、逐步构建知识体系(如图2)。

图2 幼儿记录的展示墙

教师为幼儿准备易于使用的记录材料,如记录表、纸张及绘画工具,并激励他们在任何时刻都能记录自己的发现。通过记录,有助于培养幼儿对事物的观察力、问题解析及基于实际证据得出结论的能力。同时,通过墙面展示、个人作品集等多种形式,为幼儿提供展现自我、学习过程可视化的平台。

（三）拓展资源赋能

1. 多元资源，汇集知识共享

在选择资源的过程中，教师要注重种类的多元性，如书籍、工具、模型以及多媒体资料等，并要确保这些资源直接关联幼儿的探索内容与经验发展上，从而有效促进深入理解。如在小兔探索活动中，教师提供不同种类的小兔、与小兔有关的科普图册、尺和秤等测量工具，使幼儿有机会亲自观察并记录发现，甚至尝试实验操作，探索小兔喜欢的食物。

同时，通过展示相关的科普影片与动画片，可以将难以理解的科学原理以更加直观的形式呈现出来，促进幼儿的理解过程。此外，鼓励幼儿将收集的信息汇编成资料集，可以在班级内进行交流，使个人的学习成果转化为集体的学习资源，也为幼儿提供丰富多样的语言运用场景，涵盖听、说、读、记录各方面，有效提升幼儿的语言表达能力、逻辑思维能力和创新意识。

2. 打破界限，拓展学习空间

传统教育通常将学习场所限制在教室内，然而幼儿学习需求远不止于此。教师应勇于跨越常规界限，拓宽幼儿学习的空间，包括但不限于幼儿园以外的环境。通过开展户外活动，如春秋游活动等，让幼儿直接接触自然，从而加深对周围世界的感知与理解。此外，充分利用外部资源，如与科技馆、博物馆以及植物园等机构建立长期合作关系，为幼儿提供更多参与科学实践活动的机会。

同时，把教育贯穿于幼儿一日生活中，以科学探究为主线，巧妙地将各种课程资源、五大领域相互融合。如在中班"谁的尾巴"语言活动中，鼓励中班幼儿比较观察和感知小兔的尾巴圆而短；在小班"给小兔做连衣裙"美术活动中，结合《小兔的连衣裙》绘本内容、融入自然元素，引导小班幼儿为小兔设计独特的连衣裙；在大班"照顾小兔"的生活活动中，让大班幼儿充分探索各种劳作工具，选用适宜的工具来给小兔清洁等。将幼儿各领域经验融合，全面发展。

3. 家园共育，共创成长环境

通过家园的紧密合作，为幼儿构建一个更加丰富、多元的学习环境。家长及社区成员的积极参与，不仅可以使幼儿的教育资源得到极大的扩充，还能在无形之中培养幼儿的科学探索精神和人文关怀意识，从而促进幼儿全面健康成长。因此，教师应主动加强与家长之间的沟通与合作，共同规划教育活动，组织各类亲子互动项目，使家庭教育成为幼儿园教育的有效补充与扩展。

综上，在小、中、大不同年龄阶段关于兔子的同一主题的探究活动中，通过梳理发现：教师的支持应基于幼儿主题探究活动的进程，捕捉每个"生长点"，关注幼儿发展动态，促使幼儿不断新增经验；积极探寻"契合点"，助推探究活动层层递进，确保幼儿科学经验的不断积累并连续性发展；突破"质疑点"，鼓励幼儿勇于挑战、解决问题，驱动幼儿经验的递进性发展；聚焦"赋能点"，通过多元化的方式提升幼儿综合能力，为其蓄积力量，提升科学素养，助力其全面而可持续发展。

陪伴幼儿成长，需要教师学思砺新、笃行不怠，相信幼儿的力量，又要赋予幼儿力量。践行科学启蒙教育的高质量，与幼儿携手前行、行且致远！

参考文献：

[1] 张丽娜.幼儿素质教育中科学启蒙的重要性及方法浅析[J].教育现代化，2019.

[2] 中华人民共和国教育部.3—6岁儿童学习与发展指南[M].北京：首都师范大学出版社，2012.

[3] 杜威.杜威教育论著选[M].赵翔麟，王承绪，编译.上海：华东师范大学出版社，1982.

大班科学活动理念转变：
从"解密科学"到"探索过程"

董昊君（上海市浦东新区东方尚博幼儿园）

探索是幼儿在科学活动中的重要活动，每一次成功抑或是失败的探索过程，都会积累幼儿连续性经验，从而提升幼儿的科学探索能力。然而大班的科学活动中总是包含各种复杂、难以解释的科学原理，在科学知识经验三层次中，原理与概念是较难被幼儿理解的，那么一旦幼儿在探索过程中遭遇失败、受阻情况时，是否应该向其直截了当地解释科学原理，以便于其更快掌握科学知识呢？作为一名入职不久的青年男教师，虽然怀揣着对科学活动的强烈热情，但是面对这一主题，我还是常常陷入困惑之中。在设计和实施科学活动当中，如何平衡幼儿实际的科学探索过程与教师预设结果之间的关系呢？对于这个问题的不同倾向会对幼儿科学探索能力的培养产生重要影响。

基础教育中的科学课程改革核心诉求提出了理念上的革新，2022年版课标强调"探究实践"核心素养，要求建立"现象观察—问题提出—方案设计—证据获取—结论建构"的完整探究链，结合幼小衔接来说，从幼儿园活动的科学探索到小学的系统实验，体现出从"具体形象"到"抽象符号"的思维过渡。那么联系我自身的教育教学日常，我已经在做和未来要做的，就是正确认识幼儿科学探究过程与理解科学概念中形象与抽象思维发展间的关系，把握幼儿科学探索过程与探索结果之间的联系，对探索"失败"要持有包容心，通过挖掘"失败"对幼儿科学探索的价值，将能制造一些恰当的情景，以激发幼儿进一步探索和探究的兴趣，让幼儿在连续性的经验中，收获更强的科探体验。我以大班的科学集体活动为例，谈谈自己从执着于"科学原理解释"到注重"幼儿科学探索过程"的观念转变。

一、初识科探，过度侧重为幼儿阐释科学原理

作为一名新老师在刚接触科学活动时，我常常会出于教师的角度"好为人师"，想将活动中蕴含的科学原理告诉幼儿，本以为这样做是在幼儿探索受阻时，支持幼儿更快掌握科学道理的一种方式。然而孩子们在听了我的讲解后，似乎总是理解不了，这让我十分困惑：明明我已经讲得如此清楚了，为什么孩子们都听不懂呢？看着孩子们真实的反应，我也开始反思起自身的教学问题。

案例一

寻找透明的眼睛

在进行大班主题活动"我自己"时，我兴致勃勃地设计了一节科学活动"影子的眼睛"。在设计时，我希望幼儿能够探索多重透明物叠加后让光线透过的现象，于是我通过设计提问：你们用什么方法，可以让光线透过两只小熊的透明眼睛，照到后面的挡板上，并且只出现一双眼睛呢？孩子们反复地摆弄着，可是透明的眼睛迟迟无法出现，或者出现了两双眼睛。看到探索没有结果，我重新调整了自己的提问：两只小熊，需要摆放在哪里，才能让它们同时只出现一双透明眼睛呢？孩子们开始尝试将两只小熊重叠在一起，然而用手电筒去照射时，发现小熊的影子实在太大了，超出了挡板。

于是我开始做起了"小老师"，讲解起了只有让两只小熊重叠在一起，这样照射后才会出现一双眼睛，同时，手电筒不能离小熊太远，因为这样光线在物体周围扩散得更广，会形成更大的影子。听完了我的小结后，孩子们似乎并不理解，但还是尝试用老师的方法再去试试看。到了第三环节，这个环节中需要幼

儿反复调整手电筒与小熊之间的距离，由于之前接受了老师的指导，幼儿反而缺少了探索精神，只是一味地把手电筒贴近小熊。最后的结果可想而知，我的活动并没有达到预期的效果，而孩子们也仅仅只是感受了光线透过透明物体的现象，并没有充分感知光线与物体之间重叠成影的联系。

回顾分析：

在这个活动中，幼儿探索失败时，我想通过亲身示范讲解的方式告诉孩子们，却忽略了孩子的年龄特点。对于抽象难懂的科学原理来说，大班的孩子们并不能像初中、高中生一样死记硬背，在没有理解的基础上强行灌输知识，不仅对幼儿的科学探索能力无法起到有效帮助，甚至会影响其主动探究的兴趣。当前小学科学课程核心理念以科学观念、科学思维、探究实践、态度责任四大核心素养为培养目标，在幼小衔接阶段的科学活动，更应关注科学素养的培养，而在案例中如此简单直接地阐述科学原理，并不能有效帮助幼儿建立科学经验。

下一步调整：

这次活动的失利让我重新审视自己在教学活动中"好为人师"的情况，并决定要在之后的科学活动中进行调整，比如避免在活动中解释难懂的科学原理，避免用验证性实验替代探索性研究。同时，完善自己的教学设计来应对幼儿探索失败的情况，并尝试通过其他方式间接地引导孩子，然而之后的活动却出现了另一种我意想不到的情况。

案例二

无法平衡的小鸟

在大班科学集体教学活动"小小杂技师"中，我在第一环节有意识地设置了游戏——顶盘子，设置了三种不同形状的盘子，分别是圆形、正方形和长方形，通过引导幼儿寻找其平衡点，大部分幼儿都发现，只要将棍子顶在这些形状的中心，就能使其保持平衡。显然，成功的条件都在我的教学设计预料之中,而我在实施的过程中也十分顺利。我想,在有了第一环节经验的基础上,下一个环节——顶小鸟形状的盘子,幼儿肯定能够找到其中心的位置。就在我以为幼儿会顺利地进入下一环节时,幼儿却在找小鸟中心位置时集体"哑火"了。尽管我使用了很多的教学机制,比如在探索时停下来,引导幼儿多找找不同的位置,或者与同伴互相帮助,进行生生互动等,可是成功的小朋友仍旧不多。看着探索时间越来越长,我的心情也越来越焦急,就在此时,我看到一名幼儿终于成功"顶起了小鸟盘子"。

于是在交流分享时,我就像抓住救命稻草一般,请这名幼儿上来演示给下面的小朋友们看。"成功了吗?朋友们,你们看,因为这个小鸟的头部和翅膀比较重,所以小鸟的中心应该在肚子的位置而不是在脖子附近,请你们也用她的方法再去试一试吧!"我心想,在看到了同伴的操作后,其他幼儿应该也能在探索中成功吧。然而,顶盘子是一个对手部操作要求极高的活动,如果手不能稳稳将盘子放在杆子上,同样无法成功,只见很多孩子虽然尝试了这名同伴的方法,但是操作时盘子仍然不停地掉落,我只能压缩后续的探索环节,将孩子手势操作的问题重新进行了分享交流。

回顾分析:

当我以为只要教师不直接讲解科学原理就能避免问题时,却发现哪怕是幼儿之间进行生生互动,巨大的个体差异仍然会造成分享环节中幼儿的探索体验不同,幼儿在科学探索中产生的经验并不是所有经验都能与同伴共享吸收的。如果仅仅是以探索的结果作为导向,而忽略了探索成功所需要经历的过程和所需具备的经验,便是过于注重目标的实现结果。

义务教育阶段的科学概念与探究过程的关系具有螺旋般的上升路径,通过现象观察→提出问题→实验验证→形成概念→新问题发现,来对科学经验进行循环深化。因此教师需要关注科探过程中不同幼儿具体的问题,将共性和单独的问题进行提炼,并在后续的分享环节中尝试解决操作中出现的问题,在师幼互动和生生互动中覆盖更多幼儿,帮助不同个体幼儿建立属于自己的科学经验。

下一步调整:

既然幼儿科学探索中难免有失败、阻碍,那么教师何不多一些包容心呢?创设适当的"失败"情境,通过教师的引导,它可以激发幼儿的问题意识和创造力。这样的经验可以让幼儿理解到,学习和探索需要付出努力,并且在尝试的过程中,经历失败是常态。通过"失败"产生的效益,可以帮助幼儿建立积极的学习态度,培养其探索问题的意识和失败后推翻自己进行再创造的能力。

二、观念转变,关注幼儿在探索过程中的科学素养

教师适度"后退",并不是完全放弃对学生的引导,而是给予学生更多的时间和空间去试错和思考,将"失败"的经验进行咀嚼和消化,甚至在同伴中进行对于"失败"过程的复盘和共享,从中萃取出有益的经验,为下一次在尝试过程中有效避免同样的问题创设机会。

连伟大的牛顿对于自己取得的诸多成就也曾说过一句著名的话:"如果说我比别人看得更远些,那是因为我站在巨人的肩膀上。"可见,要想获得成功,自己或者他人的失败经验是弥足珍贵的资源。在教育中,一个人的成功往往只有自己知道,而一个人的失败却可以被大家分享和借鉴。因此,创设"失败"经验共享性,可以促进学生之间的交流和互相学习,让大家一起成长。同时,也能帮助学生建立正确的价值观,理解努力和坚持的重要性。

 案例一

允许幼儿在失败中探索光线反射的奥秘

以大班科学活动"光之勇者"的试教为例,首先我在活动的第一环节

> 有意识地设置了三种不同反射光线的材料，分别是透明纸、硬纸板和镜面贴，只有当幼儿使用镜面贴材料去反射光线，并且让镜面材料与激光保持一定的距离才能成功地将光线反射到屏幕上怪兽的身上。显然，成功的条件非常苛刻，而孩子们在第一次探索的过程中也不出所料地遇到了阻碍。可见，探寻答案的过程并非一帆风顺。
>
> 在操作后的集体分享环节中，我提到"看来我们第一次的打怪兽任务失败了呀"这句话时，有的孩子败兴而归，露出了失望的表情；有的孩子则大胆分享了自己的探索结果："老师，这三种材料里，好像只有这个镜子材料能反射光线哦，其他两种都不行，可我明明用了镜子材料，还是没办法反射到屏幕上去呀？"还有的孩子发现："老师，这个透明纸材料，它好像也是可以反射光线的，但是比镜子反射的光弱一些。"而这位孩子在比较透明纸与镜面贴材料的过程中，还发现了照到透明纸上的光线会穿透过去，照到自己的身体，而镜面贴材料能把光线完全反射回去。

回顾分析：

失败情境的设置给了幼儿更多深入思考的机会，第一个孩子选对了材料，却忽视了激光与镜子之间的距离，距离过长，光线则无法明显照射到屏幕上，距离过短则会违反一开始的操作规则；其他孩子着重比较不同材料之间的差别，发现了不同材料对于光线反射的效果也不同。于是，对第一个孩子提出的问题，我在回应中着重引导其关注光与镜子之间的距离关系——"刚才我看你是在这个位置尝试反射光线的，那你认为在前后不同的距离反射光线可能会发生什么呢？"虽然第一次失败了，但通过分段式的原因剖析方法，孩子能在失败情境中一步步接近成功，这种体验是一次就成功所不能带来的，利于培养幼儿勇于探索问题的学习品质。对于科学活动来说，如果科学概念是基础，那么科学探究就是方法，两者相互促进缺一不可。不过，面对科学经验与素养各不相同的孩子时，如何支持其自然地构建科学概念，则需要教师对幼儿探究过程中的不同情况进行特别关注。

下一步调整：

通过试教与活动现场总结出幼儿探索中遇到的问题，注重幼儿在探索中的失败体验，由原先教师预设的问题，逐渐过渡到关注幼儿在活动现场生成的问题，在观察与识别之后，使用合适的教育机制来进行回应。

案例二

从"预设"到"生成",重视幼儿探索中的随机性

以"光之勇者"为例,同样在第一环节中,虽然我预设了很多幼儿可能出现的问题,做了较为充分的预设,但是在操作盾牌反射光线的过程中,总是有部分孩子无法找到自己怪兽发出的光点,这也导致了他们在一开始打怪兽的过程中完全是"失败"的,而这将直接影响后续的探索过程。

在观察到这个现象后,我首先进行分析,将其归类到了幼儿在活动现场的生成性问题,在幼儿的操作过程中,我便在不断地思考该如何引导幼儿解决它,对于这种随机情况,我该如何及时应对,保证这部分幼儿能够在失败后依然坚持探索呢?

于是在分享交流的环节,我临时增加了一个新的问题:"刚才在打小怪兽的时候呀,不少小勇士因为找不到自己的光线,没能消灭掉面前的怪兽。请你们思考一下,如果你们找不到自己的光线了,该怎么办呀,怎么找回来呀?"在问题的驱使下,孩子们纷纷发表自己的意见,有的说:"应该用眼睛一直看着光线不能漏看。"还有的孩子用手比画了光线反射的路径,"光线是直直的,所以我们的盾牌也要放在直直的地方"。

回顾分析:

我通过及时捕捉随机生成的失败,以启发式提问的方法重视随机失败发生的情况,这种"生成"强调教育教学的灵活性和创造性,能够满足学生的个性化需求和提升他们的主动性和创造性。同时,重视失败生成的随机性也能帮助幼儿更好地适应社会和未来的挑战。

下一步调整:

我们应该重视失败者的经验和教训,在恰当的教育契机下,变"个体"为"集体",重视失败者的经验和教训。教师应该打破对学生失败经验的缄默,鼓励学生分享个人的挫折与教训,并通过群体共享的方式将这些经验资源化。同时,我们还需要建立一种积极的失败文化,鼓励学生勇于尝试、通过失败学习并增长经验,从而更好地适应未来的挑战和变化。

案例三

变"个体"为"集体"，挖掘失败经验的共通性

在大班主题探索活动——"蛋"中，蛋壳组的幼儿对于蛋壳表面的污渍产生了强烈的兴趣，这些污渍可以被洗掉吗？用什么材料才能清洁这些脏脏的蛋壳呢？基于放手让孩子探索的心态，我先是请幼儿自己收集各种清洁工具材料，并设计实验记录表，无论实验成功还是失败，都可以将自己的探索结果记录上去，并在集体中分享。

每个孩子基于自己对清洁材料的认识和经验，带来了诸如洗衣粉、洗手液、肥皂、苏打水、白醋、可乐等等。在操作实验的过程中，孩子们体现出了超乎寻常的耐心，即使用小刷子刷了很久，幼儿依然乐此不疲地想要知道问题的答案。"一个材料不行就换下一个吧。""为什么他能用这个清洁剂成功地洗掉污渍，而我不行呢？"随着记录板上的工具越来越多，大家发现有些自己认为无法清洁的工具，在其他人手里反而可以。那么，究竟行不行呢？我们一起来分享一下吧。

在成功与失败的两栏里，幼儿纷纷将自己失败的经验与同伴进行分享。"我觉得是我的刷子不好用，得换一个。""我认为是我刷的时间不够长。""清洁剂应该多用一点才更容易洗掉。"幼儿在讨论中主动学习、反思。

回顾分析：

在5—6岁幼小衔接关键期，幼儿表现出高频次提问、瞬时兴趣短、答案依赖性强的特点。对于案例中的个体幼儿而言，失败经验的共享是一种强有力的学习方式，其满足了幼儿的不断挖掘科学现象的好奇心、对不同答案的质疑之心、以及为了追求真相从而持续不断的耐心。失败可以让人们认清自身局限和错误，从而激发追求成功的动力。从集体的角度来看，失败是一种珍贵的资源。失败的原因、背景和解决方法以及成功者的经验，都可以帮助其他人避免类似的错误。失败越多，经验越丰富，集体就越能从中获益，并变得更加强大。

下一步调整：

我们应该关注幼儿在更多场景下的科学探索情况，并构建三级支持体系，问题识别层，建立幼儿探索过程中动态问题的捕捉机制；探究支持层，形成阶梯式探究支架（增加自主探究时长、失败经验共享交流）；成长追踪层，记录关键探究事件对其自身的影响。教师可在更多场域下，以更为开放与包容的心态面对幼儿的科学探索。

三、识别与支持，在幼小衔接过程中埋下科学探究的种子

在孩子们从幼儿园升入小学的幼小衔接阶段，孩子们常常对身边的事物及其现象产生强烈的好奇心，并尝试向老师寻求答案，每当我慷慨地直接告诉孩子们问题的答案时，却发现当其得到答案后，便减少了探索的欲望，导致其对于自己提出的问题仍旧一知半解。既然"解密科学"对于幼儿目前的年龄段并不适用，那么，不如将问题留给孩子，将科学探索的种子埋入土壤，默默地支持其茁壮发芽。

案例一

树影斑驳，自然探秘

一天中午，我带着孩子们在校园里散步，阳光透过树叶的缝隙，在地上投下斑驳的光影。孩子们被树叶的影子吸引，纷纷停下脚步，好奇地议论起了树叶。由于这个话题与大班主题学习内容"有用的植物"相关联，我见状后即时捕捉幼儿兴趣点，便顺水推舟，设计了一份观察表，在下午引导孩子们观察树叶的形状、大小，以及它们如何影响光影的形成。孩子们兴奋地捡起地上的落叶，比较着它们的异同，甚至开始尝试用自己的小手和身边的物品模拟光影效果。

既然幼儿对树叶如此感兴趣，于是在和班级幼儿讨论之后，我将这一兴趣点持续延伸到了探索型主题活动——方案活动之中，孩子们

针对树叶的不同问题分为树叶的形状、树叶的结构、树叶的作用和树叶类型组。其中一名叫芃芃的孩子对树叶的类型尤为感兴趣，他在研究过程中收集比较了众多类型的常青树和落叶树树叶。因为需要向同伴们介绍，他不仅了解了这些树叶的外形，还对其学名、习性了如指掌。

在大班毕业之后，有一天芃芃和妈妈来到幼儿园看望我，正好聊到了幼儿园时开展的方案活动，芃芃自豪地说："老师，前几天老师在班上问了一个问题，谁知道有哪些树是落叶树？只有我举手说出了最多，老师说我连鹅掌楸都知道，表扬了我！"芃芃妈妈谈到这里也十分欣慰。

在这一过程中，孩子们不仅学会了观察与思考，更在无形中培养了对科学的浓厚兴趣。无心插柳之下，科学探究的幼苗在幼小衔接的土壤中悄然生长，为孩子们未来的学习之路铺垫了坚实的基石。

案例二

认识"时间"，玩转"时间"

进入大班第二学期，孩子们在时间观念上有了不少进步，大部分孩子能够在规定时间内及时完成任务，但在过程中他们也产生了一些疑问："我在多少时间内做完任务才算成功呢？""一分钟有多长？能够做哪些任务呢？""班级里的钟要怎么看时间？"既然孩子们对时间有如此浓厚的兴趣，并产生了诸多疑问，何不顺势支持幼儿的探索行为呢？在经过孩子们的集体讨论后，我们开启了以"时间"为主题的班本化探索活动。

一开始，孩子们对于如何认识时间有强烈的求知欲，对于钟内部的构造等也想一探究竟，因此他们带来了闹钟、时钟、手表、计时器等，在拆开了钟表后，孩子们对钟内部的构造有了一定了解，并尝试自己制作时间材料包，制作后时针分针秒针都是可操作的，孩子们在操作中了解到了分针转一圈，就可以带动时针走一格，而秒针转一圈，又可以带动分针走一小格。

此时他们又将兴趣转移到了认识时间上，于是孩子们带来了认识时间整点、半点的贴纸，将其放在老师提供的KT板上，并用一些瓶盖作为刻度，进行了持续的探索。

随着对时间认识的不断加深，孩子们对于时间的讨论逐渐涉及自己平时周末或上幼儿园，以及哪些时间点就要做对应的事情，于是经过大家讨论延伸出了时间计划和一分钟能做哪些事的概念。虽然孩子们一开始对于计划还不是很了解，但是通过绘画的形式，孩子们能够初步尝试制作一日计划书，把在幼儿园的每日流程和周末在家固定的时间安排进行了表现表达；而对于一分钟能做哪些事情，孩子们先提出了自己的设想，如一分钟喝水、一分钟上厕所、一分钟系鞋带等，但在过程中又出现了一分钟到底有多久的争论，于是部分孩子开始比较不同计时器记录的一分钟到底有多久。

就在幼儿探索的过程中，孩子们充分地了解了时间的概念，对于这样一个晦涩难懂的概念性现象来说，幼儿的主动探索远比成人的讲解更加生动、贴近生活经验，而老师也应该通过识别与支持，把握教育契机，让科学由教师"解密"，走向儿童"探秘"。

回顾我个人的教育观念转变之路，通过不断在科学活动中的教育反思，我逐渐认识到了仅仅为大班的孩子解答科学原理，并不能为其科学素养的发展提供良好的支持。在科学探究的过程中，一个爱想象、会思考、勤探究、敢尝试的幼儿，远比了解科学原理，更加可贵。

幼儿科学探究经验连续性发展的多元支持策略

——以"水的探秘"为例

吴 蔚（上海市浦东新区东方锦绣前滩幼儿园）

幼小衔接的背景下，幼儿科学探究能力的培养对其全面提升科学素养至关重要。《3—6岁儿童学习与发展指南》指出，激发幼儿的探究兴趣、体验探究过程、发展初步探究能力是幼儿科学教育的核心。幼儿园阶段的科学探究活动，为幼儿的全面发展奠定了基础。"水"作为一个生动而富有吸引力的主题，贯穿于不同年龄段的幼儿探究活动中。一提到玩水，幼儿就特别兴奋，小小的水滴仿佛蕴含着无穷的奥秘。

本文以水为契机，从幼小衔接的背景出发，讨论如何通过探秘水这件事，以核心素养的培养为目标，对幼儿科学探究经验连续性提供支持策略，从而促进幼儿园保育教育质量的提升。

一、营造探究氛围，激发幼儿探究欲望

探究氛围的营造是科学探究的起点。在幼儿园教育中，一个充满好奇心和求知欲的环境至关重要。为了激发孩子们对"水"主题的探究欲望，教师需要营造一种鼓励探索、支持发现的氛围。这不仅体现在环境布置上，更体现在师幼互动方式及教师对待幼儿探索行为的态度上。

（一）创设丰富多元的探究环境

为了激发幼儿对"水"这一物质科学的探秘兴趣，教师可以充分利用室内外

与水相关的区域，创设不同的"水体验区"。这些区域可以是园内的沙水池、种植园中的运水装置、班级中科学个别化区域或者自然角内小型喷水装置等，通过这些幼儿一日生活中会接触到的区域为其提供不同的探索机会，让他们在不同场景下可以感受水的流动、变化与特性。

在这些区域中，教师应提供多样化且开放性的材料，以满足幼儿动手操作的需求。例如在沙水池中提供不同形状的容器，鼓励幼儿通过倒水和转移水来探索水的物理现象。同时，结合幼儿的年龄特点，可以加入色彩丰富的玩具、小型水车、独木舟模型等，帮助幼儿在玩耍中感知水的浮力和阻力。这些有趣的操作材料不仅提升了活动的趣味性，还能帮助幼儿在游戏化和情景化中感受到科学的魅力。

环境的布置也应具有可探索性，如设置不同的水位、水流速度，以及可以改变水流动方向的装置等。这样的环境布置可以激发幼儿的好奇心，鼓励他们主动提问和寻找答案。在种植园中，利用运水装置，孩子们可以亲手体验为植物浇水的过程，了解植物生长需要的水分，以及水在自然界中的循环。同时，通过观察植物的生长变化，孩子们还能进一步理解水与生命的关系，培养他们对自然的敬畏之心。通过这些多元化的探究环境，孩子们能够在轻松愉快的氛围中，自然而然地融入科学探究活动中，为他们的科学探究经验连续性打下坚实的基础。

通过这样的探究环境设计，幼儿不仅被激发了兴趣，还能在探索中形成初步的科学思维。例如一次大班的自然角创设中，由于自然角的区域与水源有一定的距离，造成了每次为植物浇水需要花费较长的时间与往返的次数。于是大班的幼儿在共同讨论后决定要解决这一难题。孩子们运用曾经在种植园中的运水经验与班级科学角中个别化的小水管进行了拼搭与重组，一个小小的班级自然角浇灌系统出现了，他们将经验进行重组，很好地解决了班级自然角浇灌的"小麻烦"，切实地做到了在科学探究的过程中实现经验的连续性发展。

（二）充分利用日常生活情境

一日生活皆科学，幼儿在生活中的每一天都充满了科学探索的机会。将水的探究活动融入幼儿的生活点滴中，可以让他们在自然、轻松的氛围中，通过亲身体验，感受水的存在和变化，从而激发他们对水的探究兴趣。

1. 一日生活暗藏奥秘

在幼儿的一日生活中，教师可以巧妙地将水的探究活动融入其中。例如在餐前洗手环节，教师可以引导幼儿观察水流的轨迹，感受水的触感，以及水如何帮助清洁手部。在餐后清洁环节，可以讨论水如何去除污渍，以及不同清洁方法的效果。

教师可以通过提问和引导，让孩子们关注这些日常现象，激发他们的好奇心和探究欲。例如教师可以问：" 你们发现在洗手时水是怎么流走的吗？""为什么水可以把蔬菜洗干净呢？"这样的问题可以引导孩子们思考，促使他们主动去寻找答案。

2. 风霜雨雪皆为课程

风霜雨雪作为自然界中常见的天气现象，蕴含着丰富的教育意义。教师可以利用这些自然现象，引导幼儿观察水在不同形态下的变化，从而拓展他们对水的认知。例如在雨后，可以带领孩子们观察地面上的积水、屋檐下的滴水，以及雨后的彩虹等现象，通过提问和讨论，引导幼儿思考水的来源、变化以及与周围环境的关系。

同时，教师还可以结合季节变化，组织相关的科学探究活动，如冬天的结冰实验、夏天的蒸发实验等，让孩子们在亲身体验中感受水的多样性和变化性。通过这些日常生活中的自然现象，孩子们能够更加直观地理解水的特性和作用，从而激发他们对水的好奇心和探究欲望。

（三）营造宽容且自主的环境

在科学探究活动中，营造一个宽容且自主的环境对于幼儿的探究经验连续性至关重要。教师应鼓励幼儿自由探索，即使在探索过程中出现错误或失败，也应被视为学习的一部分。教师的角色是引导者和支持者，而非评判者。通过提供安全、支持性的环境，幼儿可以自由地提出假设、进行实验、分析结果，并从中学习。

此外，教师应鼓励幼儿自主选择探究主题和方法，这有助于培养他们的自主学习能力和批判性思维。例如教师可以提供多种与水相关的探究材料和工具，让幼儿根据自己的兴趣选择探究活动。通过这种方式，幼儿可以在探究过程中发展自己的兴趣和特长，同时增强他们的自信心和独立性。

在探究活动中，教师还应鼓励幼儿记录自己的发现和思考，这有助于他们回顾和反思自己的学习过程。教师可以引导幼儿使用绘画、图表、照片等多种形式记录他们的探究过程，这些记录不仅有助于幼儿理解自己的学习成果，还可以作为与其他幼儿分享和讨论的素材。

通过营造宽容且自主的环境，幼儿可以在科学探究中获得丰富的经验，这些经验将为他们未来的学习和生活打下坚实的基础。教师应鼓励幼儿之间的互动与合作，让他们在小组活动中共同探讨、分享发现。通过合作探究，幼儿能够在相互交流中激发新的想法，增强探究的乐趣。同时，教师可以适时给予引导和支持，帮助幼儿在互动中发现问题、解决问题。

二、创设个性化探究活动，支持经验连续发展

在创设个性化探究活动时，教师应关注每个幼儿的独特需求和潜能，以支持他们在科学探究中的经验连续性。

（一）提供个性化支持策略

在幼儿科学探究的过程中，教师应识别每个幼儿的兴趣点、学习风格和能力水平，以此为基础提供个性化的支持。例如对于动手能力强的幼儿，可以提供更多的操作性材料和实验活动；对于观察细致的幼儿，则可以提供观察日记和放大镜等工具，鼓励他们记录水生生物的行为。此外，教师还应通过观察和倾听，了解幼儿的思考过程和问题解决策略，以便适时地提供引导和帮助。

（二）设计多层次探究活动

在幼儿园科学教育领域，创设多样化、多层次的探究活动是提升幼儿科学核心素养的有效途径。根据幼儿科学经验连续性的发展特点，从年龄特点出发进行活动设计。通过幼儿与水的互动，激发他们的好奇心和探究欲，同时培养他们的观察力、思考力和动手操作能力。

1. 小班活动设计

小班幼儿尚处于感官探索的阶段，他们对世界充满了好奇，但注意力容易分散，动手能力也相对较弱。因此，为他们设计的活动侧重于基础的感官体验和简单的认知，整个活动过程也应具有趣味性和直观性。例如通过简单的实验和游戏，让幼儿在玩耍中感受科学的魅力。结合自然角中实验角，通过添加不同颜色的食用色素的水，观察花朵花瓣的色彩变化，从而激发他们对水的兴趣。或者通过提供不同温度、颜色和质地的水，幼儿可以通过触摸、观察和品尝来感知水的

基本特性。

2. 中班活动设计

中班幼儿已经具备了一定的观察能力和动手能力，他们开始能够较为专注地进行科学探究。在设计中班活动时，可以增加一些需要一定思考和操作难度的实验。例如"水的溶解"实验，让幼儿观察不同物质在水中的溶解情况，并尝试解释其中的原因。这样的活动不仅能让幼儿获得丰富的科学知识，还能培养他们的观察力和思维能力。

3. 大班活动设计

大班幼儿已经具备了较强的观察、思考和动手能力，他们已经能够理解较为复杂的科学概念，渴望进行更深入的科学探究。因此，在设计大班活动时，应更加注重活动的探究性和创新性。例如在集体活动"我和洞洞做朋友"中，利用三次实验游戏，让幼儿们在玩中学，通过"假设—操作—验证"，在体验的过程中发现水和洞洞之间压力与水流的关系。实验的难度层层递进，从一开始的体验和洞洞做游戏，收获探索的快乐，探索发现水与有洞的瓶子做实验时发生的有趣现象。

通过设计多层次探究活动，我们可以满足不同年龄段幼儿的科学探究需求，支持他们在科学探究中获得连续性的经验发展。同时，这样的活动设计也有助于激发幼儿对科学的兴趣和好奇心，为他们未来的科学学习奠定坚实的基础。

（三）丰富多样化组织形式

为了促进幼儿在科学探究中的全面发展，我们采取了多样化的组织形式，包括个别活动、小组合作和集体讨论。这些方法不仅满足了幼儿自主探究的需求，还增强了他们之间的交流与合作能力，并提供了一个平台，让他们能够分享自己的发现，同时学习他人的观点。

在课程游戏化的背景下，我们以幼儿为中心，重视他们的兴趣和体验。我们鼓励孩子们在探究过程中敢于尝试，同时学会反思，以此提升他们的核心素养。例如一次大班幼儿开展"水的探秘"项目化活动中，其中一组孩子对如何净化水产生了浓厚的兴趣。因此，我们引导他们进行了沙水池水的过滤实验。孩子们积极参与搭建过滤系统，兴奋地观察着水流通过纱布，留下细沙的过程。他们提出了许多问题，并探索了不同材料对过滤效果的影响。使用放大镜，孩子们仔细观察过滤后的水样本，发现了水中隐藏的微小生物和其他杂质。我们鼓励孩子们记录每一次实验的结果，并比较不同过滤方法的效果。

在小组活动中，孩子们学会了分工合作，有的负责搭建过滤装置，有的负责观察记录，还有的负责提出问题和讨论解决方案。他们之间的交流和合作不仅增强了团队凝聚力，还激发了彼此的创新思维。同时，我们还组织了集体讨论，让孩子们分享自己的发现和感受，通过交流和讨论，孩子们进一步加深了对水的理解。

三、开展家校共育，延伸科学探究活动

（一）家庭参与，拓展探究边界

鼓励家长参与幼儿的科学探究活动，将科学教育延伸到家庭环境中。通过家长会或家庭小实验的形式，让家长了解幼儿园正在进行的"水的探秘"活动，并引导家长在家中与孩子一起进行相关的探究实验，如观察水的蒸发、水的凝固等。

（二）家园合作，共享探究乐趣

通过孩子通、微信群等平台，建立一个家园互动的共享空间，让家长和教师共同记录和分享孩子在家庭和幼儿园中的探究活动。这种互动不仅能够增进家长对幼儿园教育的了解，也能让教师及时了解孩子在家庭环境中的学习状态。

（三）家园共育，培养探究习惯

家园合作，共同培养幼儿的科学探究习惯。家长可以在家庭中为孩子提供持续的探究机会，如设置家庭科学角，让孩子在家中也能继续进行水的探秘活动。同时，家长可以鼓励孩子在家中提出问题，并一起寻找答案。

（四）家园共育，提升探究能力

家园共育的过程中，重视幼儿探究能力的培养。家长可以引导孩子在家中进行一些简单的科学探究活动，如观察鱼缸中的水循环，讨论如何保持水质清洁，这些活动有助于提升孩子的观察力、思考力和解决问题的能力。

通过家园合作，我们不仅能够延伸幼儿的科学探究活动，还能够在家庭和幼儿园之间建立起一个连续的学习环境，支持幼儿科学探究经验的连续性发展。

四、立足儿童经验连续性，推进科学衔接

立足儿童经验连续性，推进科学衔接是我们在幼儿科学教育中的重要任务。通过"水的探秘"这一主题，本文呈现了如何激发幼儿的好奇心、引导他们体验科学探究的过程，并在此过程中发展初步的科学探究能力。虽然"水"只是一个具体的探究主题，只是一个小小的切入点，但它却代表了科学探究的广阔天地。

在这里我们看到，科学核心素养的培养远超于了解科学知识的重要性。通过创设丰富的探究环境、提供个性化的支持、设计多层次的探究活动、丰富多样化的组织形式以及家园合作等策略，可以助力幼儿科学经验连续性的发展。

在推进科学衔接的过程中，我们需要关注幼儿在不同年龄段的发展特点和需求，为他们提供适宜的科学教育内容和方式。同时，我们也要注重科学教育的连贯性和系统性，确保幼儿在不同阶段的学习经验能够相互衔接，形成完整的科学探究经验链条。

科学探究是一个永无止境的过程，幼儿时期培养的探究精神将会伴随他们成长，并在未来的学习和生活中发挥重要作用。我们期待通过持续的努力和创新，幼儿能够在科学的世界里自由探索，享受发现的乐趣，并以积极的态度迎接未来的挑战！

在科探活动中成为幼儿连续性经验发展的观察者与支持者

——以"一课三研"科学活动"小小水管工"为例

杨虹欢（上海市浦东新区王港幼儿园）

科学探究活动，是幼儿以直接感知、亲身体验和实际操作，逐步建立起对科学的初步认识和兴趣，也是他们认识世界、理解自然规律的重要手段。

《幼儿园保育教育质量评估指南》（下文简称《指南》）强调，幼儿园保育教育质量评估应关注幼儿发展的连续性和整体性。而科学探究连续性经验发展是指在幼儿学习科学的过程中，通过观察、比较、操作、实验等方法，学习发现问题、分析问题和解决问题，从而形成连贯且不断深化的科学知识体系。

本文以"一课三研"科学活动"小小水管工"为例，呈现师幼共同探究、不断优化调整的磨课过程，帮助幼儿形成观察—判断—推理—操作—验证—反思—调整的循环往复的科学思维，使幼儿获得科学探究连续性经验发展的同时，也助力教师成为幼儿连续性经验发展的观察者和支持者。

一、基于前期经验，抓住科学探究连续性经验发展的关键点

（一）关注生活经验，确定活动主题

玩水的点滴经验触发幼儿的探究兴趣。 喜欢玩水似乎是幼儿的天性，无论是日常的洗手和洗澡，还是充满兴致的沙水游戏，每次结束幼儿总有一种意犹未尽的感觉。渐渐地，随着年龄的增长，中班幼儿已不局限于对水的探索，而是对装水的水管产生了强烈的好奇心和探索欲，他们会产生这样的疑惑：水是从哪儿来的？又是怎么流过来的？我心想：现在隐藏式的管道安装方式确实造成了幼儿的

认知盲点。于是我抓住这个教育契机,设计了中班科学活动"小小水管工",创设从蓄水站给小动物家通水的活动情境,帮助幼儿关联生活经验,探究水管的不同连接方法,这样可视化的活动情境为幼儿提供了观察和判断的机会。

(二)依靠认知经验,突显活动重点

水流变化的认知经验架起幼儿主动学习的桥梁。 科学活动"小小水管工",需建立在幼儿对水流方向可变性的科学现象初步理解的基础上。日常生活和玩水游戏中,幼儿已有水在不同形状容器中呈现不同流动路径、倾斜后水流发生变化等浅显的科学常识。基于以上经验,将本次活动重点落在探究水管的不同连接方法上,这样有挑战性的任务为幼儿提供了操作和验证的机会。

(三)借助游戏经验,投放适宜材料

管道积木的搭建经验助力幼儿探索行为。 中班幼儿在结构游戏中经常用到管道积木,他们对直管、弯管、三通和四通管的形状、特点、接插方式都较为熟悉,不同管道的连接能构造出多样造型,在连接方式和构造上与生活中的水管高度相似。教师以管道积木作为教学具,在体现我园结构特色的同时,又能将幼儿的搭建经验运用到操作环节,已有的搭建经验有助于幼儿更好地判断和推理。

(四)立足表征经验,推动思维发展

已有的表征方式得以进一步拓展推进。 表征过程是幼儿自我探索过程的记录,更是思维发展与学习成果的重要体现。中班幼儿热衷于动手操作,具有初步的符号表征意识,能用表情脸、√、×等图符进行简单记录。基于幼儿图符记录表征的前期经验,继续提供表征机会,鼓励幼儿用多种方法记录管道积木的使用情况,已有的表征经验有助于幼儿更好地反思和调整。

(五)依托交往经验,形成良性互动

合作探究的学习模式引发积极的生生互动。 中班幼儿合作意识萌芽,采用两人一组共同探索的形式,是科探活动一种有效的学习方式。在合作过程中,鼓励幼儿向同伴表达自己的观点并敢于质疑,强烈的思维碰撞有助于幼儿更好地反思和调整。

二、聚焦实践过程，稳固科学探究连续性经验发展的着力点

在开展一课三研的过程中，发现幼儿呈现的科学探究经验往往是割裂的，不利于幼儿获得经验连续性的发展，因此进行以下调整：

（一）思问幼儿操作趣味，改进活动情境

按照活动预设实践后，我发现一研活动中仅依靠教师的语言和小动物家的图片作为情境支撑略显单调，无法引发幼儿的共鸣，幼儿参与兴趣不足。通过思考调整，我在二研中投放了森林的背景PPT和音乐，试图引导幼儿通过观察森林情境去主动探索为小动物家通水的秘密，但是由于情境没有变化，与主题匹配度不高，在一定程度上阻碍了幼儿连续性经验的发展。为了更贴近幼儿的生活，我联想起很受孩子们喜欢的"小鳄鱼爱洗澡"的游戏，所以在三研中，我创设了"小鳄鱼洗澡"的活动情境。第一环节呈现"小鳄鱼爱洗澡"的画面，并用录音的方式将幼儿带入"小鳄鱼家没通水"的情境中，引发幼儿的探究兴趣；第二环节呈现蓄水池——鳄鱼家的操作板面，引发幼儿初步的操作兴趣；第三环节在第二环节的基础上增加1到2个动物家，难度升级，引导幼儿在失败中反思和调整；延伸环节设置路障，进一步提升难度。这样不断变化的活动情境让幼儿始终投入在活动中，探究兴趣不断增强。

（二）思问幼儿认知发展，调整活动环节

在一研活动中，幼儿只关注怎么连，对于连通管道后能不能通水，他们没有直观感受的机会。因此，在二研活动中增加了集体验证环节，幼儿按次序完成集体操作后回到座位，教师再用注水器进行通水验证，发现问题后幼儿再次进行操作调整，但是在调整的过程中往往呈现出毫无头绪的状态，可见环节的割裂打断了幼儿的思绪，不利于连续性经验的发展。于是，在三研活动的操作环节，我把验证的权利交还给幼儿，幼儿完成整个环节操作后，通过自主注水观察通水情况，从而验证管道连接的准确性，并根据实际情况反思和调整管道线路，最终推理出最合理的水管连接线路。

（三）思问幼儿操作现场，精准投放材料

一研活动时，我随意投放了每组一篮管道积木，由于管道材料过多，幼儿花

费了大量时间在材料的选择上,如有的幼儿想把篮筐中的管道都用上,整个设计超出操作板面,结果没能达到预期目标。所以二研活动,我对管道的颜色按组分类,有利于幼儿在分享交流环节进行观察和比较;同时预设多种连接方式,把操作板面的大小与管道材料的投放数量进行科学设计。另外,多投放一个三通管和四通管,给予幼儿合理的试错机会。由于提升了材料投放的科学性,幼儿连接水管的成功率有所提升,但由于小动物家数量和位置是提前固定好的,没有充分发挥材料的探索价值。在三研中,第一次操作,呈现固定的小鳄鱼家,幼儿选择直通管和弯管帮助小鳄鱼家通水;第二次操作,我调整了小动物家的出现方式,幼儿根据自己需要选择不同数量的动物邻居粘贴到小鳄鱼家附近的任意位置,通过观察、推理、操作运用直通管、弯管、三通和四通管同时将水通到几个小动物家的路线,实现每组幼儿水管线路的多样化设计,材料的自主摆放提升了幼儿参与活动的自主性和挑战性。

(四)思问幼儿表征方式,呈现多元思维

在一研中,幼儿只是用符号记录材料的使用情况,用到的打√,没用到的打×,表征方式较为单一,并且这样的记录方式并没有对后续的操作起到积极的作用,更像是在完成一个任务。在二研过程中,我引导幼儿用数字来表征材料的使用情况,但是第一次操作和第二次操作的区别并不在于材料运用的多少,所以这样的表征方式依然对于幼儿的连续性经验发展没有起到积极的作用。根据中班幼儿科学领域发展特点:应支持幼儿用图画或其他符号进行记录。所以在三研的第二次操作,我增加了设计图纸的环节,幼儿先观察目标位置,设计管道线路图,根据线路图进行管道连接,验证后再根据通水情况用不同颜色的记号笔修正设计图,再进行调整,这样的表征方式其实就是将幼儿的整个探究过程可视化,也为幼儿的分享提供素材和依据。

(五)思问幼儿合作方式,促进生生互动

一研活动中,设计了个别操作和两人合作操作,在个别操作环节,花费了大量的时间,而两人合作时,幼儿则更专注于自己的任务,同伴之间缺少交流。因此,在二研活动中,我将个别操作更换成集体操作,使每位幼儿都有了表现的机会,但更多呈现的是师幼互动。为了提供更多的生生互动机会,在三研活动中,我设计了两次合作环节,第一次合作环节,幼儿和同伴进行磨合,例如:教师指

导幼儿友好商量你负责记录，我负责连接；你负责通水，我负责观察等，积累合作交往的经验。第二次合作环节，在活动难度增加的基础上，有了第一次的磨合，幼儿与同伴尝试一起商量、判断小动物家的摆放位置和需要的数量，共同观察、推理将水同时通到多个小动物家的合适路线。

通过对活动情境、活动环节、活动材料、表征方式和合作方式的调整优化，幼儿展现出了"观察—判断—推理—操作—验证—反思"这一循环往复且富有逻辑的思维方式，这一过程初步实现了科探活动中幼儿连续性经验的稳步发展。

三、坚持反思性教学，提高自身在科探活动中连续性经验发展的支持能力

《指南》提出，幼儿是在探究中认识周围事物和现象的。因此，为了更有效地促进幼儿在科探活动中经验的连续性发展，教师必须经常进行自我反思，以此提升自己在科探领域的专业支持能力。

（一）立足儿童发展视角，动态调整教学过程

幼儿的思维特点是以具体形象思维为主，因此，我设计了帮助小鳄鱼洗澡的趣味情境，使幼儿伴随着故事情节的展开，持续投入活动中。结合中班幼儿常常动手动脑探索物体和材料的目标，我投放了管道积木、表征记录纸、注水壶等多种材料帮助幼儿进行活动探索，支持幼儿在连续探究过程中积极寻找答案或解决问题，培养幼儿初步的探究能力。

（二）关注儿童经验起点，把握儿童发展方向

通过观察发现幼儿喜欢玩水，对管道积木也有一定的搭建经验，对生活中看不见的秘密管道有强烈的好奇心，基于幼儿的经验和兴趣，我设计组织了原创科学活动"小小水管工"，通过投放绘本帮助幼儿积累管道认知经验，增加表征图纸并引导幼儿通过记录丰富观察经验，设计多次合作探索机会提升幼儿交往能力等，通过教师的有效支持帮助幼儿积累经验，使他们在科学实践中不断积累认知经验。

（三）强调教师教育反思，在磨课中积累经验

教学反思是教师以自己的教学活动过程为思考对象进行全面、深入、客观思

考和总结的过程，而磨课是教师成长的必经之路。本次"一课三研"教学活动带给我很多启发。设计符合主题的情境是活动成功的关键，在情境的层层递进过程中可以有效激发幼儿探究兴趣。材料的合理投放是科学活动中至关重要的一环，教师要做一名先行者，事先预设各种可能出现的情况，同时，应给予幼儿合理的尝试与试错机会。在多次磨课中不断更新知识，与时俱进，提高教学与研究能力，真正做到教学相长。

在科学探究活动中，注重活动的设计与实施，更要关注幼儿经验的连续性发展，力求让每一次集体教学活动都成为幼儿科学思维和方法形成的宝贵契机。教师的角色在此过程中至关重要，作为活动的组织者、引导者以及幼儿学习的支持者，我见证了幼儿从初次尝试到改进操作，再到创新运用的全过程。正如杜威所言，经验的连续性是教育生长的核心，每一次的科学探究都在为幼儿的未来经验奠定基础，促进他们身心、智力与道德的全面发展。

助力幼儿科学探究的教研评一体化实施探索

张 嫣（上海市浦东新区巨野幼儿园）

摘 要：教研评一体化理念结合户外探究游戏提升教师素养和教育质量。我园提出"观察—展示—研讨—复盘—观察"机制，通过观摩分享等形式审视探究游戏现状并反思。教研评一体化是提升教育质量的方法，教师从传授者转为领航者，吸纳前沿理念把握幼儿需求。通过探究游戏案例展示其在各年龄段游戏中的应用，关注幼儿连续性经验积累提升教师素养，激发幼儿创造力。实施教研评一体化，提升教师专业能力，丰富幼儿活动，促进全面发展。

关键词：教研评一体化；幼儿科学探究；教师素养

一、问题提出及研究需求

1. 教师团队现状分析

2022年度的督导报告建议，幼儿园须优化课程实施的多方参与监控与评价体系。近年来，我们致力于整合课程教学、教育活动、教研培训、评价体系、监控以及教师考核等关键环节，旨在提升教育质量。园内共有28名教师，其中超过一半的教师年龄超过45岁，这反映了教师队伍的年龄结构。青年教师的成长速度较慢，这影响了团队的活力和创新能力。由于缺乏职业发展规划，我们需要加强在挖掘和培养教师潜力方面的努力。为了提升团队的活力，近三年我们吸纳了8名应届毕业生，但这也为管理带来了新的挑战。

部分接近50岁的教师在使用信息技术上感到困难，难以满足现代教学需求。每学期末，教师们忙于资料整理和期末考核，难以参与深入的教学研讨，时间紧迫导致案头工作整理归档不及时，影响了工作效率和教学质量。因此，教师们迫切需要采取措施解决这些问题，促进园所持续发展。

2. 户外探究游戏中"教研评一体化"的需求与价值

《深化新时代教育评价改革总体方案》提出：幼儿园教师评价突出保教实践，把以游戏为基本活动促进儿童主动学习和全面发展的能力作为关键指标，纳入学前教育专业人才培养标准、幼儿教师职后培训重要内容。

结合现状分析思考什么是幼儿园最易行、最有效的一种评价方式？《上海市幼儿园办园质量评价指南（试行稿）操作指引30问》中提出"教中有评，评中有教，评教合一"是幼儿园最易行、最有效的一种评价方式。用数字化操作管理及数据收集，与教学、教科研、质量监控、教育评价跨界运作，在协同合作下提升教师专业素养，优化和共享教育资源。我园推行教研评一体化，将评价融入户外游戏和教研中，激发教师反思，提升教学和学习质量。我们采用"参与式-互动式"培训，增进教师对教学实践的理解，提高他们的参与意识和主动性。调查显示，超85%的教师对观察幼儿户外游戏经验感兴趣。从2023年起，以"户外探究游戏教研"为载体，开展案例分析和研讨，实施学习交流共享。

二、教研评一体化助力户外科学探究的过程

1. 构建"观察—展示—研讨—复盘—观察"教研评机制

《幼儿园保育教育质量评估指南》（以下简称《评估指南》）提到：充分尊重和保护幼儿的好奇心和探究兴趣，相信每一个幼儿都是积极主动、有能力的学习者，最大限度地支持和满足幼儿通过直接感知、实际操作和亲身体验获取经验的需要。

自2023年起，我们组织了"户外探究游戏展示交流"系列活动和游戏圆桌研讨，以融合户外教育的实践与理论。活动以户外探究游戏为核心，建立了教研与评价的联动机制，确保户外探究游戏教学的科学性和实效性。我们鼓励幼儿利用幼儿园空间，发挥创新和想象力，改造环境，使户外游戏成为他们自由探索的平台。同时，我们优化了户外活动资源的配置，确保教育资源的有效利用。

在教研活动中，我们以"观察、识别、指导"为核心，组织评价组教师形成智囊团，通过实地观摩和即时分享交流，共同审视幼儿游戏现状。教研组实时记录游戏过程，拍摄交流场景，并与评价团队一起回溯活动现场，修订游戏计划。我们还生成了教师自主游戏自评表，引导教师反思游戏材料的调整，明确观察重

点，提升幼儿在户外游戏中的自主性和乐趣体验。

为提升教师专业能力，我们实施了一对一预约展示制度，协助教师调整计划撰写，明确观察重点，共同进行活动反思。这一过程显著提升了教师在户外探究游戏计划制订和观察重点把握方面的能力。我们依据《评估指南》和浦东新区户外2小时自评表的要求，制定了户外探究游戏班级自评表、教师互评机制和户外游戏资料包，以促进户外探究游戏教育的规范化和高质量发展。

2. 在持续实践研究中确立"学习观"，寻找提升课程质量的关键点

2024学年将幼儿户外科学探究连续经验融入重点观察及研讨话题，我们采取每个年级商议一个连续观察试点班：第一个月教师集体现场观摩，第二个月班级老师游戏案例分享，学期末该班级专题分享交流，这样全员参与的连续性观察，我们与教师共同观察并分析幼儿在户外自然探索、户外建构探究行为后发现：

（1）连续性经验指的是幼儿在日常生活中所进行的观察

在幼儿成长的过程中，应当特别关注其发展的各个区域，特别是在户外探索活动中，幼儿展现出对小动物的热爱，并主动了解它们的习性，这体现了他们初步的生态保护意识。同时必须尊重不同年龄段幼儿的发展水平，例如在小班阶段，幼儿已具备通过图画记录游戏经历的能力，尽管他们的语言表达可能较为简短。教师应当充分尊重幼儿的表达方式，对他们的每一次尝试和表达给予积极的回应，从而激发其正向的情绪体验和学习经验。此外，深入思考户外探索活动的教育价值，充分利用自然环境中的丰富资源来促进幼儿的全面发展。

【小班自然探究】

通过教研实地观察后，小班组教师在第二个月提交的游戏视频中继续展示了幼儿在乌龟乐园中的活动情况。视频中，幼儿合作进行乌龟赛跑，女孩调整方向，男孩强调规则。幼儿对赛跑规则理解清晰，生活经验丰富。游戏过程中，幼儿兴趣浓厚，情绪愉悦，积极投入并展现主动性。这是幼儿自我探索与成长的体现，也是师幼共同学习的经历。此外，教师持续观察孩子们早晨入园后常去乌龟乐园查看小乌龟，表明其已成为班级重要成员。孩子们会主动清理水质，带乌龟晒太阳等，加深了对生命的尊重和爱护。

一场从孩子们的话题出发的"乌龟赛跑"的活动,让我们看到了孩子们自主、发现、思考的深度和广度。让孩子真正成为活动的主人,拥有参与权、决定权,倾听孩子的心声,了解孩子的需求,积极引导孩子们勇于表达自己的想法,在幼儿园这片天地里快乐成长。

(2)教师与幼儿共同调整材料的投放过程

小H教师在通过"教研评一体化"户外探究游戏研究中发现:幼儿在创造性游戏中的作用更多是分享,而不是直接教授。这点尤其体现在她一年前中班户外建构游戏中,初期小H教师与孩子们共同创设时面临困惑,因材料小且种类少。孩子们搭建时,教师纠结于建构内容。通过持续观察,小H教师发现从随意搭建到结合幼儿兴趣建构,逐步发挥幼儿主观能动性。教师支持创造性游戏,幼儿好奇心强但合作能力弱,需成人支持。在户外建构游戏中,幼儿自建围墙大门,其实需要教师互动支持。幼儿创造性游戏的核心在于分享与交流,非直接知识传授。小H教师会议游戏初期主题随意,场景杂乱;通过改变材料、引入大型材料转变了孩子们的兴趣。直至现阶段更加注重倾听幼儿的声音,选取贴近他们日常生活且符合其兴趣点的建构主题。

教师密切关注幼儿的兴趣点,观察游戏的进展,解读其内心需求,并提供恰当的支持,以促进户外建构游戏的主体性发展和深度学习。教师在活动中扮演观察者、记录者和引导者的角色,适时介入以引导幼儿。他们以欣赏的态度,专注于幼儿的自发性探究,细致地观察和记录,尊重幼儿的选择,并在适当的时候进行干预,以确保游戏的顺利进行。孩子们看似无拘无束的想法,实际上是他们纯真世界的反映,也是活动设计中宝贵的素材。我们老师的倾听不仅仅是被动地接收信息,更是一种主动的理解和共情。通过与孩子们的深入交流,老师能够捕捉到隐藏在他们愿望背后的教育契机。

在户外游戏中,教师致力于最大限度地激发幼儿的主观能动性,赋予他们自由选择与自主发挥潜能的权利。正是这样的转变,使得建构游戏真正成为幼儿们自己的游戏,让他们在享受乐趣的同时,也能得到全面的发展。教师应基于细致的观察,评估材料的适用性,即判断哪些材料对于幼儿而言具有持续使用的价值,从而适量增加其数量;同时,对于幼儿不感兴趣或已弃之不用的材料,则应果断采取"断舍离"的策略,以优化资源配置。这一过程遵循着"提供—观察—调整—再观察"的循环模式,旨在不断累积并筛选出具有代表性、趣味性及符合幼儿年龄特征的经典游戏材料。

（3）持续细致观察记录，搜集幼儿发展关键证据，提升专业素养

在确保安全作为首要前提下，教师应保持沉稳的心态，采取谦逊的姿态，进行持续且细致的观察与记录工作，全面搜集幼儿发展过程中的关键证据链条。这一过程旨在逐步提升教师在观察、识别及支持幼儿发展方面的专业素养。同时，在持续的实践与研究探索中，我们倡导简化日常作息安排，以树立更为先进、科学的学习观念，进而有效识别并把握提升课程质量的核心着力点。

【中班建构游戏】

展示日现场S老师分享交流时展示汽车和幼儿搭建汽车图片，引导幼儿发现差异。教师强调轮子的重要性，并鼓励幼儿继续搭建自己喜欢的汽车。幼儿提出多种想法，教师鼓励他们开始搭建。在接下来的户外建构中出现了幼儿将滑板车和积木组合，创新玩法，建构滑动小汽车。中班下学期幼儿合作建构小火车，尝试不同连接方式，最终成功。器材超越原有功能，幼儿创新玩法，操场成"车"海洋。

户外建构游戏是一种综合性游戏，不仅可以培养幼儿动手能力和想象力，拼搭组合的车辆可进行分组比赛，比比看谁的小车跑得更快，为什么会有慢的车，怎样引导幼儿进行改造。推车比赛中，怎样从单人游戏，到双人合作游戏的延伸。建构游戏活动其设计灵感源自幼儿户外活动的真实场景，旨在反映并再现幼儿的生活经验。幼儿始终扮演着游戏主导者的角色，既是游戏的发起者也是积极的参与者。他们享有在游戏中自由构建与大胆想象的空间，能够依据材料特性进行灵活的组合与创造。

【大班户外探索游戏】

教师观察到大四班孩子们太空游戏不断扩大，滑滑梯成为太空基地中心，塔顶如神舟飞船，吸引孩子探险。孩子们发现滑梯支线冷清，需探索开发。在F老师鼓励创新下，孩子们合力变身滑梯。空间站迁移到后方，滑梯变对接通道。管道成逃生通道，滑梯塔顶备用飞船。吊环区

> 成宇航服更换区，滑梯生机焕发。F老师在圆桌分享会时同孩子们交流太空话题，F老师提及黑洞，小男孩反提白洞。老师当时未重视孩子想法，后来老师查询得知白洞、虫洞确为科学构想，心情复杂。F老师回应此事请孩子介绍相关知识，并肯定幼儿。此举激发更多孩子收集太空知识，老师认真对待新内容，与孩子共同学习。太空游戏开展期间，恰逢我国航天发射，游戏有助于提升孩子关注太空新闻意识，启发创新，提升探索能力。

老师的敏锐观察为幼儿的游戏提供了坚实的支持，引导并优化场地材料以服务游戏主题。在了解孩子们的具体需求后，老师迅速采取行动，精心准备了一系列支持材料。老师放手让幼儿自主发掘玩法、订立规则，并随着游戏的深入持续挖掘和创设。在老师的引领下，孩子们共同出谋划策设计出了有趣的《航天发射调查表》。带着这张调查表，孩子们用彩色的线条、图形和数字，记录下自己的发现和疑问，制作成一份份太空笔记，还和小伙伴们一起分享了自己的收获。场地材料的利用反映了游戏的丰富度，锤炼了幼儿的创造力，激发了他们的想象力。为了确保游戏兴趣的持久性，推动游戏的发展，老师促进了幼儿在游戏与交往中积累经验。在户外探究游戏持续深化发展的阶段，及时且恰当的材料供给，对于支持幼儿游戏的积极探索与求知欲望、保持其兴趣的稳定性、推动游戏向更高层次发展、提升幼儿的操作技能与社交经验，以及促进其不断获取与积累新经验而言，均具有不可或缺的基础性作用。孩子们通过亲手创造，让周遭寻常之物附加非凡价值，深刻体会到创造的意义与价值，进而更加乐于创造，勇于探索。

三、成效与期许

（一）确定教研评机制：观察、展示、研讨、复盘和再观察

2024年开展户外探究游戏活动优化资源配置，确保科学性和实效性。教研活动聚焦于观察、识别、指导，评价组教师审视游戏现状，记录并修订计划，引导教师反思，提升幼儿自主性和乐趣体验。实施一对一预约展示制度，协助教师调整计划撰写，明确观察重点，共同进行活动反思。依据《评估指南》和浦东新

区户外2小时自评表要求，制定户外探究游戏班级自评表、教师互评机制和户外游戏资料包，促进教育规范化和高质量发展。

（二）审视"学习观"，寻找提升课程质量的关键点

将幼儿户外科学探究经验融入观察和研讨，实施连续性观察，让所有幼儿参与，共同分析他们的户外自然探索和建构探究行为。关注幼儿发展的各个领域，尊重他们的发展水平。教师尊重幼儿的表达方式，积极回应，激发他们的正向情绪和学习经验。深入理解户外探索活动的教育价值，利用自然环境资源促进幼儿全面发展。教师扮演观察者、记录者和引导者角色，适时介入，促进户外建构游戏的主体性发展和深度学习。基于细致观察，教师评估材料适用性，优化资源配置，遵循"提供—观察—调整—再观察"的循环模式。

（二）持续观察记录幼儿发展，搜集关键证据，提升专业素养

教师应冷静观察幼儿发展，记录关键证据以提升专业水平。简化作息，建立科学学习观，识别课程质量提升关键点。认真引入新内容，与孩子共同学习，激发对科学知识的兴趣，提高探索能力。优化游戏材料，引导游戏主题，让幼儿自主游戏并订立规则。促进幼儿在游戏交往中积累经验，提供材料支持探索与求知，保持兴趣，推动游戏发展，提升操作技能与社交经验，促进新经验获取。

2025年，我们将举办户外科学探究展示交流和圆桌研讨，重点是户外探究游戏。教师们将参与游戏，带领评价团队，通过实地观摩和现场实录，共同观察和分享幼儿游戏情况。评价团队和教师将利用教研活动回顾现场，关注幼儿经验积累，共同改进游戏方案和自评表。教师将根据班级情况调整观察重点，分析游戏现状，并进行活动反思。过程中，鼓励教师更新教育观念，利用各种资源为幼儿发展创造机会。同时，将建立户外探究游戏资料库，包括自评表、互评表、视频等，通过WPS共享，形成可视化研修资料。

优化课程监测及幼儿跟踪评价：每月进行课程实施质量监测并利用ClassIn分享优秀户外探究游戏案例；鼓励教师在相互学习中共同进步；通过"孩子通"评价软件每月进行对幼儿的观察与评估，按照《上海市办园质量评价指南》进行每月评价并跟踪观察指导，提醒教师们仔细观察、评价后，不断调整、完善教育行为。在协同中思考可持续发展数字化"教研评共同体"：积累常态户外探究评价观察工具表，实现在线完成教育与评价链接；形成户外探究游戏质量监控优质

资源库进行推广。

聚焦教师"教研评一体化"在幼儿探究游戏中发挥的作用，强调评价应融入学习、游戏、教研过程，发挥评价促进教师反思的催化剂作用。教研评一体化提升教育质量，拓宽幼儿科学视野。教师须主动学习反思，从知识传授者转为领航者。教研活动帮助教师吸纳前沿理念，精准把握幼儿需求。此模式能够增强教师专业素养，开阔教学视野。同时，教研评一体化构建多元探究模式，可以尝试师幼共同策划趣味科学活动，持续激发幼儿好奇心与探索欲。

幼儿园科学启蒙教育与五育融合的实践探索

——基于"幼儿发展优先理念下"的研究

蔡伟萍（上海市浦东新区好儿童幼儿园）

摘　要：幼儿科学启蒙教育与五育有机融合，能更好地落实素质教育，落实国家对人才的要求。本文从幼儿园建立组织架构，保障融合课程实施的有效落实；树立"大课程"意识，家校社协同推动科学启蒙教育与五育有机融合，以达到以科润德、以科启智、以科健体、以科尚美、以科促劳的目的。让幼儿在科学启蒙教育中，成为有道德、有智慧、有健康、有美感、有劳动习惯的全面发展的好儿童。

关键词：科学启蒙教育；五育融合；融合课程

五育并举是指在现代化的教育中通过重视并实施德育、智育、体育、美育、劳动教育，促进人的全面发展。它既是现代化国家对人的素质的综合要求，也是现代化的教育要达到的一个目标。幼儿园科学启蒙教育不仅可以促进幼儿的好奇心和求知欲等智育方面的发展，更是促进幼儿全面发展的过程。因为在科学实验和观察等活动中，幼儿需要动手操作、观察、交流、思考。这些过程有助于锻炼幼儿的动手能力、语言表达能力、交往能力等。科学启蒙教育在幼儿教育中扮演着重要的角色，对幼儿的智力、情感和品德等发展具有深远的影响。可见科学启蒙教育与五育并举倡导的"全面发展"相吻合。因此将"科学启蒙教育"与"五育并举"有机融合，能更好地落实素质教育，落实国家对人才的要求。因为科学启蒙教育倡导的也是素质教育，激发科学探究的兴趣，提升科学素养，与五育相融合，能使素质教育更具生命力。

我园秉承将五育有机融入科学启蒙教育中的理念，通过融合课程的实践探索，从而达到以科润德、以科启智、以科健体、以科尚美、以科促劳的目的，让幼儿在科学启蒙教育中，成为有道德、有智慧、有健康、有美感、有劳动习惯的好儿童。

一、建立组织架构，保障融合课程实施的有效落实

（一）组建领导小组，规划实施评价课程有保障

为更好地落实"大课程观"及家校社协同共建课程，我们组建了以园长为领衔的领导小组，组员包括保教主任、家教社区负责人、家委会、社区代表，明确各岗位职责，并且层层落实相关工作。组织学习五育融合相关文件精神，讨论、制订"幼儿园科学启蒙中五育融合"课程实施方案，确定课程目标，构建课程框架，确立课程实施途径、内容等，将科学启蒙教育与五育进行一体化规划，确保课程的有效实施。同时各小组负责人定期开展审议会议，对课程实施中存在的问题及时商讨，调整方案，对阶段性的成果进行评价反馈，使"科学启蒙教育与五育融合"的课程不断优化。

（二）加强师资培训，树立"素养导向"教育理念

幼儿园的师资队伍是推动科学启蒙教育与五育融合的重要因素。教师需要具备科学教育和五育融合的相关知识和能力，能够设计和实施适合幼儿发展的活动。为了更好地促进科学启蒙教育与五育融合的实践，我们设置了教师自主学习与集中研讨学习相结合的研修形式，包括科学教育理论知识、科学实验技巧，以及如何将五育理念与科学启蒙教育有机结合等方面的内容，如"新时代背景下五育并举对幼儿发展意义""如何在科学教育中实现'五育融合'"等的研讨活动。帮助教师在幼儿科学活动中形成五育融合的共识，树立"素养导向"教育理念。

（三）落实制度保障，形成课程实施激励机制

我们围绕"科学启蒙教育中五育融合课程的实施"建立相关考核制度和奖励机制，并将课程实施、教师研修等内容纳入每月月考、学期工作考核中。我们鼓励教师及时对自己实施"科学启蒙教育中五育融合课程"的案例及经验文章进行总结梳理，并参与相关评比、投稿、交流等，给予相应奖励。激励教师以更大的

热情投入融合课程中。

二、深入开展课程研究，推动科学启蒙教育与五育有机融合

（一）依托基础课程，梳理汇总科学启蒙教育与五育融合的素材点

为了推进五育融合理念在科学启蒙教育中的具体应用，并确保教师们在日常课程中顺利实施，达到科学教育与五育的有机深度融合，我园以基础性课程"学习活动"为课程基础，以年级组为单位，根据主题核心经验，梳理科学教育的相关素材点，研讨五育融合点，精心设计形式多样的融合活动，构建了主题背景下"科学启蒙教育与五育融合"的课程框架，包含主题名称、板块、活动形式及内容、五育类型。通过课程框架的搭建，拓展了教师们的思维，使活动变得更加丰富，使幼儿获得更深刻的主题经验。

如在大班主题"我们的城市"下，围绕素材点开展科学集体教学活动"造桥"，我们教研组通过研讨确立了一系列活动内容：有以科润德的"造桥科学家故事会"，让幼儿通过讲述故事，认识我国造桥科学家，萌发对科学家的崇敬之情；有以科启智的"我喜欢的桥分享会"，让幼儿介绍各种桥的结构、作用等，获得桥的各种知识；有以科健体的"远足寻桥游"，让幼儿在寻找各种各样桥的远足活动中增强体质和耐力；有以科尚美的"未来的桥绘画展"，让幼儿创想未来的桥并以绘画的方式展现，在发挥想象创作中提升自己的艺术表现力；有以科促劳的"亲子造桥博览会"，让幼儿和家长一起收集材料动手制作各种桥，体验劳动创造的乐趣等。

表1 好儿童幼儿园五育并举课程（小班）

主题名称	板　块	活动形式及内容	五育类型
小花园	美感生活	自然角照顾：我是小帮手	以科促劳
		幼儿大活动：植树节	以科润德
	好奇悦动	亲子踏青：春天在哪里	以科健体 以科润德
		远足实践：寻找七色花	以科健体 以科启智

（续　表）

主题名称	板　块	活动形式及内容	五育类型
小花园	和谐创玩	亲子制作：彩色小花(晕染)	以科启智 以科尚美
		亲子制作：会旋转的花	以科启智
	乐趣探究	集体教学活动：美丽的小花园	以科启智 以科尚美
		集体教学活动：小能画大树	以科启智 以科尚美
		集体教学活动：小花园的秘密	以科启智 以科润德
		集体教学活动：春天的脚步	以科启智 以科尚美
		科学区活动：水中开花	以科启智
		科学区活动：会变色的花	以科启智
		自然角实验：叶子吹泡泡	以科启智

表2　好儿童幼儿园五育并举课程（中班）

主题名称	板　块	活动形式及内容	五育类型
周围的人	美感生活	角色游戏：今天我是消防员	以科润德
		角色游戏：小小宣传员	以科润德
		科学故事：莱特兄弟造飞机	以科启智 以科向美
		表演游戏：皮影戏	以科启智 以科尚美
	好奇悦动	集体教学活动：阵地守卫战	以科健体
		体育游戏：造楼房	以科健体 以科促劳
		体育游戏：送货员运水	以科健体

（续　表）

主题名称	板　块	活动形式及内容	五育类型
周围的人	和谐创玩	对对碰游戏：认识消防器材	以科启智 以科促劳
		建构游戏：小小建筑师	以科尚美
		表演游戏：三只小猪造房子	以科启智
		亲子制作：皮影戏工作坊	以科尚美
		亲子制作：环保材料服装秀	以科尚美
	乐趣探究	集体教学活动：影子	以科尚美
		集体教学活动：猜猜这是谁的包	以科启智 以科促劳
		集体教学活动：有趣的门	以科启智
		集体教学活动：小小魔术师	以科启智
		科学区域活动：魔术师	以科启智
		科学区域活动：细菌快快跑	以科启智 以科促劳

表3　好儿童幼儿园五育并举课程（大班）

主题名称	板　块	活动形式及内容	五育类型
我们的城市——老房子新建筑	美感生活	新闻播报站：不同的屋顶	以科启智
		歌唱活动：建筑之歌	以科尚美
	好奇悦动	运动游戏：跳房子	以科健体
		亲子远足：不同的房子	以科健体
	和谐创玩	亲子制作：房子编年体	以科尚美
	乐趣探究	集体教学活动：造房子	以科启智
		集体教学活动：平改坡	以科启智
		科学区活动：各种各样的房子	以科润德 以科启智

（续　表）

主题名称	板块	活动形式及内容	五育类型
我们的城市——逛街	美感生活	科学集体活动：城市的噪声	以科润德
		科学集体活动：小汽车和小笛子	以科润德
		新闻播报站：逛逛新上海	以科润德
	好奇悦动	亲子远足：进超市	以科健体
	和谐创玩	亲子制作：美丽的橱窗	以科尚美
	乐趣探究	集体教学活动：地图上的标志	以科启智
我们的城市——通畅的路	美感生活	故事会：造桥科学家	以科润德
		分享会：我喜欢的桥	以科启智
	好奇悦动	亲子远足：远足寻桥游	以科健体
	和谐创玩	儿童画展：未来的桥绘画展	以科尚美
		亲子制作：亲子造桥博览会	以科促劳
	乐趣探究	集体教学活动：造桥	以科启智
		科学区活动：各种各样的桥	以科启智

（二）融入一日活动，形成"科学启蒙教育与五育融合"的融合课程

我们将"科学启蒙教育与五育融合"有机融入一日活动中。通过美感生活、好奇悦动、和谐创玩、乐趣探究四大板块实施课程。美感生活主要在生活活动中落实；好奇悦动主要在运动中落实；和谐创玩主要在游戏中落实；乐趣探究主要在学习活动中落实。与幼儿园的四大板块活动形式相吻合，让融合课程无处不在，让幼儿在各种活动中获得全面发展。

1. 美感生活，发现科学之美

在五育融合的科学教育中，美感生活板块强调科学启蒙与德育、智育、美育、劳育的有机融合。不仅能激发幼儿对生活中各种各样科学现象美的感知，更能引导幼儿主动发现自然、社会、艺术中的科学之美。如在"自然种植"活动中，

我们依托班级自然角和户外小菜地，开展种植类的植物生长科学实验，让幼儿通过参与播种实验、移栽实验、暖棚实验等，在实验中获得科学经验，体验劳动的快乐，感受大自然生命的美妙。我们还开展了"我们的发现"活动，鼓励幼儿将自己在生活中发现的科学现象在集体面前与同伴分享，在交流、讨论、辩论的互动中欣赏、感受科学现象的趣味和美感。又如我们开展"科学新闻播报会""国旗下的讲话""好书推荐"等活动，让幼儿了解并介绍中国科学家以及我国的科学成果、科学资讯等，大大激发了幼儿对科学的热爱和敬畏，为我国的科学发展而感到自豪。

2. 好奇悦动，探寻科学之妙

好奇悦动板块实现了科学与体育、智育的有机融合。鼓励幼儿带着好奇心去探索科学，通过远足、参观、运动小游戏等组织形式，让幼儿在探究中强身健体。如我们带领幼儿参观上海科技馆、上海天文馆、海洋水族馆等科学展馆，让幼儿更深入地了解我国的科学成就，激发幼儿的爱国热情和对科学的热爱。如结合幼儿"叶脉"的科学探究活动，我们带领幼儿远足到社区公园进行观察记录。在"飞机飞得远"的科学活动中，幼儿不断探索让飞机飞得远的各种折法，并在操场进行投掷小飞机比赛，在促进投掷奔跑动作发展的过程中了解了飞机机翼与飞行的关系。同时我们还通过探索物质科学与生命科学，让幼儿认识到了生命与健康的重要性，激发幼儿锻炼身体的兴趣，在运动中发展动作、增强体质。如在生命科学活动"心脏怦怦跳"中，我们尝试让幼儿通过自己测量比较静止及运动后的心率，使幼儿了解到适量的运动能帮助我们增强体质、强健身体，并学会根据心率情况自我调整运动量保护心脏。

3. 和谐创玩，感受科学之韵

和谐创玩板块实现了科学启蒙教育与美育的有机融合。幼儿在自主宽松的环境中通过创新性的科学活动和艺术创作，体验科学的韵味之美，培养创新精神和审美能力。我们鼓励幼儿大胆探究，快乐游戏。例如：幼儿在建构游戏中探索搭建高楼牢固的方法，同时也感受到了建筑之美；幼儿在沙水游戏中探索沙水的特性，同时也感受到了沙水流动的美；幼儿在玩色游戏中探索颜色交融的变化，同时也感受到了色彩的美。在和谐创玩中我们引导幼儿在快乐的玩耍后将自己的探索和发现用绘画、制作、舞蹈、歌曲等多种艺术形式进行表现，大大提升了幼儿对美的表现力。

4. 乐趣探究，体验科学之趣

乐趣探究板块是科学启蒙教育与智育、劳动教育的有机融合。是指在科学集体教学活动及科学区活动中，教师根据幼儿的年龄特点、兴趣需要为幼儿提供各种探究材料，引导幼儿通过直接感知、亲身体验和实际操作进行科学学习，体验科学的乐趣，激发科学兴趣。我们围绕物质科学、生命科学、地球宇宙科学三大科学领域设计了各种有趣的科学集体教学活动，例如：小班的"巧克力溶化了"让幼儿观察巧克力在水中不见了的有趣现象；中班"有趣的漩涡"，让幼儿感受漩涡的神奇，并尝试用各种方法制造漩涡；大班的"压力大揭秘"让幼儿探索揭秘魔术，并运用空气对水的压力这一科学原理自己当一回魔术师。同时我们各班都有科学区，在这里孩子们可以体验像科学家一样做完整实验的过程。随时随地提出科学问题，选择工具材料开展科学实验，用科学实验后获得的经验解答自己或他人的问题。因此，科学启蒙教育启迪了幼儿的智育，有效激发了幼儿的好奇心和探究欲，提升了逻辑思维力、观察力、解决问题等能力。

三、充分挖掘家长社区资源，推动科学启蒙教育与五育有机融合

（一）有效利用家长资源，实施融合课程

1. 开展培训学习，传递融合理念

我园充分发挥家长学校的作用，各班教师通过线下亲职讲座、线上家园云课堂等形式向家长们开展了科学启蒙与五育融合的宣传培训，如"科艺融合的亲子活动""保护幼儿的好奇心"等课程讲座，有助于家长深入理解并实践科学启蒙与五育融合的教育理念。家长讲师团成员们以自身的经验和故事，向家长们分享家庭中"科学启蒙与五育融合"的实践经验和心得体会。我们还通过家教论坛和爸爸聊天室活动等研讨解答家长们在"科学启蒙与五育融合"育儿中遇到的困惑，帮助家长更好地掌握五育融合的方法和技巧。通过这些活动，将科学启蒙教育中五育融合的理念得以广泛传播。

2. 开展亲子活动，实践融合教育

家庭是幼儿成长的重要环境，家长是课程实施的重要参与者。我们鼓励家长与孩子共同探索科学的乐趣，开展了以科润德、以科启智、以科健体、以科尚美、以科促劳的各种亲子科学活动。

以科润德，即通过科学亲子活动中的合作和互助，培养幼儿的团队合作意识和责任感，例如在亲子科学实验及户外探索中，我们鼓励家长和孩子共同分工合作，培养孩子的责任心和团队合作精神；以科启智，即我们和家长共同设计丰富

多样的亲子科学实验和探索活动，推荐亲子科普绘本阅读等，大大激发幼儿的好奇心和求知欲，引导他们主动探索、思考，提高他们的学习能力和创新意识；以科健体，即我们在科学亲子活动中设置了一些体育元素，如户外科学探索活动、自然环境体验活动等，让幼儿在活动中动手动脑，锻炼身体，促进幼儿身心健康发展；以科尚美，即我们组织家庭开展科学美术创作活动，让孩子通过绘画、手工制作等方式表达对科学的理解和想象，培养幼儿的审美情趣和创造力，激发其艺术天赋和创作潜力；以科促劳，即我们鼓励家长引导幼儿参与科学实验、家庭农作等实践活动，培养幼儿的动手能力和劳动意识，同时通过亲身实践加深对科学知识的理解和记忆。

例如我们利用公众号、园园通等线上平台向家长推荐亲子科学小实验。家长带领孩子开展了"火箭飞上天"小实验后，幼儿兴趣浓厚，意犹未尽。于是追随幼儿的兴趣，我们便引导家长和孩子一起观看了火箭发射的视频，一起制作了火箭，开展了"火箭起飞"的运动小游戏，家长还带领孩子参观了"航天展"。通过一系列的亲子科学教育活动，满足了幼儿好奇探究的热情，也有效促进了幼儿德智体美劳全面发展。

（二）整合社区教育资源，实施融合课程

我园努力挖掘、用活周边三公里社区资源，三公里范围内涵盖公园、牡丹园等自然景区，地铁交通设施、青少年活动中心文体设施、盒马max超市便民设施、赛艇中心运动设施、老街历史建筑等，社区资源丰富。因此我们通过户外探究活动、参观访问、社会实践等活动开展"科学启蒙教育与五育融合"的实践。例如为了满足大班幼儿对植物生长的探索，让幼儿有更大的探索空间和更多的探索资源，我们和家长志愿者一起带领幼儿徒步至牡丹园，开展"植趣"活动。幼儿运用各种测量方法寻找园内最古老的树木，用拍照、绘画、粘贴等方式记录花卉和植物的多样形态与色彩……孩子们在远足中加深了对各种植物的科学认知。

总之，推进"幼儿园科学启蒙教育与五育融合"是一个充满挑战且有着广阔前景的领域，是一项长期而艰巨的教育任务。我们深信，通过科学的启蒙，我们能够点燃孩子们对科学的热情，引导他们探索未知的世界。同时，五育融合的理念则呼吁培养幼儿的德、智、体、美、劳全面发展。在未来的教育实践中，我们将继续秉承这一理念努力探索，为每个孩子的成长搭建更加宽广的舞台，提供更

多的可能性。愿我们的努力，为孩子们的未来奠定坚实的基础，让他们在知识的海洋里扬帆起航，迎接精彩的人生旅程！

参考文献：

[1] 胡萍."五育"融合视域下幼儿园高品质课程建设的价值、目标与路径[J].教育科学论坛，2023（29）：71-74.

[2] 叶思柳.五育融合与并举下课程实施，提升育人质量[C]//广东教育学会.广东教育学会2022年度学术讨论会暨第十八届广东省中小学校长论坛论文选（二）.广州：广东教育学会，2022.

[3] 叶佳欣.基于STEAM理念践行"五育"并举——幼儿探究能力培养策略的研究[C]//广东教育学会.广东教育学会2022年度学术讨论会暨第十八届广东省中小学校长论坛论文选（二）.广州：广东教育学会，2022.

[4] 郑国，赵雪莲.新时代幼儿教育"五育并举"的困境及实施路径[J].黑龙江教师发展学院学报，2022，41（04）：73-75.

幼儿发展优先理念指引下的科探活动实施

——以小班"浮力知多少"活动为例

王 培（上海市浦东新区好时光幼儿园）

摘 要：幼儿发展优先理念中，尊重幼儿特点和需求并创设适宜的环境至关重要。科学探究活动正是一种能够满足幼儿好奇心和探索欲的学习活动类型，成功开展此类活动对于践行幼儿发展优先理念、促进幼儿全面成长至关重要。在幼儿科探教学活动中，需要关联现实生活、创建趣味情境以及注重引导启发等措施，以开展更有效的幼儿科探活动。研究以小班"浮力知多少"科学探究活动为例，探讨教师如何借助多元有效的活动让幼儿尽情实践探索，从而进一步提高幼儿的动手能力、观察力、判断能力，以及社交合作和沟通表达能力。

关键词：幼儿教育；科学探索；发展

2023年，上海市托幼和学前教育工作联席会议办公室颁发的《全面建设高质量幼儿园的实施意见》指出，要"坚持幼儿发展优先"原则，全面建设高质量幼儿园。同时，根据园所特点进行专项设计，也是发挥园所特色价值的重要措施[1]。通过调查发现，园所内的科探活动具有较好的实践基础和开展经验，以此为切入口能够更好地发挥园所教学资源优势，真正践行幼儿发展优先原则，促进幼儿在实践中有所成长和进步[2]。对此，以幼儿生活中常见的"水的浮力"为主题，设置了一系列科探活动并进行分析，希望能够促进教师设计及组织实施科探活动的能力，助推幼儿科探能力及水平的不断提升。

一、科探活动中"幼儿发展优先"理念的重要价值

在科学探究活动中,将幼儿发展置于首要位置具有重要的价值。幼儿发展优先的理念强调了对幼儿全面发展的关注与支持,以促进他们身心健康、认知能力和社交技能的发展[3]。这一理念不仅在科学探究活动中引导着教师的教学实践,还为幼儿提供了积极的学习环境和机会,以下是幼儿发展优先在科学探究活动中的几个重要价值。

(一)幼儿发展优先的理念注重培养幼儿的探究精神和解决问题的能力

在科学探究活动中,幼儿被鼓励主动提出问题、观察现象、探索规律,并通过实际操作和思考来解决问题。这种学习方式培养了幼儿的好奇心、探索欲和创造力,激发了他们的求知欲望和学习动力。

(二)幼儿发展优先的理念重视个体差异和多元智能的发展

每个幼儿都是独特的个体,拥有各自的兴趣、能力和学习方式。科学探究活动提供了多样化的学习内容和形式,以满足不同幼儿的学习需求和发展潜能。在这样的学习环境中,幼儿可以充分展现自己的优势和才能,培养并发展特定的智力和技能。

(三)幼儿发展优先的理念强调与他人合作与沟通的重要性

科学探究活动鼓励幼儿进行小组合作和团队合作,在与他人合作的过程中,幼儿学会倾听他人的意见、尊重他人的观点,并学会有效地表达自己的想法。通过合作和交流,幼儿在科学探究活动中培养了良好的人际关系和社交技能,提高了自身的合作能力和解决问题的能力。

(四)幼儿发展优先的理念注重情感的培养与关注

科学探究活动提供了丰富的观察、实验和探索机会,让幼儿亲身感受到科学的奇妙和美妙。在活动中,幼儿与教师之间建立了亲密的情感联系,通过鼓励和支持,幼儿培养了积极的情绪态度和自信心,建立了积极的学习动机和态度。

二、科探活动中践行"幼儿发展优先"理念的方法与经验

（一）关联现实生活，拓展幼儿对世界规则的认识

为了增强幼儿对科学活动的兴趣和参与度，可以将科探活动与幼儿日常生活紧密相关的主题结合起来。通过选取和解决幼儿身边存在的问题，引导幼儿观察分析现象，并从中发现并理解科学原理。将科学活动与幼儿的日常生活主题结合起来，幼儿会更容易理解和接受科学知识。这种实践性的学习方法不仅能够增强幼儿的参与度，还能培养幼儿的观察力、分析能力和问题解决能力。幼儿会慢慢地认识到科学无处不在，并开始主动运用所学知识去解释幼儿身边的事物和现象。

（二）创建趣味情境，增强幼儿参与科探活动兴趣

为了增加幼儿的学习兴趣和参与度，可以通过创造趣味情境来吸引幼儿的注意力。在科探活动中使用可爱的道具、绚丽的实验颜色、生动的故事情节或者配上有趣的音效等，不仅能够持续吸引幼儿的注意力，而且能通过正向反馈，让幼儿感受到科学活动的乐趣。在开展实际教学活动时，教师可以引导幼儿采用小组合作方式，让幼儿以小组形式自主探索并相互协作，共同解决问题。通过创造积极活跃的学习氛围，能够增强幼儿的主动性和探究欲望。

（三）注重引导启发，提高幼儿思维的主动性及思维水平

在科探活动中，教师的角色是引导者和促进者。因此，在进行幼儿科探活动教学时，应该注重激发幼儿的思考和探究兴趣，通过提出开放性问题和情景式的探索活动，鼓励幼儿自主思考和进行多样化的实践操作。同时，教师在教学时需要给予幼儿正确的方法和指导，帮助幼儿形成科学思维，并培养幼儿的观察、分析和解决问题的能力。这种注重引导启发的教学方法，能够促进幼儿的自主化思考能力的发展，培养幼儿的科学探索精神。

三、以小班科探活动"浮力知多少"为例的优先发展理念践行

（一）案例背景

水是幼儿生活中常见且接触频繁的事物，幼儿们或多或少都看到过船只航

行、树叶和纸船能够漂浮在水面上，因此开展与水的浮力有关的科探活动，与幼儿生活关联密切，具有较好的实践与提升效果。为此，专门设计了小班"浮力知多少"科探实践活动，这是一项以水的浮力为主题的科学探究活动，旨在通过小班幼儿亲身参与实践，引发幼儿对浮力现象的好奇和兴趣，促进幼儿的认知发展和综合素养提升。

在设计这个科探活动时，要考虑到幼儿的年龄特点和发展需求。由于处在感性思维阶段，幼儿倾向于通过感官刺激来获取知识。因此，活动设计应注重实践探索和互动体验，让幼儿能够亲自操作和观察，从而建构对浮力现象的理解。活动设计应贴近幼儿的生活经验和兴趣点。幼儿园阶段的幼儿对周围世界充满了好奇心，幼儿对玩具、水等常见对象有着浓厚的兴趣，在活动中将日常生活元素与科学知识结合起来，能够更好地引发幼儿的学习兴趣。

在设计"浮力知多少"活动时，根据小班幼儿的年龄特点和发展需求，贴近幼儿的生活经验和兴趣点，注重综合发展，创造了一个具有启发性、趣味性和互动性的科学探究环境。这样的设计思路能够有效地引导幼儿主动参与，培养幼儿的科学精神和综合素养，为幼儿的全面发展打下良好的基础。

（二）教学内容

在开始活动前，教师准备好实验所需材料，如透明容器、水杯以及不同形状的小玩具，并在活动环境中创造出温馨、安全的氛围，布置实验桌和观察角，让幼儿感到舒适和愉悦。

教师通过提问的方式了解小班幼儿关于浮力的已有经验，鼓励幼儿分享自己对浮力的理解，并引导他们以小组为单位设计实验方案。幼儿将选择不同形状的小玩具，并将其放入水杯中进行实验。幼儿亲自操作，观察小玩具在水中的表现。接着，幼儿将观察到一些物体沉下去，而另一些物体则浮起来的现象。同时，他们可以尝试改变小玩具的形状或调整水杯中的水量，来观察这些因素对浮力的影响。在这个过程中，教师引导幼儿围绕问题展开讨论，激发他们主动思考为什么会出现不同的浮力现象。幼儿被鼓励用自己的话语表达并分享想法和解释。通过这样的探索与探究，幼儿可以深入理解浮力的概念，并培养他们的观察和分析能力。

为了促进幼儿的科学探究和思考能力，采取了多种不同的教学策略。活动鼓励每个小组在实验结束后进行结果的总结和分享活动。这样可以让所有幼儿都有机会表达自己的观点和理解，并从其他小组中获得新的启发和思考。教师在幼儿分享的基础上，提供简单的科学解释，将实验结果与浮力的原理联系起来，帮助幼儿深入理解浮力现象的原因。这样可以加深幼儿对于科学知识的认识和理解。同时，教师引导幼儿回顾实验过程和结果，并总结收获和体会。鼓励幼儿思考实验中可能存在的问题和探究的不足之处，以便在未来的科学活动中做出改进和进步。这样可以帮助幼儿更好地反思和展望，促进他们的科学思维和创新能力的发展。

通过准备阶段的环境营造，实践探索阶段的互动操作和观察，以及归纳总结阶段的分享交流和科学解释，幼儿在"浮力知多少"活动中获得了参与、探索和思考的机会，促进了幼儿的认知发展和综合素养提升。

（三）教学成效

幼儿通过观察和实践，对浮力现象有了直观的感受和理解。幼儿学会了从不同角度去观察现象，发现物体在水中的表现存在差异，并能够简单解释浮力现象的原因。同时，通过小组合作和集体分享，幼儿之间的交流促进了幼儿对浮力知识的共建和深化。

在活动过程中，幼儿亲自操作实验材料和观察实验现象，培养了幼儿的动手能力和实践能力。幼儿能够正确使用实验工具，掌握实验步骤，提高了自主进行实践探索的能力。

幼儿通过观察小玩具在水中的浮沉情况，锻炼了幼儿的观察力和判断能力。幼儿能够细致观察并准确描述物体在水中的行为，同时能够根据观察结果做出简单的判断和推理。

活动组织中鼓励了幼儿之间的合作和互动，促使幼儿学会倾听他人的意见，并主动表达自己的想法。在小组实验和集体分享中，幼儿通过互相交流讨论、提问回答等形式，增强了自身的社交合作能力和语言表达能力。

（四）教学反思

在"浮力知多少"这个科探活动中，教学反思是不可或缺的一环。通过对活动的反思，可以发现活动存在的问题，并寻找改进的方法，以不断提升教学效果。

在设计过程中，可能需要更充分地考虑幼儿的年龄和认知水平。有时候，幼儿可能无法理解抽象的科学概念或进行复杂的实验操作。因此，在设计活动时，应选择简单明了的实验内容和引导性问题，以便让幼儿更好地参与和理解。

有些幼儿可能在观察和记录实验结果时遇到困难。幼儿可能无法准确地描述观察到的现象，也可能没有良好的记录习惯。在今后的活动中，可以加强对幼儿观察和记录的指导，鼓励幼儿用绘画、口头描述、简单文字等方式来表达观察结果。部分幼儿在集体分享时可能缺乏主动性，或者缺乏倾听他人的意愿。为了加强幼儿之间的交流和互动，可以设置更多的合作讨论环节和小组活动，培养幼儿的团队合作能力和社交技巧。

在今后的科探活动中，可以结合其他相关主题进行扩展和延伸。例如引入物体密度、浮力与船舶设计等相关内容，让幼儿进一步了解浮力的应用和实际意义，激发幼儿对科学更深层次的学习兴趣。

四、科探活动中践行幼儿发展优先理念的成效

开展科探活动对于幼儿的发展至关重要，它不仅培养了幼儿的科学知识和思维能力，还锻炼了幼儿的动手实践、观察判断、交流合作等综合素养。以小班"浮力知多少"活动为例，教师引导幼儿开展实践探索和观察分析，引发对浮力现象的疑问与思考，培养了幼儿的科学探索能力和问题解决能力。通过巧妙地运用科探活动，以幼儿为中心的学习方式将为其全面发展奠定坚实基础，并激发幼儿对科学的兴趣，培养幼儿的创新能力和探究精神，为幼儿未来的学习和生活打下坚实的基础。

在今后的教学中，应当注意科探活动的设计与改进，结合幼儿的特点和兴趣，选取适宜的主题和实践材料，激发幼儿的学习兴趣和参与热情。同时，在活动过程中注重幼儿之间的互动合作和思考交流，帮助幼儿更好地理解和运用所学的科学知识。

参考文献：

[1] 杨慧娟.幼儿科学活动中信息技术实施策略[J].文理导航（下旬），2023（11）：91-93.

[2] 顾悦馨.根植小小自然角探索科学大世界——利用自然角提高幼儿科学探究能力[J].陕西教育（教学版），2023（10）：74-76.

[3] 刘彩霜.探索·体验·成长——幼儿自然科学探索活动的设计策略研究[J].教师，2023（26）：78-80.

幼儿发展优先理念下小班户外游戏的支持策略

金怡婷（上海市浦东新区东方幼儿园）

摘　要：《幼儿园工作规程》中明确指出，"游戏是对幼儿进行全面发展教育的重要形式"，同时还提到了"幼儿户外活动时间在正常情况下每天不得少于2小时"。由此可见，幼儿需要户外游戏，幼儿园户外游戏是促进幼儿全面可持续发展的重要活动形式。小班幼儿在户外游戏中有着直观感受世界、模仿同伴行为、重复游戏过程的特点，但在实践中发现小班幼儿存在着游戏过于零散、对材料操作无从下手、难以将自己的想法表征出来的问题。在幼儿发展优先理念下，为了促进小班幼儿在户外游戏中更好地获得整体发展、主动发展和差异发展，笔者遵循小班幼儿发展规律和需求来对所存在的问题进行原因剖析并提出支持策略。

关键词：幼儿发展优先；小班户外游戏；支持策略

幼儿园户外游戏是指幼儿在幼儿园的户外空间中，根据自身的兴趣和需求自由选择并组织他们喜爱的游戏活动[1]。这种游戏通常是幼儿自主、自发进行，不受成人主导或干预。幼儿园户外游戏突出了幼儿的主动性和创造性，成为他们自我发展的关键途径，旨在促进幼儿的全面发展。

在《上海市学前教育与托育服务发展"十四五"规划》的"四、主要任务与举措"中提到："倡导与践行'幼儿发展优先'理念，突出幼儿可持续发展优先、幼儿发展规律优先、幼儿发展需求优先，对儿童观、课程观、质量观、发展观等进行理念与价值重塑。"在户外游戏中，幼儿可以在广阔的户外空间尽情奔跑、跳跃、探索自然，享受游戏带来的快乐。户外游戏满足了幼儿需要，为幼儿提供尽情游戏的时间和机会。幼儿在自由的空间环境中能够获得身体、认知和思维等多方面的发展。同时，幼儿在户外游戏中自主选择游戏内容和操作材料，在满足幼儿全面发展、主动发展的基础上，满足不同水平幼儿进行差异发展。幼儿通过自订计划、自主选择、自我挑战、自我评价的游戏过程，满足其基本发展需求，在游戏中获得归属感和价值感、感知自己的能力、激发自主性和主动性、学习社会和人生技能，从而推动终身可持续性的发展。

一、小班户外游戏的特点

（一）直观感受世界

小班幼儿对周围的环境和新鲜事物都具有强烈的好奇心和探索欲，看到新奇的事物会主动接近。由于小班幼儿的直觉行动思维和感知运动阶段，喜欢通过具体的感官和运动探索世界、了解物体属性和关系，幼儿的天性会让幼儿用自己的眼睛看世界[2]。因此，在户外游戏的过程中，我们可以发现幼儿喜欢用直接的观察、触摸、闻嗅等感知方式来探索、感受实物，享受游戏中的乐趣。例如在探索秋日落叶的过程中，中大班幼儿更多发生将落叶当作替代物进行游戏的行为，而小班幼儿的行为更多的是在于观察叶子的形状、颜色、大小，他们在游戏中更多地通过直观的感知来获得经验。

（二）模仿同伴行为

小班幼儿正处于模仿行为的关键时期，他们通过模仿掌握语言、动作以及社会技能等经验。在户外游戏中，小班幼儿喜欢通过模仿来进行游戏。例如在户外游戏"搭房子"中，幼儿A和幼儿B分别在用积木玩具搭建自己的城堡，幼儿B一开始是用不同形状的积木进行简单的垒高，来形成一个房子的样子，幼儿A则用积木垒高后摆出转角，最后形成围合，还把兔子玩具放入围合中间，口中说："这是小兔子的家。"幼儿B观察到同伴新的搭建方法之后，很快将自己本来的城堡推倒，也尝试搭建围合，并说："我也要搭一个小兔子的家。"由此看出，户外游戏中的模仿行为能够丰富幼儿的游戏经验，有助于提高幼儿的认知能力和思维发展水平。

（三）重复游戏过程

重复是幼儿时期的典型行为，幼儿重视在过程中获得经验。重复游戏是小班幼儿在游戏中的一种常见行为，也是幼儿发展过程中的重要环节，有助于幼儿探索世界，认知和发展技能，在户外活动中也不例外。在户外游戏中，小班幼儿在获得新的认知经验或技能后，喜欢通过反复的操作来巩固、加深对游戏内容的理解。例如在发现跑动会增加风车的转动速度后，幼儿在这场户外游戏中不断地举着风车进行奔跑，在这个过程中，他通过反复游戏体验到了游戏的乐趣，同时在反复的奔跑过程中不断地巩固风车转动加速受到跑动的影响这一认知。在户外的环境下，幼儿的奔跑技能也得到提高，能够在动作技能方面得到发展。

二、小班户外游戏中的现状及问题

（一）游戏的零散性

幼儿在小班阶段的注意力以无意注意为主，有意注意时间较短，所以他们在户外游戏中的观察与感知都处于刚萌发的阶段，持续观察的时长也较短，且不会按目的观察，观察到的事物是零散的。这样就导致幼儿在户外游戏中的游戏内容和游戏行为也是零散的，缺乏目的性和计划性，游戏的出发点以自己在游戏中的即时兴趣为主。

在户外，幼儿可以接触到各种自然元素，风沙水土、植物、动物等，这些都为他们提供了丰富的感知体验。户外游戏自由灵活的游戏形式有利于幼儿创造力和想象力的发展，但是在过于零散的游戏行为中，幼儿的注意力长时间被分散，幼儿在游戏中难以认识和概括事物之间的联系，探索事物的深度也受到影响。

（二）摆弄材料为主

在小班户外游戏中，幼儿的游戏行为多以摆弄材料为主，他们通过触摸、移动、堆叠、组合等方式摆弄、操作各种游戏材料，来探索和理解周围的世界。这种游戏行为有助于提高他们的动手能力。

但是在实践中发现，部分小班幼儿的生活经验有限，当面对大量游戏材料时，经常出现随意堆叠的行为，或者是选择困难，不知道如何有效地利用这些材料的情况。此外，当提供的材料中有较高结构材料玩具时，幼儿会更倾向使用这些熟悉的、已有使用经验的较高结构材料玩具，容易形成思维定式，将这些材料的使用方法固化。

（三）表征慢于思维

在户外游戏中，幼儿表征能力的发展往往慢于他们创造性思维的发展。户外游戏自由的游戏形式，让每个幼儿在自由的空间里自由选择、自主探索，充分发挥他们的主动性和创造性。但是在小班幼儿将他们的创造性思维过程表征出来时却遇到了困难。小班幼儿的肌肉灵活性与精细动作还在发展中，对于很多细小材料的使用操作还不是很熟练，例如画笔、纸张、细小工具等。也有部分幼儿会由于自己的技能不足，而产生畏难的情绪，对绘画表征等需要操作的形式出现无从下手的情况。

三、小班户外游戏中教师支持现状与问题分析

在小班户外游戏中，教师的支持是幼儿游戏顺利开展的重要保障。然而，当前教师在支持过程中存在部分问题，这些问题不仅影响幼儿的游戏体验，还制约了其自主性、创造性和综合能力的发展。

（一）教师干预方式：过度主导与自主性缺失

当前，部分教师对小班幼儿的户外游戏存在过度干预的现象。教师常以"指导者"身份介入游戏，频繁打断幼儿的自主探索，甚至直接替代幼儿完成游戏任务。例如在积木搭建游戏中，教师可能急于示范"正确"的搭建方法，要求幼儿按照预设步骤操作，导致幼儿失去自主尝试的机会。这种干预方式源于教师对游戏目标的误解，即过分强调游戏结果的"正确性"而忽视游戏过程的探索价值。根据《3—6岁儿童学习与发展指南》，幼儿的经验获得应通过直接感知、实际操作和亲身体验实现，教师的主导行为违背了这一原则，抑制了幼儿的主动性和创造性。

此外，教师对安全问题的过度担忧也是干预过度的原因之一。例如当幼儿尝试攀爬或跳跃时，教师可能因担心他们受伤而频繁制止，导致幼儿无法通过实践发展身体协调能力和风险评估意识。这种"保护性限制"虽然出于善意，却阻碍了幼儿在适度挑战中获得成长。

（二）材料支持策略：缺乏层次性与动态调整

材料是户外游戏的重要载体，但教师在材料提供上存在着"一刀切"现象，

未能根据幼儿的发展水平进行分层设计。

首先，户外游戏材料结构过于单一化，缺乏层次性。教师倾向于提供给小班幼儿高结构材料（如拼图、模型玩具），这类材料功能固定，操作方式受限，容易固化幼儿的思维。例如幼儿使用现成塑料滑梯时，仅能进行上下滑动，而低结构材料（如木板、轮胎）则能激发幼儿创造多种玩法（如搭建桥梁、滚动比赛）。

其次，教师往往在户外游戏开展初始一次性投放大量材料，缺乏动态调整。小班幼儿注意力易分散，面对过多材料时易陷入选择困难，出现随意堆叠或频繁更换材料的现象。

四、小班户外游戏的支持策略

（一）游戏环境：增加游戏情境性

为了减少小班幼儿户外游戏过于零散的情况，教师可以在游戏环境中增加情境性，吸引幼儿的注意力，帮助幼儿保持游戏中的兴趣。小班幼儿的思维发展处于从直觉行动到具体形象思维的过渡阶段，他们在已有生活经验的游戏环境下能够有更多的感受和体验。通过设置有趣的、与已有经验相关的游戏情境，幼儿在游戏中的专注时间增加，主动参与的积极性得到提高。例如在户外游戏中教师结合大型玩具创设游乐园的情境，增加关于游乐园的环境创设，幼儿就会如身临其境一般，主动思考在游乐园中可以做什么、需要什么、有哪些东西等，激发幼儿的游戏兴趣。幼儿在一个游戏情境下能够长时间专注于探索一件事，就能拥有充足的时间来思考事物之间的联系，认识到事物之间的关联性。

（二）材料提供：高向低、少到多动态转化

根据小班幼儿认知靠行动的年龄特点，在户外游戏中幼儿需要充足的游戏材料进行探索和游戏。但是针对小班幼儿在操作材料时出现的问题，教师在提供材料时，需要遵从由较高结构向低结构、材料数量和种类由少到多动态转化的原则。

小班幼儿在游戏中喜欢摆弄材料来进行感知，生活经验有限，游戏中替代能力还未很好地发展。所以在游戏初期低结构材料可能会使幼儿过多地关注到材料的原有特征，不能很好地利用低结构材料进行游戏。而幼儿在摆弄较高结构材料

时，幼儿会在观察过程中获得更多认知经验，理解和认识事物的外形特点、结构连接等，在这样的基础上再进行经验再现和迁移，逐步尝试利用低结构材料进行游戏。所以前期教师在提供材料时，可以提供一些较高结构材料和少量低结构材料，等到游戏行为丰富起来，再逐步添加低结构的材料，促进他们游戏中替代行为的发展，萌发更多游戏行为，这是一个循序渐进、动态变化的过程，教师要随时根据对幼儿游戏情况的观察进行调整。

当提供低结构材料时，少量的低结构材料也能够让幼儿更好地观察材料的特性，包括颜色、材质、形状等，从而帮助小班幼儿在户外结合环境进行更好的游戏和探索操作。在熟悉材料之后，教师再投放充足数量的材料以及更多种类的材料来满足幼儿的游戏需求。

（三）游戏表征：形式与工具多样化

为了提高幼儿在游戏表征时的自信心，促进幼儿自主、自由表征，教师可以在游戏前中后不同时期提供多种形式的表征工具和途径。在游戏前，幼儿可以利用自由活动时间（例如来园、生活过渡环节等）和教师说说或画画自己的游戏计划，教师可以根据幼儿的语言表征在幼儿的图画中添加简单的文字注解，帮助幼儿更好地记录自己的想法。在游戏中，根据小班幼儿有意注意时间较短的年龄特点，教师可以提供拍照工具，方便幼儿即时将自己的发现或游戏情况记录下来。在户外游戏后，教师可以提供给幼儿问题收集的平台，幼儿可以利用录音工具录下自己在游戏中的困惑或发现，便于教师了解幼儿游戏情况，同时幼儿也可以分享给其他同伴，同伴可以进行反复聆听，帮助幼儿了解他人的游戏情况，促进幼儿社会性交往的发展。

（四）教师角色：观察者和玩伴

在小班户外游戏中，教师更多地需要做好一个观察者和玩伴的角色。在游戏过程中，教师需要做到尊重幼儿，支持幼儿，但不盲从幼儿，引导正确的价值导向。教师在观察过程中，需要鼓励幼儿进行自主创造，给予幼儿自信心和安全感，关注幼儿的游戏行为，并进行记录和分析，从而支持幼儿游戏的推进。同时，教师也要做好"玩伴"的角色，参与到幼儿的游戏中，共同探索，适时提出问题进行讨论，与他们产生共鸣。有研究表明，幼儿渴望教师成为他们游戏的参与者、支持者，和教师共同游戏能感受到快乐，同样教师的参与会吸引更多的幼儿加入游戏[3]。当幼儿和教师处在这样一种平等的关系中时，能够产生民主意识，感受到来自于教师的尊重和信任。通过扮演"玩伴"的角色，教师能够更有效地激发幼儿参与游戏的积极性，促进幼儿产生更多的游戏行为。

五、结语

综上所述，小班幼儿因其年龄特点与发展规律在户外游戏中出现游戏过于零散、对材料操作无从下手、难以将自己的想法表征出来的现象。教师可以通过创设情境性环境，在提供材料时遵从由较高结构向低结构、材料数量和种类由少到多动态转化的原则，并提供多样化的表征环境的支持策略，同时做好观察者和"玩伴"，来帮助小班幼儿在户外游戏中更好地自主发展。在幼儿发展优先的理念下，有了更好的户外游戏环境，每个幼儿能够根据自己的需要自主、自信地在户外游戏中自由选择游戏内容，获得丰富的经验，得到全方位的能力发展。

参考文献：

[1] 王美君.基于儿童视角的户外自主游戏研究[D].伊宁：伊犁师范大学，2023.

[2] 耿惠玲.在自主游戏中培养小班幼儿学习品质的策略——以小班户外自主游戏"哇！洞洞真好玩"为例[J].安徽教育科研，2023（28）：93-95.

[3] 段倩.情景游戏导向下的幼儿园户外游戏实践研究[J].家长，2024（27）：7-9.

幼儿发展优先理念下聚焦户外游戏分享交流

——"有趣""有料""有意"的分享交流助推户外游戏

陈誉超（上海市浦东新区北蔡幼儿园）

联合国《儿童权利公约》规定了尊重儿童权利的四大原则，其中就有儿童最大利益优先原则。近年来，在幼儿一日生活学习的教育中提出了"幼儿发展优先"理念和行动研究，进一步强调幼儿的主体地位。"幼儿发展优先"的内涵包括幼儿可持续发展优先、幼儿发展规律优先、幼儿发展需求优先，彰显的是教师儿童观、课程观、教育观的转变与更新。

游戏是幼儿园的基本活动形式，游戏能发展幼儿的想象力、创造力、交往合作能力、问题解决能力、发散性思维能力，促进幼儿身体、认知、语言、情感、个性的健康发展。户外游戏是指充分利用园所户外场地、资源及各种丰富多元的材料，幼儿根据自己的意愿选择游戏的形式、内容、材料、玩法、玩伴等，创造性地开展各类游戏，出现不同于室内游戏的情节，体现"我的游戏我做主"。

通过对以往游戏分享活动的实地观察、教师初步访谈、教师自身反思，我们在户外游戏分享的内容、教师运用的策略等方面发现了诸多问题。在游戏分享活动中教师受困于时间、精力等因素的影响而无法开展高质量的游戏分享活动，拘泥于形式，浮于表面，多以简短的集体讨论作为游戏结束后的分享活动。游戏分享活动存在幼儿经验表征方式模式化、分享内容集中化、分享策略针对性不足、幼幼互动重视程度不高。游戏分享活动也由于时间的限制，无法照顾到每个幼儿，被忽视的幼儿往往无法参与游戏分享活动等问题。

基于幼儿发展优先理念，我们尝试多措并举开展户外游戏的分享交流的实践研究，不断迭代更新、努力走向真正的儿童立场，提升教师"观察倾听幼儿—分析识别幼儿发展需求"的能力。

一、活动背景

在游戏中我们发现中班的孩子对空间敏感期呈现高峰，最具有代表性的行为是喜欢钻进狭小的空间里，例如纸箱、柜子等。这种隐蔽而奇妙的空间给他带来很多乐趣。这样的自主探索过程，不仅提高了孩子的手脚协调能力，也提高了空间的感知能力。

抓住孩子这一兴趣点以及中班孩子的年龄特点，结合幼儿园户外自主游戏，遵循孩子的学习方式与特点，关注孩子的游戏、关注孩子的学习。幼儿园草地上小树林区域，孩子们非常喜欢，他们将这块区域命名为"森林王国"。在小树林里，孩子们对帐篷的游戏乐此不疲，并且他们将自己的"家"安在了"森林王国"小树林中……在一次次的游戏中，他们对"丛林娃娃家"的需求在一步步提高。我和孩子们一起设计了"丛林娃娃家造屋"的活动。孩子们通过"发起—游戏—探索"在游戏中自主学习与不断提高。教师启发幼儿在小树林现有的树、小棒等材料的布局上，发挥自己的想象力、创造力、探索力等有计划地利用多种材料与树、小棒进行搭建，去创造空间，感受空间的变化，在探索中发现问题、解决问题，从而习得更多自主游戏、自主学习的经验。

二、实践与探索

（一）解读幼儿游戏行为，巧抓内容有效提问，分享言之有物

户外游戏内容丰富多样，是幼儿自发、自主、自由的游戏。幼儿运用多样化的材料，依照自己的生活经验构思、动手操作、构造物体等，其中分享交流也是游戏的一部分。通过户外游戏的分享交流活动，幼儿不仅能积累游戏经验、分享游戏体验、提高游戏能力，还能相互倾听和表达交流。

儿童发展优先理念下的户外游戏分享环节中，以儿童特点为依据，基于幼儿当下需求支持有意义的学习分享，教师应有多元的价值判断。那么，如何选择交流分享内容？教师对交流分享的回应与支持有哪些？通过实践我从以下几个方面聚焦幼儿行为观察的户外游戏交流分享，促进儿童的可持续发展。

- **关注幼儿已有经验，捕捉分享兴趣点，开放式提问推进游戏**

兴趣是引发幼儿深度学习的助推器。在游戏活动中，我们应以追随幼儿的兴趣，与幼儿的兴趣和当下的生活经验进行连接，以开放式的提问引导幼儿思考为主要线索。教师应把幼儿感兴趣的话题作为他们分享的主要话题，并从幼儿的兴趣出发给予适当的支持。这样，幼儿会和同伴在他们共同感兴趣的话题中有话可说。

 案例一

小树林里的娃娃家

户外游戏开始了，孩子们开始分工合作。俊俊对着明明说："那两棵小树下正好有位置，我们把帐篷搭在那里好吗？"明明说："把帐篷放在树下，这样凉快。"不一会儿，"小树林里的娃娃家"造屋完成了。

男孩子们在小树林里转悠，他们捡起肥厚的大叶子、长短不一的树枝，还有大小不同的石头……明明说："我们来做大肉串吧！"铭铭好奇地问："大肉串怎么做？"明明说："就用树枝和大叶子。"只见明明用长短不一的树枝，用尖尖的一头将树叶一片一片串起来。铭铭笑着说："这个我也会！"他们开始用树枝穿起烤肉来。明明招呼俊俊说："你快点去'生火'，准备好炉子。"俊俊马上行动，只见他端起炉子放在"树叶烤肉"边上，用扇子扇风……铭铭迫不及待地说："我先来烤大树叶做成的烤肉。"可是他的两串"烤肉"刚放上去，烤炉的空间就被全部占满，俊俊的烤肉没地方放了，两人开始争执。我马上启发他们："需要大烤炉吗？那我们看看场地上还有什么材料可以用？"孩子们转过身往操场上扫视了一圈，俊俊说："我们用轮胎吧！把它当成大烤架，上面还有网格，正好把'大树叶烤肉'放在上面。"明明笑着说："这个办法好！"我也竖起大拇指表示赞同！我又建议说："如果'烤肉'多，你们可以准备两个大烤架！"孩子们又开始寻找替代物制作烤架……

在游戏后，我们的交流讲评开始了，我问到今天游戏中有什么新发现和有趣的事情吗？俊俊唰的一下举起小手，他洋溢着笑脸开始分享："今天我们制作了大肉串，还发明了新型的'烤肉架子'。"大家围坐在新型的

> "烤肉架子"边仔细观察，俊俊介绍说："今天的烤肉是用大叶子制作而成的，又大又肥厚。今天的烤肉架特别大！我们用轮胎拼成了一个大型的烤肉机器可以一下子烤制五六串，同时轮胎上的网格就像是火苗一样，可以均匀地烤熟肉串。"妞妞说："这个肉串有红有绿，我看得要流口水了。"我表扬孩子们今天的烧烤游戏材料都是由树林里和场地上的材料替代而成的，很丰富很有趣哦！……

分析：

- **开放性提问——分享交流"趣味点"，分享有话说**

在游戏活动中，幼儿在生生互动中发现烧烤架的不够用，从而引发幼儿通过自己发现运用自然材料树叶进行材料的补充。他们运用轮胎进行烧烤，考虑材料的替代，并且形成幼儿之间"提问与互动"的模式，教师追随幼儿的兴趣，把幼儿感兴趣的话题作为他们分享的主要话题，通过有指向性又有探索性的开放性提问使幼儿从多方面去思考和探索，并在活动中操作感知，比较得出科学的结论，体验成功的喜悦。教师以引导幼儿思考为主要线索。

幼儿在探索的过程中提出的问题一定是其感兴趣的问题，而且是需要得到回应问题，面对这样的问题我们教师有很多种做法：直接告知、和孩子一起探索解决、提出新的问题帮助解决原有问题等方法。可通过组织幼儿交流：自己是怎么做的？为什么要这样做？有什么发现？在师幼互动、生生互动中，从幼儿的兴趣出发给予适当的支持，从而帮助他们解决问题达到游戏愿望。这样，幼儿会和同伴在他们共同感兴趣的话题中有话可说。在这个过程中教师可以提出新的问题不断刺激幼儿探索，既能解决原有问题又能发现新的问题，使其一直保持对科学活动的兴趣。

由此，教师要抓住这一偶发事件的价值，追随幼儿的兴趣和需要，巧妙点拨，引发思考，使游戏顺利"进阶"。

（二）链接幼儿真实问题，捕捉分享"矛盾点"，对比式提问拓展游戏

在户外游戏中，幼儿常常会在游戏中爆发出新的点子，幼儿在游戏过程中会遇到许多共性的问题、难题或个体之间不同的见解和意见，这些都是游戏中出现的矛盾点，多种游戏分享样态都是以矛盾点为中心。教师要善于抓住游戏中的"矛盾点"，通过对比发展幼儿的思维，在分享交流中进行集体交流点评，培养幼儿创新思维和探索能力，拓展游戏思路。

案例二

初见丛林娃娃家

片段一

今天的户外游戏开始了，孩子们七嘴八舌，佳佳说："在小花园的树下！"俊俊说："我们用树枝搭帐篷。"铭铭使劲地点着头说："我同意俊俊的，我们可以在小树林搭帐篷玩烧烤！"……

俊俊和明明在运动场地上找来了四根长树枝，他们开始支撑与固定树枝。俊俊对着明明说："我来拿四根小棒，你用丝带将它们扎起来。"明明听完后马上点头开始缠绕，他们将树枝靠在树上，可是刚刚放置好树枝，想把餐垫当作围布，树枝就折断倒了。于是他们又找来了树枝，将四根树枝的头聚在一起，明明麻利地缠绕着四个枝头，可是刚想打结，丝带滑落和树枝脱离，他们又尝试了一次还是失败了，几个孩子积极讨论着，还没等他们想出办法，游戏时间到了，孩子们意犹未尽……

片段二

孩子们有了搭帐篷的兴趣，有的在家中搭帐篷，有的去迪卡侬玩帐篷……我也顺势为孩子们提供了贝尔野外求生搭屋子的视频，孩子们搭建帐篷的信心又一次被点燃了。

今天户外游戏又开始了，有了前一次搭建帐篷的经验，明明提议说："上次找的树枝太细了总是断，今天我们找粗一点的树枝搭帐篷。"他们找来了两根粗粗的树枝，孩子们一边搭建一边讨论搭建时遇到的问题："老师，我将树枝靠在树上，想用布围树枝，树枝就倒了；想拴绳子，树枝又倒了。"这时我问道："树枝会倒下这个问题，你们有什么好办法可以将它固定住吗？"宸宸说："我们将树枝搭成三角形！"于是，我们将这个问题抛给了大家一起想办法。孩子们看到三角形帐篷骨架后，依依说："用三角形搭，这个三角形一边多一边少，不牢固！"琪琪马上提出不同意见："我觉得可以用四根树枝搭建帐篷的骨架,这样就不会因一边多一边少而倒下来了!"沐沐马上提出:"我们搭帐篷,可以把树枝插在泥土里做固定。"孩子们的想法如泉涌一般,宸宸开始将三根树枝分成三角形再把树枝顶端进行固定。而持有不同意见的琪琪和沐沐则分成另一组,在一边用绳子将四根树枝进行固定然后分成四个角……

看到这一幕,我在游戏后邀请了这些孩子分享自己的游戏想法和游戏经验。我抛出问题:"刚才在搭建帐篷时,你们用了哪些好方法?"宸宸介绍说:"我们将树枝搭成三角形帐篷!"沐沐则提出不同意见:"我们搭帐篷是把树枝分成四个角变成一个正方形,让后再把树枝插在泥土里,这样是最牢固的。"君君说:"我觉得三角形的帐篷牢固,三根树枝像腿一样站立,帐篷就不会倒下来!"明明说:"我看到沐沐搭的帐篷四个角空间大,同时他们把树枝插在泥土里更牢固!"……

分析:

- **对比式提问——分享交流"矛盾点",分享更有料**

当矛盾点出现时,幼儿会自然地参与进来,表达自己的想法,在观点的碰撞中共同解决问题。例如在户外搭建中如何能让帐篷的骨架更稳定、立柱应间隔多远放、何种形状和大小更合适等,教师运用对比式提问抓住这几个重点问题和矛盾点,让幼儿进行思维碰撞,各抒己见,幼儿非常乐于通过辩论式讨论,分享自己的创意和做法。解决当前幼儿游戏的需要,解决共性或个性的问题,根据不同幼儿的生活经验反馈的信息让幼儿解决问题的个体经验变成集体经验,做出调整,使得幼儿的经验得到不断提升,探索能力得到提高,问题得以解决。

(三)提供幼儿渐进式体验的空间,捕捉分享"价值点",递进式提问深入挖掘游戏

幼儿在更为广阔户外游戏活动场地,游戏的动作幅度更大、材料更自然丰富、活动的开放程度更高。教师在材料投放、游戏玩法、等待放手赋予幼儿更多自主游戏的权利,并从学科结构出发转为儿童的生活经验出发,基于幼儿感知与表达的需求和经验发展脉络的展开，同时在师幼互动、生生互动时运用递进式提问帮助幼儿梳理零散的游戏经验，鼓励幼儿深入思考，深入挖掘幼儿游戏经验，幼儿常常会有许多不一样的玩法和新发现。当出现这些新经验和好做法、有价值点的游戏行为时，及时分享他们的做法，以便大家学习模仿，共同达到游戏目的。

案例三

再建丛林娃娃家

户外活动时间，孩子们投入"丛林娃娃家"游戏中，帐篷还在不断升级中。君君用三根粗树枝做帐篷的架子，把三根棒子组合成三脚架，一个有"三条腿的"帐篷框架完成了，宸宸拿着绳子将三根棒子扎在一起，又开始架设成三脚架，可是因为没有对绳子进行打结，三脚架又散架了。两个孩子马上异口同声说道："打蝴蝶结！"宸宸缠绕绳子进行了再次加固后又打了一个双结。小帐篷终于稳稳地站立在小树林中，有了支撑的经验和固定的技能后，操作顺利了很多。我笑着说："帐篷搭好了，谁负责给帐篷架子围上餐垫？"宸宸小手举得高高的大声说："我来给帐篷围上餐垫！"他们给帐篷披上了地垫做成的"外衣"，同伴们也开始围观："这个帐篷真有趣！是三角形的。"……

在游戏后，我们又进行了交流分享，我们坐成扇形围在帐篷四周，我拍手赞叹孩子们的帐篷作品："这次的帐篷搭建得太棒了！谁来分享一下你们收集了哪些材料搭建帐篷的？"宸宸介绍说："我们在小树林里收集了粗树枝和小棒搭建帐篷，树枝一定要选粗的，没有粗树枝可以应用器械材料里的塑料小棒。"我向他们投去赞许的目光："这些材料选得真好！又牢固又自然。搭建帐篷骨架时你们有什么好方法？"君君一下子接住问题："我们用了搭建三角形的方法，同时还要把三根树枝分得均匀，三个角之间空的距离要一样多！再把三根树枝插在泥土里。这样就牢固了。"我质疑地问道："真的很牢固吗？我来推一推帐篷可以吗？"孩子们信心十足，我拍手赞叹道："真的纹丝不动！那除了帐篷的三角形骨架外，你们固定帐篷骨架还用了什么好方法可以使它更加牢固？"冰冰说："我们用绳子缠绕，绕

> 圈圈系鞋带再打蝴蝶结的方法。"我一边倾听一边指着另一部位提出建议，孩子们听后都张望着，大家都点头非常赞同这个好方法……

分析：

- **递进式提问——分享交流"价值点"，分享有意义**

户外游戏活动中有更为开放自主的环境和多样的低结构材料。在与这些材料充分互动后，幼儿的能力水平会呈现出不同程度的差异，会出现创新性行为。在这个过程中，教师围绕"收集搭建帐篷骨架的材料—搭建帐篷骨架的方法—固定帐篷骨架的材料、方法"三个连续经验，激发幼儿发现、探究建构帐篷骨架的问题和方法。教师适时发现游戏中能力强的幼儿的"有意"经验，进行师生互动、生生互动分享经验，教师通过递进式提问，鼓励幼儿大胆说出自己的想法，一步一步帮助幼儿整理游戏经验，引发幼儿后续游戏中更多的创造。

在上述游戏中幼儿在"此时此地"的分享如果其他幼儿也感兴趣，就可以顺应他们的需要，引来了许多幼儿的围观，这时让大家聚集到一起进行分享和讨论。在活动过程中，幼儿还会出现一种积极的、良性竞争的局面。例如在轮胎、小棒、树枝等材料的拆分和组合中，有的幼儿思维非常活跃，幼儿在相互交流分享的过程中与同伴思维碰撞，同伴之间能碰撞出新的创造和玩法，助推游戏向更高水平发展，发展集体探究能力和解决问题能力，丰富自我和集体的学习经验。

高质量的游戏分享起到承接上次游戏转接下次游戏的重要作用。在游戏分享时，教师要抓住有价值的点。将其提升为幼儿的核心经验，进而将这类经验运用到其他游戏和其他领域当中，使之得以外化、迁移和运用。这样，游戏分享就会变得更为积极且有意义，游戏也会向着深度学习的方向发展。

三、尊重幼儿发展需求，妙用方法，让户外游戏分享百变多样

幼儿是游戏分享的主体，赋予幼儿自主参与的权利，让他们在相互交流过程中，积极性、主动性、语言表达的流畅性、话题讨论的逻辑性等都能得到不同程度的发展。

(一)现场验证真分享

现场猜测、验证、总结的方法能够直击幼儿的认知,能够更加直观地呈现幼儿的问题和发现。我们鼓励教师和幼儿借助现场分享的方式,最大限度地还原户外游戏环境,让更多幼儿能够参与有价值的分享。例如教师用图片帐篷、实物帐篷等工具和材料,还原帐篷的骨架,还原室外大型搭建现场出现的问题等。这样的现场验证更符合幼儿的思维方式和认知水平,是幼儿喜欢的分享方式。

(二)分享角里藏秘密

户外游戏的活动范围较广。为此,我们在教室设置了一个分享角,并放置了桌椅、笔纸、电子设备、展示柜(主要摆放幼儿在游戏中的一些帐篷的图片、帐篷的模型、幼儿设计的帐篷图纸、游戏照片等)。活动结束后,幼儿如果有表达的愿望,就可以到分享角里自由分享和表达。

四、幼儿发展优先理念在户外游戏分享交流中的思考

(一)注重积极回应与差别化反馈

在户外游戏的过程中,针对幼儿向教师发起的互动行为,教师的回应方式起到十分重要的作用。不仅需要对幼儿提出的内容进行回应,还需要在一定程度上留给幼儿思考的空间。所以教师首先应做到认真、平等地对待每个幼儿发起的对话,在幼儿的游戏行为中,及时、耐心地与幼儿进行沟通与交流,倾听并采纳幼儿的想法。除此之外,对于不同幼儿来说,教师也应给予不同的回应方式,这一方式实现的前提是教师应充分了解每个幼儿的发展水平与状态,才能实现最佳的回应。

(二)运用隐性的提示,留给幼儿探索的空间

教师在对幼儿进行提示的时候,需要为幼儿留出一定思考与探索的空间,可以采用隐性提示对幼儿进行启发式的引导。首先教师提供一定的隐性线索,给幼儿充足的时间进行思考与探索,游戏过程中不急于催促幼儿的进度,而是耐心等待幼儿的主动反馈;当幼儿再次寻求帮助时,教师可再次提供线索,从而形成循环的流程。例如在"丛林娃娃家"游戏开始前,教师组织幼儿讨论搭建"丛林

娃娃家"需要的材料,可以鼓励幼儿自己表达在游戏中需要注意的问题:"如果发生了搭建帐篷的材料欠缺,我们可以运用哪些材料进行替代?"引导幼儿解决这些问题。教师可在幼儿表达后进行补充与完善,与幼儿一起探讨不同的解决方案。当面对幼儿遇到问题和困难、应有限给予幼儿肯定与支持,多提出发散的、开放性问题进行师幼互动,引导幼儿去进行思考,自己探索出正确的方法去解决问题。这不仅可以提升幼儿探索与思考的能力,也在很大程度上提升了幼儿的独立性、决策力。

(三)关注分享交流的多样化形式

通过师幼之间的分享交流游戏的趣味点或热点、矛盾点等,我们可以在游戏中运用照片记录、视频记录以及鼓励能力强的幼儿进行画画、符号表征等方式记录自己的发现、问题、经验、游戏的展望等,游戏后交流分享过程中有一种重要的形式便是儿童表征分享,幼儿运用的图符、绘画等不同的方式表达自己的游戏感想、游戏行为回忆、游戏展望等之后,多样化的分享交流的形式可以帮助教师了解幼儿表征的意蕴和能力,也是提升幼儿探索能力的一种方式。

通过户外游戏,孩子会主动地建构并积累各种各样的经验,"儿童发展优先"就是要更多地看到游戏中儿童的独特、珍贵和个性,在分享交流时关注"充满需求的儿童""充满潜力的儿童",创造一个儿童友好的、有益的分享交流环境。作为教师,如何开展持续、深入的有效观察,"站稳10分钟",敏锐捕捉幼儿的"哇时刻",看到游戏中不一样的儿童。因此,教师要基于孩子在游戏中的真实情况,以敏锐捕捉、持续记录精彩而生动的游戏故事,让幼儿自主开展游戏评价,共同探寻游戏的力量,进而助推教师在游戏实践中实现专业的可持续发展。

儿童立场下大班幼儿户外角色游戏"多元"支持策略的研究

张微微（上海市浦东新区王港幼儿园）

摘　要：户外角色游戏以其丰富多变的环境和自主操作的机会，极大地激发了大班幼儿的探索欲望。本文聚焦于儿童立场下大班幼儿户外角色游戏的"多元"支持策略，旨在探索在大班幼儿的户外角色游戏中，通过实施不同支持策略，包括环境支持、材料支持、教师和家长的支持等，着重探讨在游戏过程中如何有效地提供情境支持、物理支持和社交支持，促进幼儿的全面发展。

关键词：儿童立场；户外角色游戏；"多元"支持策略

一、儿童立场下大班户外角色游戏"多元"支持策略的实践价值

（一）开展户外角色游戏有利于幼儿身心和谐发展

幼儿在户外开展角色游戏是自由的、无拘无束的，同时又是认真的，游戏中遇到问题时，他们会耐心、积极思考和探索，游戏对于他们有着莫大的吸引力，幼儿在户外角色游戏中逐渐形成对环境材料的好奇心、探索欲望，提升自己发现问题、解决问题等能力。

（二）"多元"支持策略能有效提升幼儿的游戏水平

"多元"支持策略是指从多种不同的角度，如空间、时间、材料和人员等多方面支持幼儿开展户外角色游戏。它赋予幼儿在游戏中大胆表现、自由想象的空间和机会，让幼儿充分认识、体验和表达对生活和世界的理解。"多元"支持策略给予儿童在角色游戏中充分的自主权，激发儿童的想象力、创造力、合作能力

等全方位均衡的发展，能有效提升幼儿的游戏水平。

（三）基于儿童立场开展研究能不断促进教师的专业化发展

在户外角色游戏过程中，教师从儿童立场出发，了解幼儿的内心世界，倾听幼儿的想法，尊重幼儿的表达，明确幼儿的需求，能拉近与幼儿的联系，可以正确地观察、判断、回应、支持幼儿的户外角色游戏活动。灵活运用多种支持策略，引发幼儿思维的开放、游戏行为的开放，给幼儿更多内容开放性的可能，不断推动着游戏情节的生成和发展。教师应该有意识地去解读幼儿在户外角色游戏过程中的游戏行为，并且能够站在幼儿的角度去理解幼儿的行为，运用儿童视角观察幼儿的真实想法，生成更有效的支持策略。

二、儿童立场下大班幼儿户外角色游戏"多元"的有效支持策略

（一）时间支持策略

时间是户外角色游戏的重要保障因素，充足的游戏时间能够让幼儿完成角色分配、情节生成和探索体验，从而促进其全面发展。然而，在实际操作中，时间不足是许多幼儿园面临的常见问题。为了提升游戏效果，可以从以下几方面着手，保障时间供给。

1. 确保游戏时间的持续性

游戏的持续性是高质量情节发展的基础。角色游戏需要一个较长的时间周期，短时间内幼儿难以完成复杂情节的构建和问题解决。例如在"医院"主题游戏中，幼儿需要先分配角色（如医生、护士、病人），再设计治疗情节并尝试解决问题，这些过程通常需要至少30分钟甚至更长的时间。如果时间不足，幼儿可能无法深入体验角色，从而影响游戏的完整性。

2. 灵活调整游戏时间

除了确保固定的游戏时间外，还可以通过灵活调整活动安排为户外角色游戏提供更多机会。例如在晨间活动和课间自由活动时间适当加入延续性游戏，为幼儿提供短暂但高效的角色扮演机会。此外，在天气条件良好时，教师可以利用中午等时间，允许幼儿继续发展游戏内容。灵活调整时间能够在一定程度上弥补时间不足的局限，支持游戏的自然生成与延续。

3. 结合主题活动延伸游戏时间

时间支持策略不仅仅是游戏时长的安排，还包括通过跨活动延续游戏情节。例如在"农场生活"主题下，教师可以在早晨组织幼儿观察校园里的植物和动物，作为游戏的启发来源；在午间开展角色游戏，让幼儿模拟农场管理和劳动情景；下午再通过绘画、讲述等活动延续游戏体验。这种多阶段时间安排可以让幼儿在不同情境中深化角色认知，并提高游戏的整体质量。

（二）空间支持策略

在幼儿园实施户外角色游戏，环境创设是首要且关键的一环。一个安全、丰富、富有启发性的户外游戏环境，能够极大地激发幼儿的游戏兴趣，促进其全面发展。

1. 利用丰富的自然环境

环境是角色游戏的基础条件，合理的环境支持能够激发幼儿的游戏兴趣，拓展游戏内容，提高游戏的多样性和趣味性。然而，目前幼儿园在环境创设方面仍存在一些不足，特别是户外环境的利用率较低，常规化设计限制了幼儿的探索和创造。我们可以充分利用自然环境中丰富的低结构材料（如树枝、石块、沙地）为幼儿提供无穷的想象和创作空间。

2. 创设多样的游戏情境

环境支持不仅包括自然环境，还应通过布置多样化的游戏情境为角色游戏提供更多可能性。例如设置模拟"超市""医院""农场"等主题区域，为幼儿创造特定的角色扮演环境。如通过"户外小镇"的多样化情境设计，场地中设置了"诊所""商店"和"邮局"三个功能区域。幼儿在游戏中主动分工协作，角色互动显著增强。幼儿的语言表达能力、解决问题的能力以及团队合作意识都有了明显提升。情境的动态调整还延续了游戏的吸引力，激发了幼儿的持续参与热情。

（三）材料支持策略

1. 材料投放的种类

（1）大型材料

大型材料指的是尺寸较大、结构固定且功能性强的游戏材料，如大型积木、滑梯、攀爬架等，它们为幼儿提供了较为宽广的操作空间和多元的游戏情境。通过投放大型材料，可以有效扩展游戏的空间，促进幼儿的身体协调性和运动能力的提升，同时也能增强集体互动性和合作性。大型材料通常具有较高的安全性和稳定性，是支持户外角色游戏的重要基础，尤其是在户外环境中，能够有效提高幼儿的参与度和游戏的持续性。

（2）低结构材料

低结构材料是指那些没有固定形状和用途、允许幼儿自由发掘和创造的材料，如树枝、石块、沙子、纸箱等。低结构材料最大的特点是开放性和可塑性，幼儿可以根据自己的想法将其转化为不同的游戏工具或道具。这些材料极大地激发了幼儿的想象力和创造力，使他们能够在游戏中自由构建、组合和重新定义场景或角色。通过低结构材料，幼儿能够参与到自发性、探索性的游戏中，培养他们的创新思维、问题解决能力和自主学习能力。

（3）高结构材料

高结构材料是指那些具有固定形态和用途、能直接投入使用的游戏材料，如拼图、玩具车、积木等。这类材料一般具有明确的功能性和教育目标，能帮助幼儿在游戏中快速建立起清晰的角色认知和任务目标。高结构材料在促进幼儿认知发展、语言表达能力和社交能力方面发挥了积极作用，因为它们通常被设计成可供角色扮演和社会交往的工具。通过高结构材料，幼儿可以更容易地进入游戏情境，理解并执行简单的规则，逐步增强他们的社会互动和合作精神。此外，这些材料的投放也有助于教师在游戏中进行指导，通过明确的工具和规则帮助幼儿在游戏过程中提高自律性和自信心。

（4）诱发性材料

诱发性材料是指那些能够吸引幼儿注意力并激发他们探索欲望的材料，这些材料通常具备鲜艳的色彩、独特的形状或是特定的功能性。诱发性材料在游戏开始时能够吸引幼儿的兴趣，激发他们的好奇心，并引导他们主动参与到游戏中。借助这些材料，教师可以在初始阶段构建特定的游戏情境和任务框架，引导幼儿形成积极的情感联结与行为投入。

（5）辅助性材料

辅助性材料是指那些不直接构成游戏的主要元素，但能够支持幼儿在游戏过程中完成任务的材料，例如纸笔、计时器、简单的音乐或道具等。辅助性材料通常帮助幼儿在进行角色扮演、情节扩展或游戏任务时提升效率，增加游戏的深度和层次感。通过适时投放辅助性材料，教师能够为幼儿提供更多的操作机会和任务支持，进一步丰富游戏内容。

（6）建构性材料

建构性材料是指那些能够支持幼儿进行物理构建和创造的材料，如积木、模型套件、磁力片等。这类材料的投放不仅能够激发幼儿的空间想象力和动手能力，还能促进他们的逻辑思维和协调能力。通过建构性材料，幼儿可以在角色游戏中创建不同的场景和道具，从而加深对游戏情境的理解和角色认知。

（7）生活类材料

生活类材料是指那些与幼儿日常生活密切相关、能够引发幼儿共鸣的材料，例如厨房用具、衣物、工具、食品等。生活类材料的投放帮助幼儿在角色游戏中模仿和实践日常生活中的行为和任务，增强他们对现实世界的认知。例如通过使用小玩具锅、碗、勺等，幼儿可以模仿烹饪和喂食的行为，在游戏中学习到家庭角色和社会责任感。生活类材料的使用能够让幼儿更自然地进入角色，并将自己的日常经验融入游戏情境中，提升他们的生活技能认知。

2. 材料提供的原则

（1）需求为先原则

"需求为先"意味着在提供材料时，教师应首先考虑幼儿在游戏中的实际需求，而非单纯地提供大量的材料。材料的选择和投放应当紧密与孩子们的游戏目标、情境和兴趣相结合。例如在角色游戏中，孩子们可能会模拟家庭生活或商店经营等情境，教师应根据他们的角色设定提供相关材料，如厨房用具、玩具食品或销售道具等。材料的投放不应超出孩子们当前游戏的需要，以免造成材料的浪费或游戏情节的混乱。

（2）取放方便原则

"取放方便"强调材料的存放和提供要方便孩子们自主使用。幼儿在角色游戏中需要频繁地取用材料，如果材料存放不当，孩子们可能会浪费时间寻找材料，或因材料摆放不整齐而导致混乱，从而影响游戏的流畅性。因此，材料的存放方式应当简洁明了，并按照类别和功能进行整理，确保孩子们能够轻松找到所需材料。

（3）动态调整原则

"动态调整"指的是教师在游戏过程中根据孩子们的兴趣变化、任务需求或游戏情节的演进，灵活调整材料的投放和配置。幼儿的兴趣和游戏需求是不断变化的，教师应随时观察游戏进程，及时调整和增添适当的材料，以支持孩子们的探索和创新。

（4）材料共建原则

"材料共建"意味着教师和孩子们共同参与材料的选择、收集和设计。在角色游戏中，孩子们的兴趣和需求往往是多样化的，教师通过材料共建可以充分调动孩子们的积极性，使他们更主动地参与到游戏中去。

（四）人员支持策略

1. 教师

教师在大班幼儿户外角色游戏中的支持作用至关重要。教师不仅是游戏的观察者和引导者，还要通过适时的干预和支持，帮助幼儿更好地开展游戏，促进其社会性、语言能力和认知能力的发展。教师的支持策略主要体现在以下几个方面：

- **观察与倾听**：教师首先要观察孩子们的行为和情感反应，倾听他们在游戏中的声音。在角色游戏开始前，教师可以与幼儿讨论游戏情境，了解孩子们的兴趣和想法，确保提供与他们需求相符的材料和情境。

- **引导与启发**：在游戏过程中，教师应适时提供指导。例如当幼儿在情节发展过程中遇到困难时，教师可以通过提问或轻微的建议，引导他们思考如何解决问题，推动游戏情节的深入。同时，教师还可以鼓励幼儿进行角色扮演的扩展，帮助他们创造更多的情节和任务。

- **支持社交互动**：教师可以鼓励幼儿通过游戏互相交流和合作，提升他们的团队协作能力和解决冲突的技巧。在多人参与的角色游戏中，教师要确保每个孩子都有参与的机会，帮助他们学会共享和轮流。

2. 家长

家长在幼儿的户外角色游戏中也扮演着重要角色，尤其是在家庭与幼儿园之间的合作上。家长的支持可以帮助孩子在家中和在园内的游戏之间建立起良好的衔接，促进其社交能力和角色认知的全面发展。

- **积极参与游戏**：家长可以在家中或户外参与到孩子的角色游戏中，作为合作伙伴或引导者，帮助孩子在实际游戏中理解和掌握角色分配、情节发展等关键要素。家长的参与不仅能增强亲子关系，还能通过模仿与互动，帮助孩子提升社会技能和情感表达能力。

- **提供家庭资源支持**：家长可以为孩子提供一些与角色游戏相关的材料，如服装、道具等，激发孩子的兴趣和创造力。此外，家长还可以鼓励孩子将日常生活中的经历带入游戏中，使游戏更加贴近现实，从而加深孩子对日常生活的理解和认知。

- **与教师合作沟通**：家长应与教师保持沟通，了解孩子在幼儿园角色游戏中的表现，并分享孩子在家中的游戏体验。通过家园合作，家长和教师可以共同制定个性化的支持策略，帮助孩子在游戏中不断成长。

三、儿童立场下大班户外角色游戏"多元"支持策略的研究成效

在本研究中，户外角色游戏已成为促进幼儿多元发展的有效工具。通过角色扮演，幼儿能够在真实的情境中模拟不同的社会角色，理解角色之间的关系与责任，增强了他们的社会认知能力以及各方面的能力，具体如下：

（一）幼儿想象力与创新意识的提升

户外角色游戏借助自然资源，通过"多元"支持策略的实施，显著提升了幼儿的想象力与创新意识。首先，自然资源中丰富的物种和事物为幼儿提供了无限的想象空间。例如幼儿可以将柳叶编织成花环当作公主的王冠，将小草编织成魔法手环，将旧报纸折成小船当作海盗船等。这些活动不仅锻炼了幼儿的动手能力，还促使他们通过现实事物的感知，融入自我想象力，赋予事物新的生命力。在游戏中，孩子们需要构思角色、设计情节，并动手制作道具，这些活动极大地激发了他们的创新思维。例如一个孩子在游戏中扮演"建筑师"，利用周围的树枝和石头搭建了一个"城堡"，并邀请其他孩子一同参与。这种自由发挥和创新的游戏设计，不仅激发了幼儿的创造力，还培养了他们对自然界的热爱和对生活的热情。

在户外角色游戏的设计和实施过程中，孩子们能够更主动地思考和解决问题，提出更多富有创意的想法。这一结果证明了"多元"支持策略在促进幼儿想象力与创新意识方面的有效性。

（二）团队意识与分享观念的增强

户外角色游戏需要小组成员之间的团队协作和分享，而"多元"支持策略的实施，进一步增强了幼儿的团队意识和分享观念。在游戏过程中，孩子们需要共

同设计角色、分配任务、合作完成游戏目标。例如在一次"动物保护"主题游戏中，孩子们分工合作，有的扮演"医生"为受伤的"动物"治疗，有的扮演"警察"维护秩序，有的则扮演"游客"参观动物园。这种分工合作不仅锻炼了幼儿的团队协作能力，还培养了他们的责任感和互助精神。

此外，通过"多元"支持策略的实施，幼儿在游戏过程中逐渐学会了分享。例如当某个孩子找到了一块特别好看的石头时，他会主动将其分享给其他孩子，并一起讨论如何将其用于游戏中。这种分享行为不仅增强了幼儿之间的友谊，还培养了他们的分享观念和合作精神。

通过问卷调查和观察，我们发现，实施"多元"支持策略后，幼儿的团队意识和分享观念有了显著增强。在游戏过程中，幼儿能够更积极地参与团队合作，分享游戏资源和经验，共同实现游戏目标。

（三）增强交往能力和解决问题的能力

在游戏过程中，幼儿不仅通过模仿和实践掌握了生活技能，还学会了如何在游戏过程中，通过模仿和实践掌握角色互动中表达自我和理解他人。在游戏中，他们学会了分享、轮流、协商等基本的社交规则。通过与不同性格、不同背景的幼儿交往，幼儿还能够开阔视野、增进对多元文化的理解与尊重。这种能力的提升为他们今后的人际交往和社交能力奠定了基础。同时，幼儿的自主性和创造力也得到了大力发展，他们在构建场景、角色设计和情节发展中展现出了巨大的解决问题的能力。

户外角色游戏为幼儿提供了一个自由、开放的活动环境，使他们在游戏中得到充分的锻炼和发展。这种游戏形式不仅有助于幼儿各方面能力的提升，还促进了其身体机能的全面发展，为幼儿的健康成长奠定了坚实的基础。

自然·探索·共成长：户外表演游戏中幼儿深度学习的实践研究

——以《西游记》"九九八十一难"主题游戏为例

袁 渊（上海市浦东新区东蕾幼儿园）

摘 要：本研究基于大班幼儿对《西游记》故事的浓厚兴趣，在户外环境中生成"搭建九九八十一难"的主题游戏。通过游戏现场的三段观察实录，分析幼儿在解决桥面坍塌、平衡度不足、单人过桥等问题的过程中，如何发展主动学习能力（如观察比较、试错反思、迁移创新）、社会性品质（如分工协作、责任意识）及文学理解能力等。教师有策略地助推游戏从"角色扮演"向"问题解决"深化，为户外表演游戏中支持幼儿深度学习提供可借鉴的路径。

关键词：户外表演游戏；幼儿深度学习；教师策略

一、引言

1. 研究背景

《3—6岁儿童学习与发展指南》指出"幼儿的学习是以直接经验为基础，在游戏和日常生活中进行的"。幼儿园每周五的"户外表演日"是幼儿非常喜爱的游戏，户外自然的游戏场景赋予了表演游戏更多的空间和可能性，为幼儿提供了真实的可探究情境。

传统表演游戏易陷入"重模仿轻创造"的误区，教师过度预设情节与材料，导致幼儿被动跟随。这种方式限制了幼儿的主动性和创造性，他们难以深入思考和探索，无法真正在游戏中获得深度学习的机会。游戏场景也多局限于室内固定空间，缺乏与自然环境和多样化材料的互动，使得幼儿的体验较为单一，难以激发他们的好奇心和求知欲，不利于幼儿全面发展。

本案例尝试突破这一局限，探索"幼儿主导问题生成—合作探究—经验迭代"的游戏模式。

2. 核心问题

（1）如何利用户外材料与文学经典的结合，激发幼儿的深度学习？

户外材料丰富多样，具有开放性和挑战性；文学经典蕴含深厚文化内涵和丰富情节。怎样让二者相互融合，使幼儿在游戏中不仅能体验到乐趣，还能深入探究、积极思考，获得知识与能力的提升，是需要深入探讨的关键。

（2）教师如何通过"问题捕捉—经验梳理—策略支持"的循环，实现游戏价值的最大化？

教师不仅要提供适宜的材料和环境，更要敏锐观察幼儿的游戏行为，适时介入并给予恰当引导，帮助幼儿在游戏中不断总结经验、提升能力，让游戏真正成为促进幼儿全面发展的有效途径，这是教师面临的核心挑战。

二、案例深描与解析

（一）游戏生成脉络

阶段	幼儿行为	教师支持
前期经验	户外表演日中幼儿沉浸于《西游记》跌宕起伏的故事里，通过亲身演绎与创造感受着中华传统故事的魅力。	提供绘本、皮影戏道具，组织"取经路线图"绘画活动等丰富幼儿对于故事的理解。
问题起源	在一次游戏中，师徒四人取经路上的攀爬网成为前行的障碍，使幼儿联想到故事中的"九九八十一难"。	记录幼儿的具象化联想："这是来到了蜘蛛精的盘丝洞吗？""我们可千万当心有妖怪啊！"…… 通过集体分享交流梳理核心问题："如何搭建一条充满难度和挑战的取经路？"探讨制定搭建目标。
材料使用	幼儿使用彩虹桥、攀爬网、绳梯等材料合作搭建，其中最让人兴奋的是由两个攀爬网和一个绳梯搭建而成的流沙河，摇摇晃晃的绳梯就像是一座小桥悬在了空中，让这条取经之路充满了挑战和难度。	提供可移动、易组合的低结构材料，支持幼儿自主搭建。

（二）三次问题解决中幼儿深度学习行为的分析

1. 第一次探索：桥面坍塌与固定策略

（1）幼儿游戏实录

当"师徒四人"踏上由两个攀爬网和一个绳梯搭建而成的"流沙河"小桥时，桥面坍塌问题接踵而至。扮演孙悟空的昊昊作为团队中的引领者，首先发现了小桥两端固定方式的差异。他走在小桥前，怀疑地说："确定这条路很安全吗？"在尝试行走时，小桥的一端瞬间坍塌，随后扮演猪八戒的文文和扮演沙师弟的辰辰也相继失败。

面对问题，孙悟空先是仔细观察了两边的连接方式，并提出了自己的发现和想法："那一头没塌是因为它两边都压在绳子的下面，这里只压住了一边所以才会塌。"说完他就用力地将两端都卡在绳子下，在同伴的共同帮助下成功地重新连接上了小桥并成功过了河，孩子们兴奋地喊着："成功啦！"这是他们第一次成功渡河。

（2）分析与思考

幼儿在解决桥面固定问题的过程中，通过对比"一端塌vs两端稳"的操作结果，主动调整原有的认知图式。"孙悟空"基于观察比较和合理推测，发现稳定小桥的方法，带领其他的伙伴一起调整。将认知经验转化为实际操作，展现了深度学习的能力。

2. 第二次优化：桥体平衡难题

（1）幼儿游戏实录

在固定好了小桥后，师徒四人再次尝试过桥，唐僧轻踩上去，攀爬网一下就竖着翘了起来，还是失败了，跟在后面的孙悟空说道："浩宇，你太重了吧！"孩子们又开始探索新的解决办法。

方法一：把两边的攀爬网拉开，使桥面平整

在孙悟空尝试过桥的时候，猪八戒一直拉住上面的攀爬网，把桥面拉得直直的。等孙悟空踩到桥面上，上方的攀爬网又开始翘起，这时猪八戒用力拉住，直至孙悟空成功过桥。就这样接连试了好几次，每次都能保持住桥面的稳定。

方法二：用身体压住两边的攀爬网增加重量

唐僧又开始尝试过桥，眼看攀爬网又要翘起，孙悟空马上用身体压在攀爬网上进行固定。而当下面的攀爬网开始翻动时，猪八戒也跑过去压住下面的攀爬网，这下桥的两边都牢牢地固定住了，唐僧成功过了河。

经过了多次的尝试，孩子们之间逐渐形成了默契，只要有人在尝试过桥，就会有人压住攀爬网，帮助同伴顺利过桥。

（2）分析与思考

幼儿并没有因为小桥频繁翘起的问题而放弃过河，反而以此为探究契机，激发了他们持续探索和改进的动力。无论是拉开攀爬网以保持桥面平整，还是用身体压住攀爬网增加重量，都是幼儿在观察、思考后，基于自身经验做出的尝试，这一系列尝试体现了幼儿在实践中灵活运用思维，不断探索新解决方案的学习能力。

同时，师徒四人之间的默契配合也越发显著，孙悟空和猪八戒在帮助同伴过桥时的迅速反应与协作，体现了每个"取经"成员的重要性，让我们看到了他们为了共同目标在努力。

3. 第三次改进：单人过桥的安全策略

（1）幼儿行为实录

但是当单独一人过桥时，还是会失败。这次，猪八戒通过桥面的时候，刚站上去就发现桥要翘起来了，马上坐在桥面上，双腿垂放在两边，开始通过腿的移动向前走，就这样成功过了桥。两次过桥失败的沙师弟看见了，连忙跟着学了起来，坐在桥上靠双腿向前挪动，很快就成功了。

没过一会儿，唐僧搬来了一块蓝色平衡板放在了桥下，说着："这是流沙河。"白骨精试着走过去，到一半时攀爬网轻轻翘了起来，但却没有掉下去，唐僧开心地说道："别怕，底下有支撑！不会掉的。"有了平衡板的支撑，小桥变得更加牢固和安全了。

（2）分析与思考

幼儿发现吊桥过河存在一定的安全隐患，于是主动寻找新的支撑物，蓝色塑料板为吊桥托底，增强了吊桥的稳定性，幼儿学习在实践中如何综合考虑问题，从多个角度出发寻找解决方案。

整个过程中，幼儿在不断改进中持续探索，每一次的失败都成为他们前进的动力，他们没有被困难吓倒，反而越挫越勇，不断尝试新的方法，直至最终成功。

（三）在问题解决中看见幼儿的能力发展

1. 认知发展

（1）科学探究

幼儿在实践中逐步深入了解了各种材料的特性，比如绳梯的柔韧性和攀爬网的承重力等，同时也对简单的力学原理，如支点和重心，有了直观的认识。在解决问题的过程中，他们学会了如何运用所学的科学知识进行实际操作和验证，从而加深了对科学知识的理解和应用。

（2）文学素养

通过"流沙河""九九八十一难"等故事的游戏和演绎，幼儿对《西游记》这个文学故事的理解更加深入。他们明白了师徒四人必须经历九九八十一难才能取得真经，因此在游戏中也努力克服各种困难。这种将文学元素融入游戏的方式，极大地激发了幼儿对传统文学作品的兴趣和热爱。

2. 社会性发展

（1）角色责任

幼儿在游戏中对《西游记》中的角色有着深刻的认同感。他们不仅模仿角色的行为举止，还深入体会了角色的情感和性格特征，如孙悟空的机智勇敢、猪八戒的憨厚可爱等都在游戏中得到了体现。

（2）团队协作

无论是孙悟空拉住攀爬网帮助猪八戒过桥，还是唐僧过桥时孙悟空和猪八戒分别压住两边的攀爬网，这些行为都展示了幼儿之间的默契与协作。他们明白，要想成功过桥，单靠一个人的力量是不够的，需要大家共同努力。

3. 学习品质发展

（1）好奇心与兴趣

幼儿对搭建的流沙河小桥充满了好奇，他们主动尝试过桥，并不断探索其稳定性，展现了对新鲜事物浓厚的兴趣和探索欲望。

（2）分析问题与解决问题

面对小桥断裂、渡河失败、小桥不稳等问题，幼儿通过观察与比较，分析与反思，反复试验与调整，不断优化解决的方案，直至过河成功。这一过程中，展现出了强烈的问题解决能力。

（3）持续改进与创新

幼儿没有满足于一次的成功，从连接小桥到不同的过桥方式再到增加平衡板，他们在不断尝试和改进的过程中使得小桥越来越牢固和安全，游戏的趣味性也大大提升。这一过程中不仅解决了当前的问题，还为未来的游戏提供了更多的可能性。

三、户外游戏中教育策略的思考与实践

（一）支持幼儿深度学习的策略思考

1. 材料投放要留白

在户外表演游戏中，材料投放是支持幼儿深度学习的重要环节。材料并不是越多越好、越满越好，不同的材料在不同的游戏情境中会发挥不同的功能。如攀爬网固定桩等属于基础类材料，这些材料为各种可能的游戏提供基础，幼儿在熟悉且安全的环境中初步探索游戏。

像未固定的绳梯等属于挑战类材料，它们能引发幼儿游戏中的问题，同时也增加了游戏的不确定性和挑战性。比如在案例中，幼儿在使用未固定的绳梯时，会遇到诸如绳梯晃动、难以攀爬等问题，这些问题会推动他们思考并激发他们主动探索和尝试不同方法，促进其思维和动作技能的发展。

拓展类材料是激发想象的多元材料，例如蓝色平衡板象征"流沙河"。这种看似简单但是指向模糊的材料赋予游戏更多的想象空间。不同的幼儿可以根据自己的理解和想象，将拓展类材料赋予不同的意义。在"流沙河"的情境中，"师徒四人"思考各种方式过河，拓展了幼儿的想象力和创造力，让他们在游戏中进行深度的思考和探索。

2. 游戏不同阶段的提问方式建议

好的问题能引导幼儿逐步深入思考，促进其思维的发展。在游戏的不同阶段组织分享的过程中，教师的提问应该更有针对性和指向性。

在游戏主题刚开始的阶段，可以问问幼儿："发生了什么？"目的在于引导幼儿关注游戏中的各种现象和行为。在案例中，教师通过观察幼儿搭建小桥的过程，提出此类问题，帮助幼儿聚焦于当下发生的事情，培养他们的观察力和叙述能力。幼儿在回答问题的过程中，能够更加细致地观察游戏场景，学会用语言表达自己所看到的，为后续深入思考奠定基础。

游戏主题进入一段时间后，可以引导幼儿进行深入反思。比如，可以问问幼儿"为什么成功""为什么会失败"，这是引导幼儿对观察到的现象进行深入分析和解释。以"小桥为什么不牢固"这一问题为例，教师引导幼儿思考小桥搭建失败的原因。这促使幼儿从简单的观察深入到对事物因果关系的思考，他们需要分析搭建小桥的材料、结构等因素，从而找出导致小桥不牢固的原因，这种提问方

式有助于培养幼儿的分析能力和逻辑思维能力。

当幼儿顺利解决问题后还可以推动幼儿将经验迁移,比如可以提问:"还能有什么办法?""什么情况下也能用这个方法?"不仅鼓励幼儿探索新的解决办法,同时支持幼儿将已有的经验和思考进行迁移。通过这个阶段的提问,幼儿能够突破现有的思维框架,尝试从不同的角度思考问题,提出新的创想。这种提问不仅促进了知识的迁移和应用,还培养了他们的创新思维和解决问题的能力。

3.复盘游戏,支持幼儿多元表达

在游戏中,我引导幼儿通过动作再现、游戏表征、符号记录三种方式,帮助幼儿更好地复盘游戏过程,深化学习效果。

(1)动作再现:邀请幼儿重演"骑跨过桥"的动作

在重演的过程中,幼儿能够重新体验游戏中的身体动作和感受,有助于幼儿将身体记忆转化为语言表达和思维认知,使他们对游戏过程有更清晰的认识。

(2)游戏表征:记录游戏经历

幼儿通过表征的方式,将自己在游戏中尝试的不同桥面加固方法直观地呈现出来。在一对一倾听过程中,扮演孙悟空的昊昊拿着他的表征故事和我分享着他的心得:"我觉得师徒四人当中孙悟空最厉害,唐僧法力最弱,所以徒弟们要保护好师父。在过桥时,孙悟空可以走在最前面,用七十二变的本领变成小鱼先游到对岸压着攀爬网,这样就能保护好师父过桥了。"

这种方式有助于幼儿整理思路,将复杂的问题简单化、可视化。在表征过程中,他们可以对不同方法进行比较和分析,加深对各种方法优缺点的理解。

（3）符号记录：用"△"标记失败位置，"★"标注成功经验

在游戏记录的过程中，大班幼儿还会运用简洁明了的符号做标记，这能让幼儿能够快速记录游戏中的关键信息。通过符号标注，幼儿能够更加敏锐地捕捉到游戏中的重要时刻，同时也锻炼了他们的抽象思维和信息整理能力。

（二）对传统表演游戏的突破性启示

1. 从"模仿表演"到"实践探究"的转化

在传统观念里，表演游戏往往侧重于幼儿对既定故事的模仿与再现，而案例中的游戏却展现出"通过表演解决问题"的全新本质。以徒弟们保护唐僧过桥过程为例，这一过程并非单纯的表演，而是巧妙地整合了实践探索与交往合作。

在实践探索方面，幼儿在搭建小桥以及帮助"师父"过桥的过程中，需要考虑材料的特性、结构的稳定性等物理因素。比如，他们要思考如何选择合适的材料来搭建一座能够承受重量的桥，这涉及对材料强度、韧性等科学领域的探索。

而交往合作方面，徒弟们有着各自不同的角色，他们需要分工协作，共同保护唐僧安全过桥。有的幼儿扮演孙悟空负责探路，有的扮演猪八戒协助搬运材料，有的扮演沙僧维持秩序等。在这个过程中，幼儿要学会与同伴沟通交流、协商分工，解决合作中出现的矛盾和问题。

这种从"模仿表演"到"实践探究"的转化对幼儿发展意义重大，它打破了传统表演游戏的单一模式，让幼儿在游戏中不再是被动的模仿者，而是主动的探索者和问题解决者。通过实践探索，幼儿的认知能力、动手能力都得到提升；通过交往合作，幼儿的人际交往能力、团队协作能力以及规则意识都得到了良好的发展，为幼儿的全面发展奠定了坚实基础。

2. 从"提前预设"到"自发生成"的进阶

在传统表演游戏中，教师通常会提前预设好游戏的情节、角色和流程，幼儿按照既定的框架进行表演。然而，在此次案例中，"渡河失败"这个情节是幼儿自发生成的，教师敏锐地捕捉到幼儿自主搭建中的真实问题，以此生成探究主题。

这种从"提前预设"到"自发生成"的进阶，对传统表演游戏带来了诸多创新和突破。它打破了传统游戏的固定模式，使游戏更具灵活性和开放性。幼儿不再被束缚于预设的情节，他们的自主探索和创造力得到了充分的发挥空间。以"渡河失败"这一意外情况为例，幼儿需要面对突发问题，积极思考解决方案，这激发了他们的创新思维和应变能力。

对于教师而言，这种进阶也促使教育理念和方法发生转变，教师不再是游戏的绝对主导者，而是成为幼儿游戏的观察者、引导者和支持者。教师需要更加注重观察幼儿在游戏中的表现，及时发现他们的兴趣点和问题，根据幼儿的实际需求调整教学策略。这种教学理念和方法的转变，有助于教师更好地满足幼儿的个性化发展需求，提高教学质量，同时也为传统表演游戏注入了新的活力，使其更符合现代幼儿教育的发展趋势。

四、实践后反思

（一）户外表演游戏如何深化文学作品内涵

文学经典与户外材料在户外表演游戏中扮演着至关重要的角色，为游戏的深化提供了有力支撑。文学经典为游戏注入精神内核，以"不畏艰难"的取经精神为例，在幼儿进行以《西游记》为蓝本的户外表演游戏时，"唐僧师徒"面临重重困难却始终坚持不懈的情节，潜移默化地影响着幼儿。这种精神内核激励着幼儿在游戏中面对搭建桥梁的挑战、解决各种突发问题时，不轻易放弃，努力克服困难。幼儿在模仿"唐僧师徒"取经的过程中，逐渐理解并内化这种精神，将其融入自己的行为和思考方式中，使游戏不再仅仅是简单的娱乐活动，更成为品德教育和价值观塑造的重要途径。

（二）教师角色转型的关键

精准观察是教师转型的关键能力之一，识别幼儿的"概念转折点"尤为重要。例如当唐僧说出"这是流沙河"时，标志着幼儿象征思维的出现。教师要敏锐捕捉这类瞬间，通过仔细观察幼儿的语言、行为和表情等，理解他们的思维变化和发展需求。这不仅有助于教师及时了解幼儿的学习进程，还能为后续的引导和支持提供依据。

　　隐性支架则是教师引导幼儿深度学习的关键策略。教师在观察基础上，适时、适度地提供支持。这并非直接告诉幼儿答案，而是通过提问、提示、提供材料等方式，引导幼儿自主思考、探索和解决问题。如在幼儿解决桥体平衡问题时，教师引导幼儿沟通合作，分享经验，帮助幼儿在最近发展区内实现能力提升。教师通过精准观察和隐性支架，从传统的主导者转变为幼儿游戏的支持者、引导者，助力幼儿在户外表演游戏中实现深度学习与全面发展。

发现和支持幼儿科学探究经验的连续性发展

——以中班"小陀螺大智慧"活动为例

凌欣屿（上海市浦东新区东蕾幼儿园）

《3—6岁儿童学习与发展指南》中指出："幼儿科学学习的核心是激发探究兴趣，体验探究过程，发展初步的探究能力。"科学探究能力指的是观察实验能力、科学思考能力、表达交流能力和设计制作能力。中班"小陀螺大智慧"活动是教师在充分观察幼儿自发探究活动以及个别化学习的基础上，通过驱动性问题，自主探索行为激发等，鼓励幼儿围绕"玩陀螺"进行深入和持续的科学探究、在原有经验的基础上主动建构新经验，为其"科学探究"经验连续性发展提供支持。

一、动静融合，逐层架构——共同推进幼儿科学探究经验的连续性发展

1. 动态观察，记录幼儿科学探究经验连续性的过程

在自主玩陀螺的过程中，幼儿通过不断尝试和反思，以此积累起前后关联的经验。教师通过观察幼儿现阶段游戏水平，记录科学探究的连续性经验，以此帮助幼儿梳理并加深对科学现象的理解。

2. 静态解读，萃取幼儿科学探究经验连续性发展的脉络

在一日活动中，幼儿的兴趣点既可能转瞬即逝，也可能碎片化地反复出现。教师要实时关注幼儿的游戏动态，敏锐捕捉幼儿一日生活中的"科学探究"契机，创设条件和机会支持幼儿的探究经验积累。通过解读幼儿真游戏、真"看见"，看见幼儿的好奇、看见幼儿的问题、看见幼儿的发展需求等，梳理其从简

单的摆弄到复杂探究的经验连续性发展，逐步提升其科学素养。

3. 适宜支持，搭建幼儿科学探究能力和思维的脚手架

在探寻幼儿科学探究经验的连续性发展过程中，教师需调整更适宜的站位、更适宜的材料提供、更适宜的支持方式等，在充分尊重幼儿的意愿和需求的基础上最大地作为。在实践研究中提炼幼儿主动学习的支持路径，丰富幼儿一日活动中的"科学探究"经历和经验，帮助其获得幼小衔接可持续的成长动力。

在"小陀螺大智慧"活动中，我聚焦幼儿兴趣点，观察分析幼儿的科学经验，优化支持策略，推动幼儿科学经验的连续性发展。

二、聚焦兴趣，活动开启——捕捉幼儿自发活动中连续出现的科学探究经验的萌芽

【观察实录】陀螺宝剑出世

自由活动时间，农农拿出了自己的玩具，是一把陀螺宝剑！一瞬间吸引了很多孩子的目光，都围到了农农身边。农农拉动宝剑，三下五除二地将陀螺发射了出去。"哇，陀螺转得好快呀！""我也想试试，借我玩一下吧。"农农将陀螺宝剑借给了琦琦，琦琦依葫芦画瓢学着刚才农农的动作，只见陀螺扭了几下就停了。"我为什么失败了，陀螺没转起来呢？""你刚刚发射出去得太慢了。"一半的孩子都陆陆续续玩起陀螺宝剑。

陀螺是班级近期的热门玩具，尤其是自由活动，男孩子都会把自己的陀螺亮出来玩。持续几天的自由活动，孩子在玩陀螺过程中自然地产生了很多想法。于是教师对幼儿提出关于陀螺的一系列问题进行了记录和梳理：

表1　幼儿关于陀螺的问题

问题/发现清单	关注方向	指向的科学探究能力	
你的陀螺是怎么玩的？	玩法	观察、思考	好奇好问 表面观察 简单思考 浅显比较
我玩你的陀螺怎么转不起来？		思考	
你的陀螺是圆的，我的陀螺是有花边的。	种类 外观	思考	
你的陀螺是双层的，怎么跟我不一样？		观察	

（续　表）

问题/发现清单	关注方向	指向的科学探究能力	
陀螺总是乱跑，怎么办？	持久性稳定性	思考	好奇好问表面观察简单思考浅显比较
我的陀螺怎么只转了一会儿？		观察	
在桌上玩陀螺怎么总是掉下去？		思考	
你的陀螺宝剑好厉害啊，怎么转了这么久？		观察	
你的陀螺为什么比我的转得快还转得时间长？		比较	

【我的思考】

一把陀螺宝剑激发了孩子对陀螺好奇好问的探究兴趣。基于孩子的关注点，我通过观察、记录和梳理问题及发现清单，看到孩子有三个关注方向：陀螺玩法、种类外观、持久性和稳定性。剖析清单背后幼儿的探究能力表现，我发现，基于中班幼儿的年龄特点，目前孩子科学探究能力还较为浅显。观察方式以表面观察为主，浅显比较为辅；具有乐于探究，好奇好问的学习品质。思考较为简单，但这些看似浅显的经验却是引发他们探究经验进一步发展最珍贵的萌芽。

三、"三步"推进，搭建阶梯——提升幼儿科学探究经验的连续性发展

第一步：以兴趣为前提，在分享交流中激发幼儿的自主探究。

基于孩子玩陀螺的热度，中一班决定举办一场陀螺比赛。教师以开放性问题推动幼儿基于已有玩陀螺经验提出假设，引导幼儿从现象观察转向因果推理，并鼓励同伴间分享和对比讨论不同陀螺的旋转表现和其他玩陀螺经验，在与同伴交互中建构"个体经验→集体智慧→多元经验"科学探究经验连续性的学习路径。

第二步：以驱动性问题，在自由讨论中引发幼儿的深度学习。

我根据幼儿的现场表现以及真实需求，以最核心的四个驱动性问题引发幼儿深度思考，推动幼儿科学探究能力的经验连续性发展。

表2　四个驱动性问题

驱动性问题	自　由　讨　论	推动方向
1. 如何公平地玩陀螺比赛？	——不能慢出。大家要一起出。 ——喊"1、2、3"发射。	科学思考 表达交流
2. 陀螺怎样才能不掉到地上？	——要对准桌子。 ——力气不能太大。 ——不要碰到别人的陀螺，会弹出去。	科学思考 表达交流
3. 陀螺旋转时你有什么发现？	——我发现农农陀螺旋转时，那个长着翅膀的人不见了。 ——小汤圆的龙不见了。 ——陀螺边上的尖尖变圆了。 ——颜色变了。	观察实验 （细致观察） 表达交流
4. 陀螺获胜的秘诀是什么？	——到人少的地方发射，到人多的地方发射会弹出去。 ——不能慢出。 ——遇到轨道会卡住，尽量到边上。 ——在桌子边上容易赢，中间有个小孔，陀螺会卡在里面。 ——手转的陀螺不行，要自动发射的才厉害。	科学思考 （反复比较、推断、得出结论） 表达交流

【我的思考】

通过驱动性问题，我将幼儿玩陀螺的无意识行为转变为有意识引导。我发现：幼儿不仅停留在对陀螺的表面观察，还对旋转时陀螺的图案、颜色和形状的变化有了更细致观察。此外幼儿从简单思考陀螺的各种玩法，开始科学思考如何进行一场公平的陀螺比赛并制定简单的开始口令。通过反复比较自己的陀螺和同伴的陀螺，对陀螺获胜的秘诀进行推断并表达交流自己的结论。

这四个驱动性问题推动了幼儿的观察实验能力、科学思考能力以及表达交流能力，以此深描幼儿的科学探究经验。

第三步：以多样态活动，推动幼儿科学探究能力的连续性发展。

活动列举：个别化学习活动

活动中，教师为幼儿自制陀螺提供了材料支持，也为幼儿持续探究陀螺中的物理现象提供了学习机会。

（1）陀螺1.0——"如何自制一个陀螺呢？"

材料：现成的简易陀螺玩具、自选纸张的圆形转盘、自选材料制作转轴、胶带、记录纸。

农农很快选了一张厚度适中的铅画纸,一边的轩轩说:"彩纸这么轻,肯定转不起来。我要选一张最厚的卡纸,做一个旋转最久的陀螺。"农农在铅画纸的中间位置画上了一个小圆点,紧接着选了一根粗的吸管,嘴里嘟囔着:"粗一点的吸管才可以更牢固吧。"轩轩找了一根细的吸管,将长度剪短了一半;他在圆纸上随便戳了一个洞将细吸管装进去,在教师的辅助下,他们把吸管和转盘纸固定在一起,陀螺拼装完成了。

接下来他们开始尝试让陀螺在地上转的时间更久。农农用手捏着吸管转了起来,发现陀螺扭了几下就倒下了。一旁的轩轩说:"你的吸管太长了,没办法转呀。你看,我的陀螺。"于是,轩轩转了起来,陀螺头重脚轻地倒向了一边。"怎么回事啊?好像左边太重了,转不起来呀。"

(2)陀螺2.0——寻找陀螺转轴和支点位置的秘密

农农听取了轩轩的建议,把吸管剪短一些,边转边剪;终于试了好几次才让陀螺逐渐转动起来,剪着、剪着他说:"我剪错了。"教师询问:"你不是转动起来了,成功了吗?"农农说:"吸管应该下面短一些,上面长一些;我剪反啦。"而轩轩嘴里嘟囔着:"左边太重了,还是左边太重了。"他一边说着一边在圆形转盘上戳了好几个洞,最后在靠近中间的位置戳了一个洞,试了试位置,他成功将陀螺转动起来:"快看,这次差不多重啦。终于能转起来了。"教师询问:"为什么这次能成功?"轩轩自豪地说:"吸管应该从转盘的中间组装进去,怪不得之前一直往左边倒。"

刚开始他们在转动时使了很大的劲儿,他们觉得转动时劲儿越大陀螺转的时间越长。在几次尝试后他们在转动开始的时候尽力保持陀螺的平衡,他们觉得这样陀螺才能转得更久。

(3)陀螺3.0——"不同形状的陀螺转起来都是圆形的吗?"

材料:圆形、三角形、椭圆形、正方形的纸片,小棒,记录纸,记号笔。

幼儿有了自制陀螺的经验,今天有一些不同形状的转盘。幼儿选了自己喜欢的形状,做起了陀螺。"哇,我的椭圆形陀螺转起来是圆形的哎。""我的三角形陀螺转起来还是三角形的嘛。""明明不是,你都没转起来,我的三角形陀螺转起来是圆形的呀。"幼儿通过自主讨论,把自己的发现记录了下来,得出结论:"原来转起来都是圆形的呀,好神奇哦。"

在个别化学习活动基础上,我们还开展了幼小联动的集体活动,幼儿在个别化学习中获得的相关科学经验在集体活动中得到了进一步的巩固和拓展,同时在游戏活动中又有了进一步的延续。

表3 "小陀螺大智慧"活动总结

	多样态活动	发展的幼儿能力
小陀螺大智慧	个别化学习活动： 自制陀螺	观察实验 科学思考 设计制作 表征记录
	幼小联动集体教学活动： 陀螺转转转 多变的转盘	观察实验 表达交流 表征记录
	自主游戏 户外游戏	设计制作 创造想象 合作交往
	家园共育： 亲子创意制作 小百科大调查	设计制作 创造想象 表征记录

《幼儿科学探究经验连续性水平对比表》结合科学探究多维度的观察要点，对比幼儿在活动中科学探究经验的"原有经验"与"建构新经验"，使教师更具象化地明晰幼儿在不同科学探究能力经验连续性的发展轨迹，为助推幼儿后继学习提供真实的评估依据，辅助教师提供更贴合幼儿需求的支持，真正实现科学探究经验的有机衔接与持续深化。

表4 幼儿科学探究经验连续性水平对比表

	观察要点	原有经验	建构新经验
科学探究	观察实验	使用时感官感知陀螺，如陀螺坚硬、有不同的造型	观察玩陀螺中的现象，如旋转后产生的变化。旋转后转盘都是圆形的，以及色彩、花纹的变化
	科学思考	能够对观察到的陀螺现象积极思考，但很快戛然而止	根据观察陀螺的结果提出自己的问题，根据已有经验进行推断、得出结论
	表达交流	能描述陀螺的外形特征，运用简单的语言描述	客观描述玩陀螺后的发现；用准确、有效的语言表达和交流自己的做法、想法和发现，并用数字、图画或其他符号记录
	解决问题	喜欢提出一些简单的问题，但自己或同伴解决不了就轻易放弃了	能罗列出问题清单，有计划、有目的地解决玩陀螺中出现的问题

(续　表)

	观察要点	原有经验	建构新经验
科学探究	设计制作	利用家长资源，让家长制作或协助制作陀螺	在教师的引导下，按照陀螺的构成，选择所需要的工具和材料，进行拼装组合；为自己的陀螺转盘设计简单的外观造型
合作交往	玩伴关系	愿意和同伴共同玩陀螺比赛的游戏，能运用简单的交往技巧加入同伴的陀螺游戏	喜欢和同伴共同玩陀螺的游戏，在活动中能倾听和接纳同伴与自己不一样的意见，不同意时会表达自己的想法

【我的思考】

聚焦幼儿一日活动中的科学教育契机，我们鼓励幼儿将已有玩陀螺的经验迁移到各类活动中。在各种结构和形式的多样态活动中，丰富幼儿的探究经历，推动幼儿科学探究经验的连续发展。在多样态活动的学习支架下，幼儿玩陀螺的科学探究经验有了连续性发展的阶梯。同时幼儿的观察实验、科学思考、合作交往、创造想象、表征记录及设计制作多方位的科学探究能力也得到了连续性提升。

此外在项目组的幼小联动活动中，大家积极探索"双向深度融合的科学衔接"模式。基于集体教学活动"陀螺转转转"开展研讨，使我们明晰了小学科学活动的目标和幼儿园科学活动的价值取向是一致的，让我明白丰富的科学探究经验对幼儿未来小学阶段的学习能力准备尤为关键，更坚定了我们的研究方向是正确的。

四、鉴往知来，砥砺致远——反思对科学探究经验连续性发展的认知

《教师科学探究经验连续性发展的认知表》通过对比教师在活动中的"原有认知"和"优化认知"，直观地展现了教师从原有经验转变为科学教育理念的专业成长轨迹，帮助教师反思和优化自身教学行为；促使教师关注幼儿行为背后的认知逻辑，深化以幼儿长期能力培养为目标的教育核心价值；促进幼儿科学探究经验的连续性与下一阶段学习的衔接性。

表5　教师科学探究经验连续性发展的认知对比表

教 师 行 为	原 有 认 知	优 化 认 知
开展科学探究活动的时长	片段：主题、阶段	连续、年龄段衔接
对幼儿游戏行为的观察方式	随机观察、重点观察	持续观察
科学探究活动中关注方向	活动目标、活动过程	科学素养、学习品质
开展科学探究活动的方式	按主题、按计划安排	基于幼儿持续热度生成
设计科学探究活动的目的	满足幼儿兴趣需要	提升幼儿科学素养
解读幼儿行为	分析幼儿的表象行为	分析行为背后幼儿的思考

在浦东学前实施教育部保育教育质量提升实验区项目的大背景下，我园作为实验园以"聚焦多样态实践，促进协作化生成"为原则开展研究项目。在"思—行—研—评"的课程研究平台中，使我更重视科学探究经验连续性发展对幼儿后续学习的支持，并且主动思考活动与幼小衔接阶段发展目标的关系，以此实现幼小两个学段的"科学、双向、有效"的衔接。

中班"小陀螺大智慧"作为基于儿童优先发展理念下的多样态科学探究的课程实践活动，使我反思自己原有对幼儿科学探究经验连续性发展的认知。让我开始持续地观察一日活动中幼儿的游戏行为，并解读、分析行为背后幼儿的思考，有目的地推动幼儿科学探究经验。基于幼儿的兴趣需要，我更聚焦一日活动中多样态的活动，提供丰富多元的课程经历，支持幼儿通过亲近自然、直接感知、实际操作、亲身体验等方式主动学习，以此帮助其科学探究经验连续性发展获得可持续的成长动力，并获得利于幼小衔接和长远发展的连续性经验。

幼小衔接背景下幼儿连续性经验的构建与实践探索

康天泓（上海市浦东新区东方幼儿园）

一、"幼小衔接"中幼儿连续性经验发展的重要性及断裂原因分析

（一）幼儿连续性经验对"幼小衔接"的重要性

"幼小衔接"是幼儿从幼儿园生活迈向小学生活的重要阶段，是幼儿从幼儿园孩子的身份平稳过渡到小学生身份的核心环节。它能助力幼儿更好地适应下一阶段的学习，为幼儿奠定终身学习、夯实全面发展的重要基础。

连续性经验是指幼儿身心发展遵循基本规律，他们的发展阶段性是连续的、统一的，每个幼儿都是通过经验的不断积累按自己的速率成长发展的。良好的连续性经验积累可以帮助幼儿逐渐形成良好的学习习惯、积极的情感态度、自我管理能力等。目前，我们发现，尽管幼小衔接每年都如火如荼地开展，但是当幼儿园的孩子过渡到小学生身份时，仍然存在相关经验的缺失。我们希望通过加强家庭与幼儿园的沟通协作、优化教育内容与方法、提升教师专业素养等措施，助力幼儿连续性经验的积累，主要针对培养幼儿良好的学习习惯和帮助幼儿建立积极的情感态度，为其未来适应小学生活奠定坚实基础，确保幼儿在从幼儿园到小学的过渡中平稳、健康发展。

（二）幼小衔接中构建幼儿连续性经验的情况分析

基于对幼小衔接工作现状的观察，展开深入地思考。我们借助问卷调查与日常观察，针对幼小衔接工作从家长认知与态度、教师角色定位、幼儿活动实施与教育资源的利用这几个维度着手，剖析幼小衔接工作中可能存在的问题，并分析

原因,为后续的教育实践提供依据。

1. 幼小衔接的现状

当前幼小衔接过程中,家长和教师都非常关注幼儿学习品质上连续性经验的思考。在幼小衔接活动中,教师非常注重引发幼儿的好奇心和学习兴趣,使幼儿在面对新知识和环境时更加积极主动。教师也重视培养幼儿的坚持与专注,帮助他们在学习中保持持久动力,提高学习效率。通过及时肯定幼儿的进步或发现,鼓励幼儿大胆想象和创造,拓展他们的思维边界,激发他们的学习潜能。

同时我们也发现,幼儿在学习意愿方面的衔接较为薄弱,他们在憧憬小学生活等方面的情感链接较少,对于即将面对的小学生活缺乏一定的了解和期待。同时,有部分幼儿在升入小学的第一年里,不仅幼儿感到难以适应,就连家长们也常觉得难以应对小学生活的变化。有些表现为厌学、拖拉作业;有些则是无法在新班级建立归属感,不喜欢同学。父母常常会向老师表示自己非常疲惫和焦虑,每天总是在催促幼儿做作业,因为学业、适应等问题影响亲子关系。

2. 幼儿连续性经验断裂的原因分析

(1)阶段差异较大

究其原因,可能在于幼小衔接活动中为幼儿创设的学习内容与方式方面,和真正的小学生学习存在明显的阶段分化。幼儿园所开展的活动特别是大班的活动非常强调无小学化倾向,活动的主要形式是以低结构游戏为主的,而小学则更强调利用集体课堂教学对知识进行系统、全面的传授。除此以外,幼儿园、小学之间在环境、教学方法、活动时长、评价方式上都存在差异,这些都有可能成为幼儿进入小学后不适应的影响因素,具体可见下表1。

表1 幼儿园与小学的主要区别

	幼儿园	小学
集中活动 (学习)	一节集体教学活动,30分钟/天	45分钟/一节课,一天8节课
分散活动	自由活动、自主游戏	课间十分钟、社团活动、课间大活动、队活动
活动(学习) 内容	户外活动、游戏活动、分室活动、个别化学习、生活活动、运动活动等	学科类教学活动:语文、数学、英语、道法、音乐、自然、美术、心理等

（续　表）

	幼　儿　园	小　　学
环境	温馨且童趣化；色彩丰富的活动场景；功能区域（教室、餐厅、卧室）分布较近，便于幼儿一日生活；文字出现频率较少	环境布置相对简洁；更有序严谨的学习场所；功能区域（教学楼、图书馆、操场）规划更清晰
教学方法	游戏化教学、情境模拟、个别化指导等	集体授课
一日作息	相对灵活；动静结合；保证幼儿有充足的休息和游戏时间	节奏紧凑且有规律；主要以学习活动为主
评价体系	注重过程评价，关注幼儿的兴趣、品质、习惯等全面发展	注重结果评价，以学业成绩为主要评价标准，关注知识掌握和技能运用

（2）家长认知的局限

家长作为幼儿成长过程中的重要陪伴者与引导者，他们对幼小衔接活动的认知程度直接影响幼儿是否能平稳地、适宜地过渡到小学生活。许多家长对幼小衔接的认识较为片面，他们在幼儿大班时期只关注学科知识的预习和学习习惯的培养，却忽略了幼儿进入小学的情绪准备以及社会性发展，不利于幼儿适应小学生活，甚至影响其学业成就。同时，也有很多家长对幼儿连续性经验的忽视，人为割裂了幼儿园与小学这两个学习阶段，破坏了幼儿学习的连贯性和系统性。

（3）家园共育共识的疏离

家长对于教师在幼小衔接活动中起到的作用看法不一。为了深入了解家长对幼小衔接活动中教师角色的认知和期望，面向浦东新区部分公办园家长进行问卷调查，涵盖家长对教师角色的认知、家园合作的期望、幼儿连续性经验的重视程度等多个维度，累计发放问卷102份，回收有效问卷102份。通过问卷调查发现，家长对于教师的角色定位以及期望各不相同。在一定程度上反映出家长对幼儿教育中教师作用的片面理解，有些家长对班主任老师的专业能力要求较高，但这种高要求并未能充分转化为家园共育中的积极行动，导致在家园合作中出现疏离现象，同时又对自己幼儿能否在小学顺利适应过分担忧，从而影响到幼儿连续性经验的有效积累，也制约了幼儿教育的整体效果。

表2 问卷相关问题结果及影响分析

问题	结论			可能影响
您认为教师在社会上地位	较低	一般	较高	个别家长对于教师的尊重、信任不够
	23.53%	67.65%	8.82%	
您认为班主任老师更像是什么	照料人	朋友	老师	部分家长容易忽略教师的建议，较难配合教师进行活动
	32.35%	17.65%	50%	
您对于班主任老师的专业能力要求	较低	一般	较高	家长在教育中过度依赖教师，忽视了自身在家园共育中的责任与角色
	11.76%	34.31%	53.93%	

（4）教师对活动的课程领导力有待提高

首先，教师在幼小衔接活动的引导和细化上缺乏清晰的认知。教师往往依赖于教育实践中的惯性思维和传统做法，这可能导致他们对于幼小衔接的课程实施方案的理解还不够透彻，许多教师把幼小衔接活动当作大班下学期的重点工作，忽略了从小班到中班再到大班的连续性，将其视为一个独立的任务或阶段，他们可能更倾向于将时间和精力投入到能够直接提高幼儿认知水平和技能发展的活动上。

其次，在幼小衔接活动开展的秩序选择方面不能进行有序的整合。基于幼儿经验的生成，对于何时开展主题活动、何时开展延伸活动等时机的把握不清。教师应当引导幼儿对"上小学"有较为全面的了解，形成一定的基础后，引发幼儿的兴趣，以幼儿兴趣为核心，在幼小衔接背景下，开展适宜的补充性活动、创造性活动。

此外，我们还发现，教师组织活动时流于形式，容易受到各方面因素的影响，阻碍一些有意义的活动的推动。比如可能出于安全隐患、组织烦琐的考虑，教师原本希望通过家长配合，一同带领幼儿集体参观小学，但鉴于家长配合度不高，出行时幼儿的安全难以把控，索性放弃实地参观活动，取而代之用相关的照片或视频来向幼儿展示真实的小学。这种做法并不能带给幼儿最直观、直接的感受，不利于帮助幼儿形成关于小学的确切认知，同时也极大地限制了教师在活动设计与实施上的创新性与灵活性。

综上所述，只有从多个维度入手，加强家园合作，提升教师课程领导力，才能从容应对幼儿连续性经验断裂的现象，进而提升幼儿教育整体性与连贯性，为幼儿的全面发展创造有利条件。

二、借助"幼小衔接"活动，促进幼儿连续性经验发展的实践探索

（一）依托主题活动，"解析"小学生活

1. "我要上小学"主题活动开展

我们剖析了"我要上小学"的主题书素材点，通过和幼儿的交流，用思维导图的形式对主题书中的活动进行了再梳理和设计。根据主题核心经验，将主题内容拆分成更细致的素材点，并在每天的幼儿一日生活中的各个环节进行了渗透。通过小组活动与合作任务，幼儿在互动中学会分享、协商，矛盾解决能力逐步提升。在责任感培养方面，通过日常值日、任务布置，幼儿初步具备任务意识与服务他人意识。结合大班幼儿年龄特点，有序开展用餐、午睡、盥洗等生活活动，幼儿形成规律健康的生活方式并注重自我保护。通过丰富多样的学习活动，在塑造学习习惯的同时，引导幼儿学会观察倾听、尝试探索，培养坚持与专注的学习品质，也能让幼儿全面地对小学生活形成大致的了解和概念。

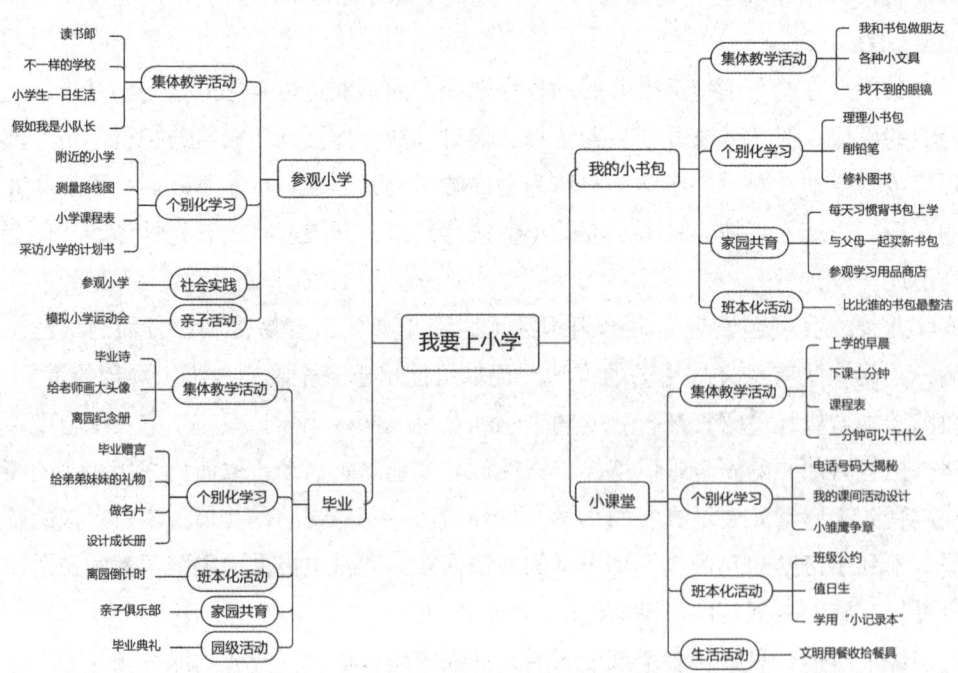

图1 "我要上小学"主题活动实施思维导图

2. 主题活动的补充

教师会在活动后，一对一倾听幼儿对于"我要上小学"这件事还有什么想法或疑问，在关注群体的活动感受与达成情况时，也注意幼儿的个体差异，有针对性地实施指导，作为主题活动的延续和个别幼儿活动的补充。当然，教师也可以设计与小学学习有关的一系列拓展活动，根据孩子的兴趣和特长，在轻松愉快的气氛中帮助幼儿提高发展水平。通过兼顾群体和个别的指导与支持，确保每个幼儿都能在"我要上小学"的主题活动中获得专属于、最适宜他们自己的连续性经验的积累，为他们进入小学的学习和生活做好铺垫。

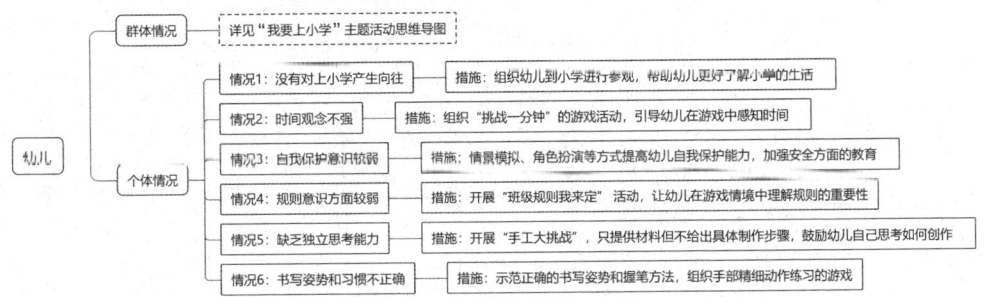

图2　幼儿在开展主题活动后群体与个体情况的反馈及措施

（二）借由探索活动，延展幼儿经验

在前期主题活动中，幼儿对小学校园环境、小学生活、文具认知、入学准备这四个方面有浓厚的兴趣和粗浅的了解，同时许多幼儿表达出了自己对幼儿园的不舍之情，在探索"小学"的同时，也尝试用自己的方式和幼儿园说再见。于是我在自由活动、谈话活动中和孩子们进行了讨论，发现他们对于小学还有许多问题，因此，我打算通过开展"小学"探索型主题活动，帮助幼儿梳理、构建连续性的经验，让幼儿自己绘制一张较全面且有一定深度和广度的"小学"探索网络图。

主题活动后，我们敏锐地捕捉到幼儿对于小学生活和小学生身份仍然充满好奇，他们脑中有好多问题。连续几天的自由活动中教师收集了他们的问题，进行了问题的梳理和分类，并与幼儿共同讨论，构建了探索型主题活动的网络图（详见图3）。有了前期主题活动的经验后，他们对小学有了一定认知，在情感上也出现了好奇、憧憬，如何依托探索型主题活动让幼儿的这些经验进一步延伸和深

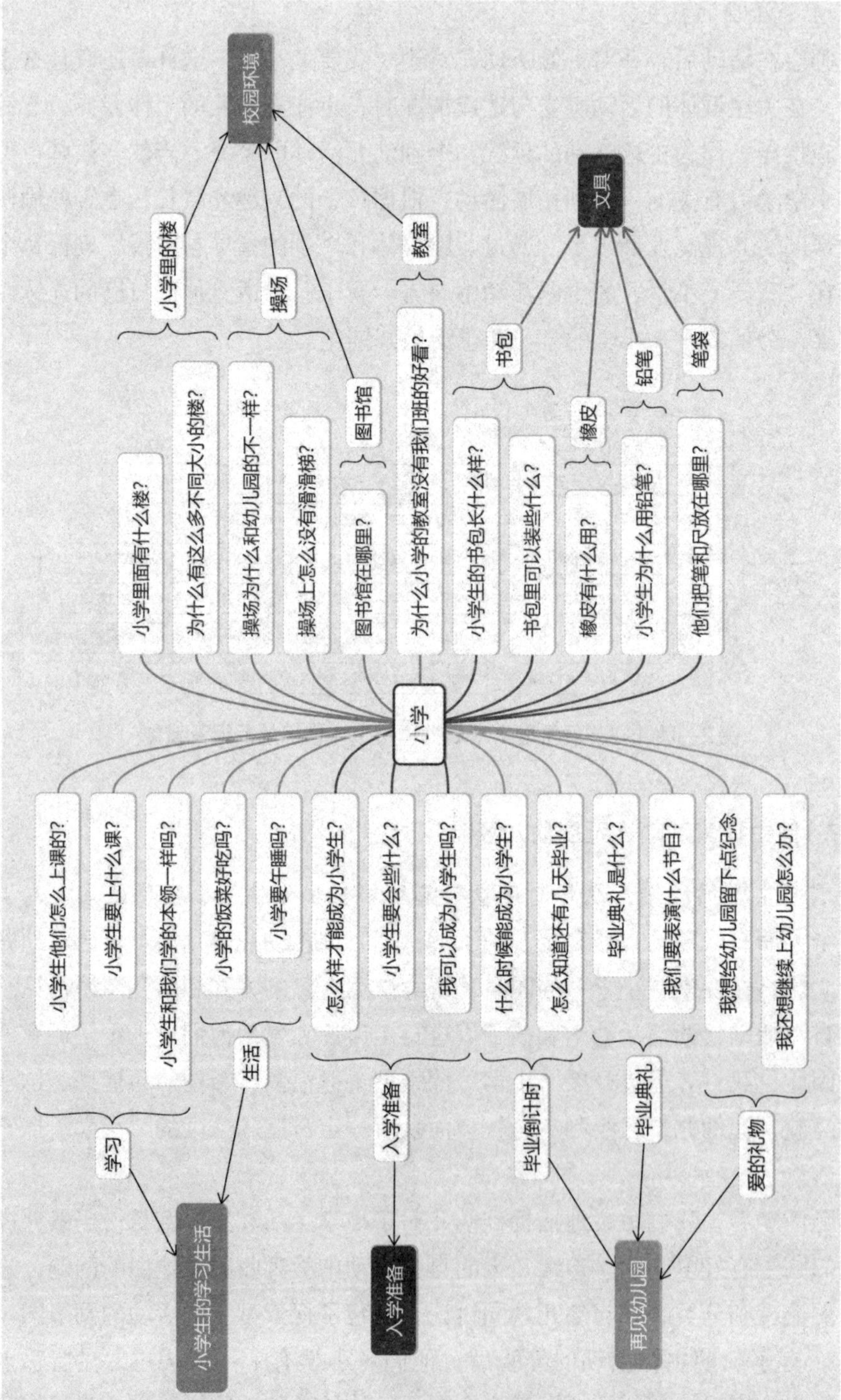

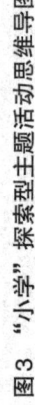

图3 "小学"探索型主题活动思维导图

入呢？

我们组织幼儿通过资料分享和分组探究，让他们能够就自己感兴趣的问题努力尝试寻找答案。我们借助一对一倾听的模式，发现幼儿探索过程中遇到的困难，并及时给予支持。我们还积极借助家长资源，邀请在小学任教的幼儿家长来园给孩子们体验一节正式的小学课堂；定期在班级家长群分享各组幼儿的探索进程。这些举措在家长范围内激起了正向推动作用，有越来越多的家长开始关注并陪伴幼儿参与探索小学的活动中，经过一段时间的探索经验的积累和构建，家长逐渐认识到幼儿连续性经验对于发展的重要作用，正视这些幼小衔接活动带给幼儿的积极影响。

在活动开展过程中，我们惊喜地发现幼儿能将幼小衔接活动中积累的活动经验迁移到小学适应日的活动中，展现出经验生成的动态性和连续性特点。例如家长陪同幼儿参观小学、适应生活时，幼儿能够更加仔细地、有目的地观察自己探索过的校园环境的细节，寻找与幼儿园的不同之处；在模拟体验小学生活时，基本能够模仿小学的作息进行扮演，并且都表现出积极的情感。他们能运用已有的观察方法进行细致的感知，利用已有的社交经验很快适应与新同伴的互动配合。当面对疑惑难题时充分体现出自主性和创造性，通过多种途径努力加以解决。

相较于传统单一的主题活动，延伸出的"小学"探索型主题活动，帮助幼儿在多个维度上积累经验。认知层面，幼儿对小学的认知由浅显逐渐向纵横加深的认识转变，认知上的提升激发了他们上小学的积极性和主动性。能力发展方面，进入小学后必备的、通用的能力——观察力变得更为敏锐，思考力更加深入，创新力和解决问题的能力也日益提高。探索型主题活动以其独特的教育魅力和价值，有效地促进了幼儿连续性经验的生成与发展，为他们即将开启的小学生活打下扎实的基础。

（三）形成家园合力，共筑连续经验

家园共育既是幼儿园教育的重要环节，也是达成幼儿连续性经验辐射的关键途径。教师要向家长传递正确的教育理念，带动家长重视其在幼小衔接中的重要作用，有意识地共同从小班开始长期培养幼儿的学习素养、社会交往能力、生活自理能力等，为形成幼儿连续性经验做好铺垫。

首先，教师可以通过家长会、家长讲座等方式，对幼儿在幼小衔接阶段的心理、生理发展特点，以及在孩子今后的学习、发展过程中连续性经验的长期影

响，向家长进行深入剖析。通过园方在幼小衔接方面的实践经验和成功案例的分享，让家长充分认识到家园合作对促进幼儿经验连续性发展的重要性，明白需要家庭和园方共同努力，为幼儿提供稳定一致的教育环境，了解幼儿的发展是一个螺旋式上升的过程。

其次，鼓励家长积极参与家长开放日、亲子活动、父母老师进课堂等活动，让家长亲身体验幼儿园的育人环境，了解科学教育孩子的方法。家长通过参加活动，对幼儿在园学习、生活等方面的情况有了更深入的了解，从而对幼儿园的教育工作能够更加主动地予以配合。同时也要了解每个家庭教育的特点和优势，对有价值的家长资源要合理地加以挖掘。如可邀请有相关专业背景的家长到园进行育儿经验的分享；鼓励家长为幼儿创造更丰富、更多样的学习体验，积极参加幼儿园活动乃至实施。

幼儿能否顺利过渡到小学阶段心理健康也尤其重要。家长要和教师一起通过多种方式激发幼儿产生对小学生活的积极情感，并将这种良好的情感体验延续下去，激发幼儿对小学生身份的向往和期待。教师可以对此做相应的家庭教育指导，例如鼓励父母讲述自己小学生活中的趣事，展示小学生的学习用品等方式激发幼儿的共情。同时，对幼儿的情感需要给予及时地关注，适宜地鼓励和支持，帮助幼儿克服可能出现的焦虑和恐惧，增强幼儿的自信心和适应能力。

良好的家园共育可以为幼儿构建一个连续、稳定且富有成效的教育生态系统。通过家园双方的紧密合作，能够帮助幼儿在不同环境中获得一致且连贯的经验，从而促进其全面发展。

三、在"幼小衔接"活动中建构连续性经验的反思

经过实践与分析，以"我要上小学"主题活动为中心点向外扩散课程资源，让幼儿在活动中产生直接经验和间接经验的螺旋交互，建立对小学的初步认知，逐步将阶段性经验串联起来。我们认为遵循以下三点原则，能有效帮助幼儿在幼小衔接阶段获得较为完整且连续的经验。

（一）连续性原则

以培养幼儿各方面的核心素养为目标，从小班开始逐步渗透幼小衔接活动，中班深化活动体验，大班则重点强化活动衔接。通过幼儿园多种活动形式，既有

纵向的、依据幼儿年龄划分的发展经验积累，又有横向的、面向不同领域的认知、情感、技能融合的经验构建，最终帮助幼儿顺利平稳地过渡到小学生活。

（二）全面性原则

处理好关注群体与个体的关系，对促进幼儿连续性经验生成有重要的意义，它也会影响幼小衔接活动的有效性。教师既要全面观察和了解班级幼儿整体连续性经验的积累情况，幼小衔接活动效果如何，关注幼儿在群体中的表现和感受，为每一个幼儿创造理想的教育环境，及时给予幼儿肯定和鼓励，增强幼儿的自信心和归属感。同时也要关注到幼儿个体的差异，洞悉不同幼儿的发展需要，有针对性地实施指导策略，对幼儿的成长和发展提出适宜的要求和个性化的支持。

（三）发展性原则

要着眼于幼儿的长期发展，即对于核心素养的培养。幼小衔接不仅仅是知识的衔接，更是能力、习惯、情感等多方面的衔接。我们也要重视教师课程领导力的提升，鼓励教师在实践中不断探索和创新，注重幼儿知识的启发，关注幼儿的能力发展、习惯养成和情感培养，确保幼小衔接活动能够真正促进幼儿的全面发展。教师还需要根据幼儿的实际情况和课程实施的效果，致力于对孩子经验积累的有效支持及动态调整。如观察幼儿在某一方面的经验积累有困难时，教师可适时调整计划，增加相关的活动内容、时间或深度；在发现幼儿对某一活动形式特别感兴趣的情况下，为了激发幼儿更深层次的学习兴趣和探索欲望，可适当增加活动的频次和难度。这种动态调整建立在孩子的兴趣和需求基础上，不仅可以增强课程的吸引力和有效性，还能促使幼儿更加主动地参与到学习过程中来。

在创建高质量幼儿园的大背景下，幼小衔接工作是不容忽视的，其中一个关键点就在于支持幼儿连续性经验的发展。我们要切实支持幼儿形成稳定的、可持续发展的连续性经验，通过以教师为主体的专业指导，与家长资源紧密结合，为幼儿创造一个安全、健康、连续、全面的成长环境，蓄幼儿园、家庭、社区各界之力，为幼儿的终身学习和全面发展贡献自己的力量。

项目化活动赋能幼小科学衔接，教师反思助力幼儿连续性经验

——以"时间小主人"活动为例

刘弘楠（上海市浦东新区云台幼儿园）

在幼儿教育中，幼小衔接是一个至关重要的阶段，它关系到幼儿能否顺利适应小学的学习和生活。而项目化活动作为一种以幼儿为中心的教学方法，能够激发幼儿的学习兴趣和主动性，培养幼儿的综合能力。为了帮助幼儿更好地实现幼小衔接，我们开展了以"时间小主人"为主题的项目化活动。通过活动，旨在引导幼儿认识时间、珍惜时间，学会合理安排时间，从而培养他们的自主意识、合作意识和任务意识，为幼小科学衔接打下基础。同时也希望以项目化活动为契机，引导教师观察理解幼儿的行为和表现，主动开展教育意识和行为的自我反思和改进，助推幼儿连续性经验的生成。

一、以困探源，用心观察揭幼儿行为之秘，为幼小衔接筑牢根基

1. 困惑初现，究幼儿行为之因

幼小衔接是幼儿教育中的关键环节，对于幼儿的未来发展至关重要。然而，在实际教学中我们发现，时间对幼儿来说非常抽象，抓不住、摸不着，也很难体会到它的重要性，而且在幼儿开展的各项活动中，我明显感受到大班幼儿所面临的种种挑战与困难。每当区域活动或户外活动结束的信号响起时，幼儿常常会恋恋不舍地继续操作、玩耍，还有很多小朋友在入园时会经常迟到……

幼儿经常说："老师我都还没玩，游戏怎么就结束了？"

"就是啊！时间也太快了，我还没玩够呢？"

对于马上升入小学的幼儿来说，时间观念的重要性不言而喻。这些难题不仅体现在幼儿对时间管理的理解与应用上，还包括他们在活动中的自主性与协作能力的提升。例如在合作方面，幼儿往往以自我为中心，缺乏合作意识和团队精神；在任务意识方面，幼儿对任务的理解和执行能力较弱，难以按时完成任务。这些问题不仅影响了幼儿的学习和生活，也给幼小衔接带来了困难。

为了解决这些问题，我们开展了以"我是时间小主人"为主题的项目化活动，旨在通过互动、探索和亲身体验，使幼儿能够更好地理解时间的价值，提升他们的时间管理能力，同时培养团队协作和自主解决问题的能力，为幼小衔接打下坚实的基础。

2.观察入微，寻幼儿趣需之本

我们组织了一场谈话——时间是什么，并采用了kw表的形式，利用一日生活中空余的时间米记录关于时间我知道的（k）和我想知道的（w）来了解孩子的真实想法。结果显示，大部分幼儿对时间的概念比较模糊，不知道时间的长短和先后顺序。例如有些幼儿不知道一分钟有多长，也不知道一天有几个小时。此外，幼儿对时间的表达方式也不熟悉，不知道如何看时钟和日历。

基于幼儿的经验，我们先请幼儿带来了各式各样的钟表、计时器、与时间有关系的书本等等，首先让幼儿了解时间的抽象概念，并延伸到如何看时钟，上面清楚地标有1—12的时间点，还有每个时间之间间隔为5的数字，让幼儿一目了然地知道一个小时是60分钟，每个数字之间为5分钟。在幼儿已有经验基础上利用这些小道具，帮助幼儿学习如何看时间，在一日生活中也不断结合活动向幼儿传达时间的概念，帮助孩子进一步学会看时钟、了解时间。教室门口还布置了每天的入园签到处，幼儿可以根据自己的能力选择不同的钟表进行认读和记录。

部分幼儿对幼儿园的一日生活很感兴趣，因此幼儿花了三天时间，用自己的方式记录下幼儿园的一日作息安排表，记录中幼儿会自己学着看时钟，有的看数字时钟、有的看指针时钟，还会询问同伴时间安排，用自己的表征记录下活动安排，也在记录过程中加深了对时间的理解。

3.行为分析，架幼小衔接之梁

（1）自主意识

在活动中，我们发现幼儿的自主意识较弱，往往需要老师的提醒和指导才能完成任务。例如在进行小组活动时，有些幼儿不知道自己该做什么，需要老师分配任务。此外，幼儿在选择活动内容和材料时也缺乏自主性，往往需要老师的建议和帮助。尤其是当幼儿回到日常生活中，没有了老师的监督和提醒，他们可能会忘记或忽视时间管理的重要性，导致无法持续有效地管理自己的时间。为了培养幼儿的自主意识，我们在活动中给予了幼儿更多的自主选择权。例如在进行小组活动时，我们让幼儿自己商量任务分工和活动计划。在选择活动内容和材料时，我们也让幼儿自己决定，老师只提供一些参考意见。通过这些活动，幼儿的自主意识有了明显的提高。

（2）合作意识

在活动中，我们发现幼儿的合作意识较弱，往往以自我为中心，缺乏合作精神。例如在进行小组活动时，有些幼儿不愿意与其他幼儿合作，只想自己完成任务。此外，幼儿在合作过程中也缺乏沟通和协调能力，容易出现矛盾和冲突。

为了培养幼儿的合作意识，我们在活动中设计了很多小组合作的任务。例如幼儿需要以小组形式集体记录一日时间表，以合作形式开展对于时间的探讨，在小组合作记录的过程中，幼儿学习到了如何在团队中合作，如小组合作要求幼儿能够清晰表达自己的想法和建议，同时也要能听懂并理解他人的观点；当出现不同的意见或冲突时，幼儿需要通过协商来达成共识；在合作过程中，幼儿可能会遇到挫折或者不满，他们需要学会管理自己的情绪，以免影响团队的氛围和效率等。在合作过程中，我们引导幼儿学会沟通和协调，学会倾听和尊重他人的意见。通过这些活动，幼儿的合作意识有了明显的提高。

（3）任务意识

在活动中，我们发现幼儿的任务意识较弱，难以按时完成任务。例如在进行绘画活动时，有些幼儿会因为分心或者其他原因而拖延时间，导致无法按时完成作品。此外，幼儿在完成任务过程中也缺乏责任感，对自己的作品不够认真。为了培养幼儿的任务意识，我们在活动中给幼儿布置了一些具体的任务，并规定了完成任务的时间。例如我们让幼儿在规定的时间内完成一幅绘画作品，或者在规定的时间内整理好自己的书包。在完成任务过程中，我们引导幼儿学会自我管理，学会承担责任。通过这些活动，幼儿的任务意识有了明显的提高。

二、以思促改,精心调整促教育策略之优,推幼小衔接稳步前行

1. 反思定策,指引活动新航向

(1) 目标引航

在活动过程中,我们发现原有的教育目标过于笼统,缺乏针对性和可操作性。因此,我们对教育目标进行了调整,使其更加具体、明确。例如我们将"认识时间"的目标调整为"认识时钟的结构和功能,学会看时钟,知道时间的长短和先后顺序";将"培养自主意识"的目标调整为,"让幼儿学会自己选择活动内容和材料,自己制订活动计划,自己完成任务"等。

(2) 内容焕彩

为了让活动内容更具趣味性和实用性,我们对教育内容也进行了调整,使其更加丰富、多样。例如我们在认识时间的基础上,增加了若干子活动:"宝贵的一分钟"体验活动,幼儿通过参与各种有趣的游戏,深刻体验到了一分钟的短暂和宝贵;"一分钟大挑战"让幼儿感受到了时间的紧迫性,也学会了如何在有限的时间内完成任务……

(3) 方法启智

随着活动的推进,我们的教育方法也更具创新性和灵活性,使其更加新颖、有趣,能激发幼儿参与的兴趣。例如我们采取了游戏化的教学方法,让幼儿在游戏中学习,幼儿会在课后、区域游戏等时间利用模拟时钟、实物时钟和老师还有同伴进行"你摆我认"的互动游戏。其次,通过情景模拟,让幼儿在情境中体验。如在"课间十分钟"活动中,为了让幼儿更直观地感受课间十分钟的实际运用,我们开始了模拟实践。幼儿按照自己之前的规划,进行了为期十分钟的体验活动。他们有的去操场运动,有的在教室里阅读,还有的聚在一起聊天。这次体验让幼儿深刻感受到了课间十分钟的宝贵和重要性,也让他们更加珍惜未来的小学生活。同时利用探究式的教学方法,让幼儿在探究中发现。我们组织了一次"时钟大调查"。孩子们在父母的陪伴下,认真寻找生活中能表示时间的物品,填写调查表。这次活动不仅让孩子们学会了观察,更让他们深刻体验到时间在生活中无处不在,只要我们用心去寻找,就能发现时间的踪迹。

2. 家园携手,增添活动新魅力

日常生活中,幼儿面临的环境和干扰因素远比项目化活动中复杂。家中的其

他成员、玩具、电视节目等都可能成为吸引他们注意力的因素，导致他们无法专注于时间管理。比如当孩子正在写作业时，家人可能在看电视或聊天，这些声音和画面可能会分散孩子的注意力，使他们难以专注于完成任务。因此如何将项目化活动的经验迁移回归到日常生活中，实际上是一个习惯养成的过程。而习惯的养成往往需要长期的坚持和重复。对于幼儿来说，他们的自我控制能力和意志力相对较弱，很难在短时间内形成稳定的习惯。因此，即使他们在项目化活动中掌握了时间管理的技巧，也可能需要很长的时间才能真正将这些技巧融入日常生活中。

为了进一步引导幼儿将所学应用到幼儿园的一日生活中，如安排自己的游戏时间、学习时间等，我们还鼓励家长参与到这一过程中。我们与家长沟通，让他们了解幼儿园的教育目标和方法，引导家长在家庭生活中也注重培养孩子的时间管理能力和生活自理能力，可以与孩子一起制定家庭日常作息表，让孩子参与家庭活动的安排和时间管理，从而增强他们的实践经验和能力。

三、以悟求进，慧眼识别助连续经验之成，促幼小衔接无缝对接

1. 悟得关键，明晰连续性经验核心

连续性经验在幼小衔接中起着至关重要的作用。从幼儿学习的特征来看，其认知发展具有一定的节奏性和阶段性，从低级到高级、从简单到复杂、从量变到质变的过程遵循着儿童心理发展的连续性。幼儿的每种经验既是从过去经验中吸收了某些东西，又是以某种方式在改变未来的经验。连续性经验能够帮助幼儿更好地适应小学的学习生活，为他们的未来发展奠定坚实的基础。

2. 慧辨契机，紧扣连续性经验脉络

在幼小衔接的过程中，我们需要慧眼识别连续性经验的契机，聚焦生成实践、积累连续性经验。正如项目化活动的起点，是孩子们对"时间"这一抽象概念的好奇与疑问。我们引导孩子们用一颗好奇的心，去探寻时间的奥秘，开启他们对时间的初步感知。然后通过观察幼儿在日常生活和学习中的表现，发现他们的兴趣点和问题，从而生成有针对性的活动，帮助幼儿积累连续性经验。

在活动中，我们首先向孩子们介绍了时钟的基本构造和时间的概念。通过生动的图示和实物展示，孩子们对时钟的时针、分针、秒针有了直观的认识。我们让孩子们亲自动手，拨动时钟的指针，感受时间的流转。同时，我们还组织了

一系列有趣的讨论互动,让孩子们分享自己对时间的理解和感受。在这一过程中,我们特别注重培养孩子们的观察力和思考力。引导孩子们观察生活中的时间现象,如日出日落、四季更替等,让孩子们意识到时间是无处不在的。我们还鼓励孩子们思考时间对人类生活的重要性,让他们明白时间的宝贵和不可逆性。于是孩子们对时间有了初步的认识和感知。并且在实施项目的过程中通过探究式的学习发现了一个个核心问题,根据问题进行交流讨论,解决问题,从而获得新的经验。

3.助力成长,成就连续性经验升华

(1)时间认知,续经验之流

在"时间小主人"项目化活动中,幼儿通过认识时钟、制订一日活动计划、记录自己的活动时间等活动,对时间概念有了更深刻的认识。这些活动不仅帮助幼儿建立了时间的概念,还为他们提供了连续的时间经验。例如幼儿在制订一日活动计划时,需要考虑到时间的先后顺序和长短。在记录自己的活动时间时,幼儿需要学会看时钟,这都需要他们对时间有一定的认识和理解。通过这些活动,幼儿对时间的认识和理解不断加深,时间概念的连续性经验也不断生成。

(2)自主意识,扬成长之帆

幼儿通过自己选择活动内容和材料、自己制订活动计划、自己完成任务等活动,培养了自己的自主意识。这些活动不仅让幼儿学会了自主选择和决策,还为他们提供了连续的自主经验。例如幼儿在自己选择活动内容和材料时,需要考虑到自己的兴趣和需求,这就需要他们对自己有一定的认识和了解。在自主调整和设计课间十分钟活动安排时,幼儿需要考虑到时间的安排和任务的分配,他们会把不着急做的事情放在其他时间,将重要的事情和为下一节课要做的准备放在计划之中,使课间十分钟的规划更加科学和规范,这也需要他们对自己有一定的认识和了解。通过这些活动,幼儿对自己的认识和了解不断加深,自主意识的连续性经验也不断生成。

(3)合作意识,奏和谐之曲

幼儿通过小组合作完成任务、共同解决问题等活动,培养了自己的合作意识。这些活动不仅让幼儿学会了合作和沟通,还为他们提供了连续的合作经验。例如:在小组合作记录一日作息的过程中,幼儿学习到了如何在团队中合作,如小组合作要求幼儿能够清晰表达自己的想法和建议,同时也要能听懂并理解他人的观点;当出现不同的意见或冲突时,幼儿需要通过协商来达成共识。通过这些活动，幼儿对合作和沟通的认识和理解不断加深，合作意识的连续性经验也不断生成。

（4）任务意识，燃奋进之火

幼儿通过完成各种任务、按时完成任务等活动，培养了自己的任务意识。这些活动不仅让幼儿学会了承担责任和完成任务，还为他们提供了连续的任务经验。例如在"制定周末作息表"的活动中，幼儿要根据自己的周末活动安排，制作出一份详细的时间表，并按照时间表去完成各项任务。在这个过程中，他们学会了对自己的行为负责，明白了只有按时完成任务，才能更好地进行下一步的活动。随着活动的不断深入，幼儿对承担责任和完成任务的认识和理解也在逐步加深。他们从最初的需要教师不断提醒，到逐渐能够自觉地完成任务，任务意识的连续性经验不断生成。

4.成就卓越，筑幼小衔接无缝之桥

（1）课程内容，连幼小之脉

在认识时间的活动中，我们向幼儿介绍了时钟的结构和功能，让幼儿学会看时钟，这与小学的数学课程密切相关，为他们后续学习时间的计算和应用打下基础。在时间管理的活动中，我们让幼儿学会制订计划、分配时间、提高效率等，这与小学的学习习惯和方法有一定的衔接，能够帮助幼儿更好地适应小学的学习节奏。例如开展"课间十分钟"活动，幼儿通过课间活动安排，学会合理安排时间。这不仅培养了他们的时间管理能力，也让他们对小学的学习生活有了初步的认识和了解。

（2）学习方式，启智慧之门

同时，我们注重培养幼儿的自主学习能力和合作学习能力，这与小学的学习方式有一定的衔接。例如在自己选择活动内容和材料、自己制订活动计划、自己完成任务等活动中，幼儿学会了自主学习；在小组合作完成任务、共同解决问题等活动中，幼儿学会了合作学习。通过这些活动，我们为幼儿的幼小衔接做好了准备，使他们能够更好地适应小学的学习方式。

（3）评价方式，引成长之路

我们也注重对幼儿的过程性评价和发展性评价，这与小学的评价方式有一定的衔接。例如在活动过程中，我们及时对幼儿的表现进行评价，鼓励幼儿积极参与活动，提高自己的能力。当幼儿在活动中表现出良好的时间管理能力或合作精神时，教师要及时给予肯定和表扬，增强幼儿的自信心和积极性。在活动结束后，我们对幼儿的学习成果进行评价，让幼儿了解自己的进步和不足，为下一次活动做好准备。同时，引导幼儿进行自我评价，让他们学会反思自己的行为和表现，不断调整自己的活动过程。通过这些活动，我们为幼儿的幼小衔接做好了准备，使他们能够更好地适应小学的评价方式。

项目化活动为幼小科学衔接提供了有效途径，而教师反思则是推动项目化活动不断完善、助力幼儿连续性经验形成的关键因素。只有教师不断反思、积极探索，充分发挥项目化活动的优势，加强家园合作，才能更好地实现幼小科学衔接，为幼儿的未来发展奠定坚实的基础。

幼小衔接视角下支持幼儿科学连续性经验发展的探索

——以科学集体活动"漩涡"为例

张瑜琪(上海市浦东新区好儿童幼儿园)

幼小衔接是一个循序渐进的过程,是幼儿园和小学两个不同教育阶段平稳过渡的特殊环节,这个阶段不仅是激发和培养幼儿科学探究品质的最佳时机,也是幼儿科学连续性经验发展的关键时期。教师在活动中既要关注过程对幼儿发展的意义,让幼儿通过实际操作、直接感知、亲身体验获得连续性经验,又要明确幼儿的发展水平,关注活动目标的完成情况,并主动思考活动与幼小衔接阶段发展目标的关系。踏入小学后,孩子们从幼儿园的探索和游戏式学习转变为小学的更加结构化和学科专注的学习环境。于是,我园加强"科学衔接"意识,积极开展科学集体活动,为幼儿在科学连续性经验方面的发展提供有效的支持和指导,从而帮助他们顺利过渡到小学阶段。

一、关注科学连续性经验,打好幼小衔接基础

幼儿科学连续性经验是指在幼儿的科学学习过程中,新旧经验之间的连接和累积。这种连续性不仅体现在知识和技能上的积累,还涉及科学探究能力、科学态度和价值观的发展。幼儿的科学经验是他们在探索过程中通过亲自操作和直接感知获得的,这些经验是幼儿科学教育的起点,也是他们科学学习的核心。《3—6岁儿童学习与发展指南》明确提出:成人要善于发现和保护幼儿的好奇心,充分利用自然和实际生活机会,帮助幼儿不断积累经验,并运用于新的学习活动,形成受益终身的学习态度和能力。科学集体活动是发展幼儿科学连续性经验的有

效途径。在幼小衔接阶段，我园通过围绕一个素材点，设计小、中、大各年龄阶段的科学集体活动来延续幼儿的好奇心和探索欲，助力幼儿在幼儿园到小学的过渡中保持科学学习的连贯性和兴趣。

二、关联科学活动内容，架好幼小衔接桥梁

（一）捕捉探究兴趣，设计适宜科学活动

1. 以幼儿的实际生活和身边的事物为切入点

在设计科学活动前，及时捕捉孩子们的探究兴趣，一次在班级科学区里豆豆和帆帆发现了"漩涡"的神奇现象后，豆豆兴奋地说着："哇，你看水里出现龙卷风了。""这个水龙卷好厉害，水一直在转圈圈。"帆帆也激动地说道，"这个水里的龙卷风是怎么制造出来的呢？"帆帆的眼睛里充满了好奇。问题来源于孩子，能够激发幼儿强烈的探究欲望，在探究的过程中他们会仔细观察、分析、猜想，遇到问题也会主动提问，从而体验探究的乐趣。

2. 选择适合幼儿年龄特点的科学内容

选择活动内容时，在幼儿园阶段，教师要考虑幼儿的兴趣和发展水平，确保活动能够吸引孩子们的注意力，并符合他们的认知能力和发展需求。到了小学阶段，活动内容应根据幼儿的年龄特点和认知发展逐步深入，科学活动的内容可以引入更复杂的实验和加强对科学原理的理解。

（二）延续科学内容，吸引幼儿持续探究

将小、中、大不同年龄段的学习活动相互衔接，形成一个连续的学习过程，使得学习可以在一个累积的基础上逐步深化和扩展。在小班的活动中，教师以日常生活中的漩涡现象为幼儿科学探索的起点，激发小班幼儿的好奇心，通过观察说说漩涡产生后的现象；在中班科学活动中，教师先出示了漩涡制造器，让幼儿直观地看到了漩涡的形成。又提供了树叶、橘子皮、雪花片、手工纸等材料，当幼儿将这些材料放进漩涡中，就能感受到漩涡的运动方式，从而引发他们对漩涡背后科学原理的好奇心。在设计大班科学活动时，教师设置了"寻找最好的漩涡制造方法"的挑战，让大班幼儿探索如何自己制造漩涡，每个经验都建立在前一个经验的基础上，让孩子们可以继续在游戏中学习和探索。

将学习活动相互关联，形成一种累积性的发展态势，让幼儿在玩中学会观察并发现科学现象，了解科学原理，这种方式不仅让学习过程变得有趣，而且能有效提升幼儿的参与兴趣和学习效果，使之进入小学后始终对科学活动保持好奇。

（三）整合已有经验，促进幼儿多方面发展

"漩涡"这一常见的现象蕴含着丰富的科学原理，通过整合与"漩涡"原理相关的科学连续性经验，可以在多个方面推动幼儿的发展。在观察漩涡现象的过程中，幼儿需要仔细地看水的流动方向、漩涡的形状、大小等。这种持续的观察能够提高幼儿的观察力，使他们更加敏锐地发现生活中的其他科学现象。到了中班，当幼儿尝试理解漩涡形成的原理时，他们需要在观察到的现象和简单的解释之间建立联系。例如他们要思考为什么在不同形状的容器中漩涡的样子可能会不同，这有助于幼儿逻辑思维的初步形成。当大班幼儿在小组中共同探索漩涡现象时，他们需要互相交流自己的发现，分享自己的想法。例如在讨论漩涡形成的原因时，幼儿需要互相倾听，这有助于培养他们的合作意识和表达能力。

以"漩涡"为素材点，重视科学经验的整合，设计一系列的科学活动，让幼儿在原有的知识和技能基础上不断构建新的理解和能力，对幼儿的认知、社会情感等多方面的发展有着积极的促进作用。

（四）运用课堂后测，挖掘幼儿探究需求

持续跟踪幼儿的兴趣和需求，将后续活动进一步延伸，满足幼儿的好奇，为幼小衔接架起桥梁。活动结束后，教师以一对一倾听的方式，通过"漩涡是怎么样的""你觉得还有什么材料能帮助我们制造出漩涡""在水里你还发现了哪些有趣的现象"，了解幼儿的学习成效，判断他们是否理解了漩涡的概念，以及他们是否对此类活动产生了后续的兴趣。教师可以根据幼儿的后测数据，设计更多有趣的科学集体活动，这样的后续活动能够帮助他们建立更加丰富和深入的科学知识，也为幼儿提供更多元的学习体验和知识积累。

通过后测数据的验证，教师可以检验教学活动的成效，了解幼儿的学习成效和进步。进入小学后，科学教育会更加系统和深入，在后续活动中，教师可以引入更多的科学概念和原理，同时关注和挖掘幼儿对后续活动的探究需求。

三、加强科学衔接意识，维系幼小衔接纽带

科学集体活动是幼小衔接过程中的一个宝贵资源，作为教育工作者，设计和实施这些活动时需要细心和创新，以确保这些活动既有教育意义又能吸引孩子们的兴趣。

（一）新旧经验关联，帮助幼儿积累知识

在设计集体活动时，教师应关注幼儿的已有经验，并将其与新的活动内容联系起来。例如以"漩涡"为素材点，小班观察产生漩涡的现象，中班探究漩涡产生的方法，大班思考如何制造漩涡。通过设计不同年龄段的科学集体活动，帮助幼儿建立起新旧经验之间的桥梁。

新旧经验关联与知识连续积累是幼儿学习过程中不可或缺的部分。通过有意识地将新旧知识联系起来，不仅可以加深理解和记忆，还能促进创新思维的发展。在日常生活和教育实践中，帮助幼儿在充分探索的基础上不断积累新知识，并通过反复实践来实现知识的有效积累和应用，为他们未来的学习打下坚实的基础。

（二）搭建家园桥梁，形成家园教育合力

在幼儿的成长过程中，家庭和幼儿园的教育是相互关联、相互影响的。为了幼儿在幼小衔接阶段可以得到更全面、连贯的支持，提高其质量，搭建家园沟通的桥梁显得尤为重要。

例如以"亲子科学小实验"开展家庭亲子活动，在开展活动前通过问卷星，调查了解家长的意见、幼儿的想法，积极与家长互动交流，并将"漩涡"这一科学内容延续到家庭中。利用亲子科学活动，让幼儿在家庭和幼儿园间得到一致的学习体验和经验连续性的支持，这不仅加强了幼儿园教育内容的延伸，也增进了家庭对幼儿学习的理解和支持。

家园协作共育对幼儿科学连续性经验的发展具有显著的促进作用。通过共同努力，家庭和幼儿园可以创造一个更加丰富、互动的学习环境，让幼儿在不同的环境中应用和深化他们的科学知识和技能，为幼儿的长远发展打下坚实的基础，有效地推动幼儿的全面发展。

（三）延续课程内容，实现幼小双向衔接

科学活动不是一次性的，应是能够引发幼儿持续探索欲望的，是一个项目式学习的起点。我们可以将"漩涡"作为一个项目课程，通过不同的阶段和任务，让幼儿持续地探索和学习相关知识，培养他们的探究意识和能力。小学阶段的科学教育通常更加系统化和结构化，课程内容也更为具体，往往围绕特定的科学概念和理论展开。如小学阶段对"漩涡"这一概念更注重的是幼儿对科学原理的理解和对科学原理的再运用。在幼儿园和小学之间建立"双向衔接"，可以确保幼儿的认知发展保持连续性，也有助于幼儿更好地理解科学概念，并将幼儿园阶段的探索经验转化为小学阶段更深层次的科学理解。

确保幼儿园和小学科学课程在内容上的连续性，让幼儿在两个阶段之间能够感受到学习的自然过渡，这种持续的探索过程对于促进幼儿自主学习和创新思维的发展也至关重要。此外，它也为幼小衔接提供了有力的支持，帮助孩子们平稳过渡到更系统的学习环境中。

四、结合教学实践成效，助力全面幼小衔接

（一）教案设计方面

1. 环节设计的连贯性

在教案设计中，环节之间的衔接至关重要。例如在漩涡这节科学活动中，第一次操作让幼儿通过观察材料在漩涡中的反应，初步感知水的旋转现象。这一环节为后续的探索奠定了基础。幼儿在第二次操作时，能够基于"水旋转形成漩涡"的经验，更有目的地尝试制造漩涡。这种循序渐进的设计不仅帮助幼儿积累了科学经验，还促进了他们探究能力的发展。

2. 问题设计的层次性

问题的设计需要根据幼儿的年龄特点和发展水平进行分层，逐步引导幼儿从感知到探究，再到总结与拓展。

（1）小班阶段

问题设计以直观感知为主，出示漩涡视频并提问："水变成了什么形状？"引导幼儿观察漩涡的外观，从直观的视觉上初步认识这一现象；"漩涡出现的时候，我们能不能把小纸片放到漩涡中间？"通过简单操作激发幼儿的兴趣，初步感受

漩涡的力量。

（2）中班阶段

问题设计注重观察与对比，例如："用不同工具搅拌，漩涡会有什么不同？"鼓励中班幼儿进行简单的对比探究，了解不同工具制造出的漩涡可能存在的差异，如大小、旋转速度等，开始积累关于影响漩涡形成因素的初步经验；"我们搅拌得快一点和慢一点，漩涡又会怎么变呢？"引导幼儿发现搅拌速度对漩涡的影响，培养他们初步的因果关系思维。

（3）大班阶段

问题设计侧重于深入探究与总结拓展，大班幼儿已经知道了不同的搅拌工具、速度和力会影响漩涡，通过设计挑战："你们有什么好办法让漩涡转得更久？"引导他们深入探究不同方法对漩涡的影响，并且尝试解释原因，以此提升他们的科学思维和知识整合能力；"生活中的漩涡是怎么形成的？"促使幼儿联系生活实际，发现生活中的漩涡现象（如马桶冲水时、河流中的漩涡等），同时也让幼儿了解漩涡的危险，将科学知识进一步迁移与拓展。

（二）组织实施方面

1. 教师及时追问，提升思维的有效性

在活动中，教师的适时追问能够有效提升幼儿的思维深度。当幼儿观察到"水在转圈圈"时，教师可以追问："它的速度是怎么样的？"引导幼儿关注漩涡的旋转速度；在幼儿已经知道"漩涡"这一科学现象时，教师可以提问："那你能和大家来说说漩涡是怎么样的吗？"让幼儿分享自己的已有经验；当幼儿关注到漩涡像"倒过来的三角形"时，教师可以抛出疑问："为什么漩涡上面大，慢慢到下面就变小了呢？"通过适时的追问，加深幼儿对科学概念的理解，激发幼儿的好奇心和探究欲，从而促进他们科学思维的发展。

2. 利用思维导图，帮助幼儿梳理总结

利用思维导图帮助幼儿梳理和总结探究过程，能够有效促进幼儿的思维发展。例如在中班"制造漩涡"的活动中，结合幼儿操作后分享制造漩涡的方法，以思维导图的方式呈现幼儿的思考过程，帮助他们总结出快速、用力、画圈旋转等制造漩涡的关键方法。这种方式不仅帮助幼儿在现象与结论之间建立联系，还提升了他们的归纳总结能力和逻辑思维能力。

幼小衔接视角下，通过科学集体活动探究幼儿连续性经验的发展，为他们的全面发展奠定基础。这个阶段的教育不仅涉及知识的积累,更重要的是可持续发展,培养幼儿的学习兴趣和探究能力。在今后的教学实践中,教师应继续关注幼儿的好奇心,创设更多富有探究性的活动,激发幼儿的探究兴趣,提升他们的探究能力,让幼儿在学习和个人成长的旅程上走得更远、更好。

"值"道而行，衔接未来

——以"小当家"项目化学习为例，助推幼小衔接的实践研究

陈梦璐（上海市浦东新区云台幼儿园）

随着教育改革的深入，幼小衔接问题日益受到重视。幼小衔接不仅是教育阶段的过渡，更是幼儿身心发展的重要转折点。同时教育部《关于大力推进幼儿园与小学科学衔接的指导意见》中指出：幼儿的入学准备要注重身心准备、生活准备、社会准备和学习准备四个方面的内容。

幼小衔接指的是幼儿教育与小学教育的顺畅过渡，确保孩子在身心、社会技能、学习习惯等方面都能适应新的学习环境。通过一日生活中的渗透教育和针对性的主题活动，有目的、有机会地帮助幼儿做好入学准备。而项目化学习则是一种以学生为主体的，通过解决实际问题来驱动学习的学习模式。通过创新运用项目化学习，孩子们围绕某个具体的问题或任务展开学习，通过小组合作和自主探究来寻找答案。这种模式能够激发幼儿参与活动的主动性，培养他们的任务意识和解决问题的能力。这与幼小衔接的核心目标高度契合，即帮助幼儿从无意学习到有意学习逐步过渡，并适应小学的学习方式。

一、循证现场——发现幼儿需求

（一）问卷调查，发现兴趣

项目化学习的主体是幼儿，就需要以幼儿为视角来探寻项目化学习的主题及内容。为此，我们开展了问卷调查，请幼儿聊一聊——你喜欢在幼儿园做什么事？我们也整理了一系列幼儿的反馈："我喜欢帮李阿姨收拾垃圾，因为我在家

里都没做过，我觉得很开心。""我喜欢快快地吃好点心帮李阿姨铺小朋友的被子。""我喜欢学本领前，帮我们小组的小朋友搬好椅子，这样他们收好玩具就可以直接坐好，速度就快了。"调查结果发现，大班幼儿已在逐渐去自我化，并初步萌生帮助他人，服务集体的意愿和兴趣。

（二）幼小教研，聚焦问题

为了更好帮助每一个幼儿在身心、生活、社会、学习等方面做好入学准备，我们与进才实验西校的老师们开展了一场关于"浸润衔接，幼小揉活"的共同教研，其中还有几位一年级新生的班主任。在聚焦幼儿入学时面临的适应性问题时，老师们反馈了一些一年级新生出现的事情，"上次我给学生盛汤，一个孩子手没拿住碗，翻在了地上，幸好没烫伤。""轮到值日劳动时不会用扫帚，扫地非常吃力。""有一天学生带来了一整盒铅笔，放学的时候铅笔盒里没有一支铅笔，丢失铅笔、橡皮擦更是常见。""班上超过半数孩子不会系鞋带，经常来找老师帮忙。"可见入小学初期，自理能力是最突出的问题。

（三）幼儿表征，直击困惑

回到班级中，我们也通过请幼儿画一画"我对小学的问题"作为小调查的形式来了解幼儿对上小学的担忧及顾虑。"小学厕所在哪里？""小学还有李阿姨吗？谁来帮我们打扫卫生，帮我们盛饭呀？""小学里有空调吗？""小学太大我迷路可怎么办？""小学几点上学？我怕迟到。""上了小学还有午睡吗？"……孩子们习惯了在幼儿园由阿姨、老师在生活上的帮助，对于未知的小学生活，他们的担忧纷纷指向了自理能力以及生活上的不能适应。

图1 画一画"我对小学的问题"

这反映出一个问题：易被大家忽略的自理能力可能是引发一年级新生入学适应障碍的关键，这无疑也是推动幼小衔接的关键一环。现阶段对于我们来说能做的不仅是培养孩子的自理能力，其中更包含了基本生活技能、物品管理能力、时间管理能力以及心理适应能力等。自理能力的培养不仅关乎孩子日常生活的顺利进行，更是他们建立自信心、计划性和责任心,逐渐适应新环境、新挑战的重要一环。

(四)项目萌芽,确定内容

基于幼儿所表现出的兴趣和现阶段大班幼儿的年龄特点,以及调查结果中幼儿对小学的困惑,我们将幼儿的兴趣及问题进行梳理,最终确定了以值日生为主题内容的项目化学习活动——"小当家"。其实从中班开始,我们班就开展了值日生活动,孩子们有一定的值日生经验。那么在大班毕业之际,通过更深入的值日生活动,利用"小当家"项目化学习的教育方式,旨在通过让幼儿参与值日生活动,培养其自信心、责任感、独立性和团队协作等能力,为顺利适应小学生活奠定坚实的基础。其核心目标包括:1.具有基本的生活自理能力;2.愿意为他人、集体服务,具有初步的社会责任感;3.具有自尊、自信、自主的表现。

项目化学习是一种深度学习,需要通过真实性和挑战性的驱动性问题激发幼儿解决问题的欲望。"小当家"值日生这个核心的驱动性问题,从幼儿的兴趣和生活中萌发,经由教师的价值判断,在师幼互动中达成探究共识。这次我们一改中班时的值日生规则,让孩子们自由组队,自由选择岗位,将自主权完全交予孩子。很快他们就发现了问题:"值日生要做什么?""有哪些岗位?""一天需要几个值日生?""如何做好值日生,如果有人偷懒怎么办?""有人请假怎么办?"……当幼儿的对话、议论、问题都指向"值日生"时,驱动性问题由此产生,孩子们开始深入探究,想办法解决"值日生怎么做?"这个问题。

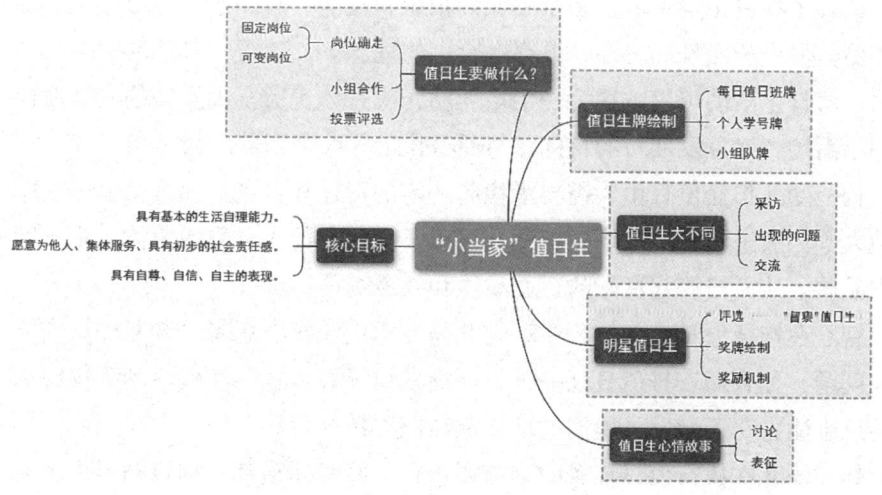

图2 "小当家"值日生活动思维导图

二、浸润衔接——寻找生长点

(一)"小当家"项目化学习的优势

"小当家"项目化学习是以幼儿为主体,以值日生活动为载体,通过项目化学习的方式,引导幼儿在参与、体验、探究中全面发展的一种教育方式。选择此内容作为大班幼儿项目化学习活动有以下几点优势:

1. 以幼儿为中心

大班值日生项目化学习注重激发幼儿的内在动力,鼓励其自主参与、自主探究,发挥主体性。值日生制度能让大班幼儿通过承担日常的清洁、整理等任务,逐步认识到自己是集体中的一员,需要为集体的环境整洁和秩序维护贡献自己的力量,学会与人交往、合作与分享,最大限度激发兴趣。

2. 符合幼儿学习特点

幼儿的学习是以直接经验为基础,在游戏和日常生活中进行,通过直接感知、实际操作和亲身体验获取经验的需要。值日生活动本身就是一种实践活动,能够创设很多任务情境。通过实际操作,幼儿能够更好地理解和掌握知识,培养实践能力。幼儿通过在值日生中完成一些简单的清洁和整理工作,如浇花、扫地、擦桌子、摆放物品、写天气预报、整理玩具、检查卫生、监督他人等。

3. 实现五育融合

值日生项目化学习涉及多个领域的知识和技能,有助于幼儿形成综合性的学习体验,促进全面发展。在"五育融合"的理念下,珍视一日活动中生活的独特价值,值日生活动可以被视为一个培养幼儿德智体美劳全面发展的有效途径,这与幼小衔接"终身发展"的目标、与项目化培养综合素养的目标相一致。

德:幼儿担任值日生,需要承担起一定的责任和义务,如维持班级秩序、帮助他人等。通过履行这些职责,幼儿可以学会尊重他人、关心集体、乐于助人等优秀品质,从而培养起良好的道德品质和社会责任感。

智:在担任值日生的过程中,幼儿需要运用观察、思考、判断等认知能力来解决问题,如合理安排值日任务、处理突发情况等。这些实践活动不仅锻炼了幼儿的思维能力,还激发了他们的求知欲和探索精神。

体:幼儿在执行值日任务时,需要进行一些身体活动,如打扫卫生、搬运物品等。这些活动能够锻炼幼儿的身体素质,提高他们的运动能力和协调能力,促进身体健康发展。

美：幼儿可以通过各种表征方式，发挥自己的创造力和想象力，培养审美能力和艺术素养。在值日生活动中，幼儿自己设计学号牌、值日生奖牌，美化自己的值日生敲章本封面，在参与中感受美、欣赏美、创造美。

劳：通过参与值日活动，幼儿可以体验到劳动的艰辛与快乐，培养起正确的劳动观念和劳动习惯。同时，劳动教育还有助于提升幼儿的自我服务能力和独立生活能力，为他们未来的成长奠定坚实基础。

（二）"小当家"能与幼小衔接有机结合

1. 培养幼儿自理能力

从幼儿园到小学，由于作息时间、校园环境、课程设置等不同，对幼儿的自理能力是一个巨大的挑战，需要逐步从教师指导转向独立自主的自我服务。因此，良好的生活自理能力是幼儿入小学前不可或缺的生活技能，能够为幼儿进入小学后保持良好的生理状况和心理状态提供保障，为顺利开启小学生活奠定坚实的基础。

2. 激发幼儿任务意识

在大班阶段，幼儿形成良好的任务意识十分必要，其中需要教师的帮助与指导。对即将入小学的幼儿来说，他们需要逐渐独立，慢慢摆脱对成人的依赖，那么建立一定的任务意识可以让幼儿初步形成学习意识与责任意识，通过在完成任务的过程中，孩子们能主动克服困难，获得实现预期目标的自豪感，为适应日后小学的学习生活奠定基础。

通过独立完成值日生的各种任务，幼儿可以逐渐学会独立思考和解决问题，提高自己的独立性，这也有助于培养他们的自信心。在与他人合作成功完成任务的过程中，幼儿会感受到团队合作的力量，进一步增强自信心，得到全面的发展。

三、潜行项目——聚焦"实习场"

1. 值日生要做什么？

基于幼儿在中班一年的值日生经验，也对值日生的岗位有了初步的了解和产生了兴趣。为了更好地创设值日生项目的任务情境，我们舍弃了中班由老师设置的岗位，请孩子们自己来选择设立岗位，思考到底需要哪些岗位？每个岗位需要做什么？

我们请每个孩子画下觉得最需要的岗位，去掉重复的岗位后，最终得到了10个值日生岗位。同时，问题也来了：

恺恺首先提出了质疑："啊，难道一天要10个人来做值日生吗？"孩子们开始七嘴八舌地讨论起来。"那就去掉几个。""不行，不能去掉，这些事情都需要值日生来做的呀！"这时，点点提出了解决办法："哦，我发现了，可以把几个并在一起一个人做呀。"孩子们听到了建议，仿佛一下子打通了思路，开始合并同类项起来。"浇花和松土可以一个人做！""还有包肚子和洗手值日生可以放在一起。""对！这两个都是在厕所的，可以一起做！"……最后由孩子们自发绘画和讨论的值日生岗位诞生了。

图3 幼儿设立的值日生岗位

在幼儿实践的过程中，幼儿们逐渐丰富了值日生的工作内容，从原来的简单岗位内容，变得越来越复杂。

（1）植物角值日生：给植物浇水，饲养小动物，做好植物生长记录等。（2）餐厅值日生：进餐前的分发碗筷、能尽量在其他幼儿进餐完毕前先起到带头作用；保持桌面、地面的干净整洁；进餐完毕后安静巡视餐厅，对讲话、随意离开餐椅、饭米粒掉落、进餐慢等不良情况及时提醒与督促；所有幼儿进餐完毕后能够帮助保育员一起整理桌椅、地面，学会简单地打扫。（3）盥洗室值日生：站在男女厕所过道中间巡视检查幼儿排队如厕与洗手的情况，发现问题及时提醒；提醒衣裤凌乱者及时整理；主动帮助互相拉袖子；提醒幼儿盥洗室内不奔跑、不喧闹。（4）天气预报值日生：做好第二天的天气预报记录。（5）玩具整理员：将幼儿每天看的书籍整齐地放置在书架里、将玩好的玩具分类摆放整齐；能定期整理图书角，保持图书角及玩具柜的整洁。（6）睡觉值日生：提醒幼儿进午睡室保持安静，帮助幼儿盖好被子，叠放好衣裤。

2.怎么做值日生？

一周就几天，如何能保证每个人都能做到值日？怎么分配值日生？随着一系列驱动性问题的产生，孩子们开始用多种表征方法商量和制作出了一份值日生排班表。孩子们自由分组组成4—5人团队，每组担任一天的值日生工作，每天来园自行商讨选择担任的值日生岗位。经过讨论后，孩子们自己设计了学号牌，不会写"星期"两个字，就用谐音符号来代替，以小组为单位粘贴在"星期几"中，轮到自己当班之日，来园时将自己的学号牌粘贴在值日生岗位旁。

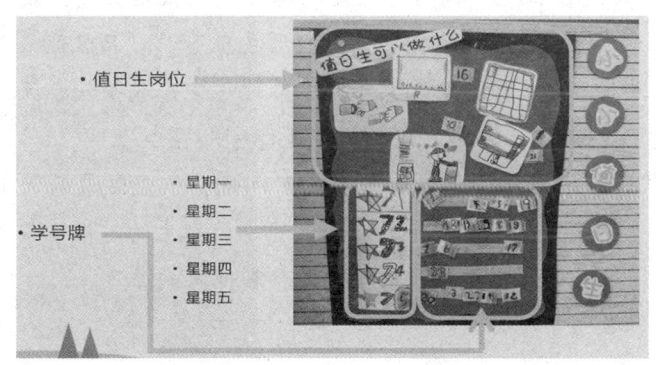

图4 幼儿设计的学号牌

3.怎么做好值日生？

（1）自评

每天的值日生工作结束后，我们会在放学前抽出10分钟来介绍并点评，今天小组做得怎么样？如果做得好，可以给他们投票；如果做得不好，说一说原因，帮助他们下次做得更好。每周根据孩子们投出的小组票数来选出最佳小组，可以敲到最多的章，集得一定的章数可以换取奖品，孩子们对于投票环节产生出非常大的积极性与兴趣。

投票开始，"大家好，我是今天的吃饭值日生，我提醒大家捡桌子，而且我一直在餐厅里看大家都没有去玩，请大家投我们小组一票。""大家好，我是洗手值日生，我提醒小朋友用洗手液和包肚子，请大家投我们小组一票。""大家好，我是睡觉值日生，今天我帮助了大宝叠衣服和裤子，还帮小朋友盖好被子，请投我们小组一票。""开始投票！""牛牛你投吗？思思你投吗？ 1、2、3、4……10，11票！""我去写票数！"……

幼儿通过介绍自己工作中的亮点为自己小组争取票数，进行拉票。在自我评价的过程中，幼儿不仅锻炼了表达能力，也提高了自信心，感受到自己为班级做出的贡献，作为班级一分子的重要性。自评后，幼儿的结束语也从"请大家投我一票"，转变为"请大家投我们小组一票"。

（2）他评

这里的"他"，不仅是教师，更多的是来自幼儿的评价。孩子们也有自己的约定，比如不能只给自己的好朋友投票，如果不投要说出理由，需要有一定的客观性和公平性。

"我不投今天的值日生，因为阿宝今天都没做吃饭值日生，我都没看到他在工作。""没错，吃饭值日生没有坚守岗位自己去玩了。""而且他今天自己是吃饭值日生还吃得慢，怎么去检查别人桌子呀，等他吃完，我早就在玩玩具了。"

幼儿既能"找碴儿"，也能发现值日生工作中的亮点。

"点点每次吃饭都是第一名，但他都没时间玩，一直等最后的小朋友吃好才走，还帮阿姨收盘子搬椅子。""今天田田做洗手值日生的时候还帮我用大毛巾擦了汗。""今天果果忘记做喝水值日生了，是我帮他做的。"

4. 怎么才能做明星值日生？

图5 "明星值日生"

在评价的过程中，幼儿渐渐对于"好值日生"的评判提出了问题，于是"明星值日生"的问题应运而生。在讨论和观察中，明星值日生标准逐渐清晰起来。最后他们共同制定了评价的标准。

（1）明星值日生，自己很棒；（2）明星值日生眼睛亮，发现需要帮助的地方；（3）明星值日生本领大，有很多帮助人的好办法；（4）明星值日生乐于帮助小朋友；（5）明星值日生坚持到底！

四、整合策略——提供教师支持

1. 创设任务情境，明确职责与分工

在"实习场"中，教师的角色是一个引导者和支持者。我们创设了真实且富有挑战性的任务情境，即"值日生"这一角色所承担的工作内容。通过让孩子们自主选择岗位，思考每个岗位的具体职责，以及如何进行合理的分工，他们得以更加深入地理解和体验值日生的角色。这样的任务情境不仅激发了孩子们的兴趣和参与度，也让他们在实践中不断学习和成长。

在明确职责与分工的过程中，我们鼓励孩子们通过绘画、讨论等方式表达自己的想法和观点。他们不仅学会了如何与他人合作，还培养了解决问题和制定规则的能力。同时，我们也注意到每个孩子都有自己独特的性格和能力特点，因此在分工时尽量考虑到这些因素，让每个孩子都能在适合自己的岗位上发挥所长。

2.给予思考空间，支持深度学习

在值日生活动中，我们给予孩子们充分的思考空间，支持他们进行深度学习。孩子们在完成任务的过程中，会遇到各种问题和挑战，比如如何与其他孩子合作、如何解决遇到的问题、如何坚守岗位等，这正是他们思考和学习的最佳时机。我们鼓励孩子们主动寻找解决问题的方法，而不是直接告诉他们答案。

例如在如何分配值日生的问题上，孩子们提出了多种方案，并通过讨论和投票的方式最终确定了最佳方案。在这个过程中，他们学会了权衡利弊、考虑他人的感受和需求，也培养了公平、公正的意识。同时，我们也鼓励孩子们在实践中不断反思和总结，以便更好地改进自己的工作方法和提高工作效率。

3.建立激励机制，营造值日氛围

为了保持孩子们对值日生工作的热情和积极性，我们建立了有效的激励机制，努力营造一种积极、向上的值日氛围。除了每天的日常投票之外，我们还设立了"明星值日生"和"优秀小组"的评选活动，通过每周的投票和统计，选出表现突出的孩子或小组，给予他们一定的奖励和认可，票数第一的小组可获得5个章，所集得的章数可以换取不同等级的小奖品。

通过这些激励机制和氛围营造，孩子们对值日生的态度更加积极，也更加愿意主动承担和完成工作任务。不仅在值日工作中学会了合作、分享和承担责任，还培养了良好的行为习惯和道德品质。

五、收获成果——助推幼小衔接

1."小当家"，时间观念强

进入大班后，来园时间提前，我们提醒幼儿早上尽量不要迟到，因为到了小学，早上可以进行一些课前的预习、复习或者阅读活动，为接下来的课堂学习做好充分的准备；如果迟到，可能会错过一些重要的课堂内容，影响学习效果。在实施值日生项目化学习之前，班级中总有个别幼儿容易迟到，也经常错过早晨的一些活动。

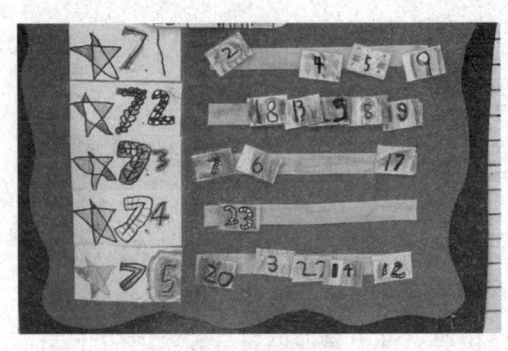

在"小当家"项目化学习启动后，通过"值班表"，幼儿明确了自己担任值日生的日子，我们时常会听到幼儿说："哦！明天我要做值日生了，我要早点来！"也会看到容易迟到的幼儿突然有天特别早到："我今天做值日生，我让爸爸妈妈早点出门送我来幼儿园。"还有的会考虑："我要早点来选值日生，来得晚了想要做的岗位就会被人选掉了。"良好的时间管理习惯对幼儿学习和生活都有很大的帮助，可以让幼儿在小学更加高效地利用时间，提高学习的效率。

2."小当家"，有能力

一天，恺恺找到我说："陈老师，如果有人忘记做值日生，我可以去提醒他吗？""当然可以，你怎样提醒他呢？""那我就做监督值日生，负责监督今天的值日生有没有偷懒，忘记做的。""这个主意很好，那别人怎么知道你今天是监督值日生呢？""我可以去画个牌子呀，也像值日生牌子一样别在身上，这样人家一眼就知道啦。""你画的这个牌子是什么意思呀？""这是个嘴巴，说明我是今天的监督值日生，用嘴巴提醒小朋友要记得做值日生，如果谁做到一半走了，我也会去提醒他的。"

图6 恺恺做的牌子

随着值日生活动的深入开展，孩子们不仅学会了如何管理自己，还学会了如何管理他人。其中，监督值日生的角色更是体现了孩子们的担当精神。监督值日生不仅需要时刻关注各个岗位的工作情况，还需要在发现问题时及时提醒和纠正。这对于孩子们来说是一个不小的挑战，但他们却乐在其中。每当看到哪个岗位的值日生工作做得不够好时，监督值日生就会走上前去，用温和而坚定的语气提醒他们："你要记得自己的职责哦，加油！"

3."小当家"，有担当

有时也会听到幼儿对同组另一名幼儿说："今天你还没写天气预报呢，快去写吧。""×××，今天你是吃饭值日生，要吃得快一点哦。"也会有幼儿来问我："陈老师，今天×××来吗？"我问道："怎么了？""因为他不来的话我就要一个人做两个岗位，不然我们组就缺一个值日生了。"遇到其他小组幼儿请假的情况，也会有幼儿主动争做帮忙值日生，保证每一天的值日生岗位都有人担任。能看到孩子们在担任值日生期间，除了认真做好自己的本职工作外，对于同组的其他幼儿的工作也非常关心，对自己小组的荣誉充满责任感和使命感。

为了精益求精，孩子们还制作了"值日生工作手册"，里面画满了关于不同值日生岗位所要做的事情和职责，体现了孩子们不仅要做，要做就做好的责任意识，承担起小当家的使命，萌生了想要为班级更好服务的意愿，我们的小当家真有担当。

4."小当家"，有自信

自从开展了"小当家"项目化学

图7 "值日生工作手册"

习，孩子们对于担任值日生的热情越发高涨。每当轮到自己担任值日生时，他们总是早早地来到幼儿园，迫不及待地开始自己的工作。在值日生工作中，孩子们不仅学会了如何管理自己，还学会了如何与同伴合作，共同完成任务。这些经历让孩子们更加自信，他们相信自己有能力做好每一件事情。

图8 投票

评价——即每天的投票环节，也有助于孩子们认识到自己的成长和进步。在值日生项目中，孩子们通过担任不同的岗位和职责，锻炼了自己的责任感和团队协作能力。通过回顾和总结自己的工作，通过从其他幼儿对自己的评价和夸赞中，孩子们能够清晰地看到自己在各个方面的成长和进步，这有助于增强他们的自信心和自豪感。每天投完票，孩子们都会在自己小组的纸上写上票数，等待周五进行评比出最佳小组。

在值日生工作的过程中，孩子们还学会了如何面对挑战和困难。有时候，他们可能会遇到一些不如意的事情，比如有的小朋友不听指挥、不愿意配合等。但是，他们并没有因此气馁，而是积极寻找解决问题的方法，努力克服困难。这种迎难而上的精神正是孩子们在小学阶段需要具备的品质之一。

5."小当家"，有大爱

作为幼儿园的大哥哥大姐姐，孩子们不仅仅是班级小当家，更是园里小当家。既能体现他们对待班级工作的认真态度，又在于他们对待身边人的关爱与帮助。当得知要欢迎接送弟弟妹妹时，他们展现出了无比的兴奋和热情。"小当家"们早早地就开始策划如何为弟弟妹妹们创造一个温馨、愉快的接送环境。他们举起了欢迎牌，准备了小贴纸，还精心分工了欢迎小组：有在园门口举牌迎接的，有在大厅举着手偶喊欢迎的，还有的负责带路。每当弟弟妹妹们到来时，他们总是笑脸相迎，热情地与他们打招呼，帮助他们拿书包，引导他们找到自己的班级。

在接送的过程中，"小当家"们不仅关心弟弟妹妹们的情绪，还时刻关注他们的安全。他们会细心地提醒弟弟妹妹们注意脚下的台阶，不要跑得太快，以免摔倒。同时，他们也会耐心地解答弟弟妹妹们的问题，帮助他们尽快适应新环境。

这种大爱精神不仅让弟弟妹妹们感受到了温暖和关爱，也让"小当家"们更加懂得珍惜和爱护身边的人。他们明白，作为哥哥姐姐，应该以身作则，为弟弟妹妹们树立一个好榜样。

通过实施"小当家"项目化学习，我不仅看到幼儿自理能力的发展，还看到幼儿身上萌发出的责任感、团队协作和自信心。同时，幼儿对小学生活的期待和适应能力也有所增强。然而，在实施过程中也存在一些问题和挑战，如何确保每个幼儿都能充分参与、如何平衡值日任务与学习任务等。因此，我还需要不断总结经验教训，完善和优化项目化学习的策略和方法。

幼小衔接工作是一项复杂而重要的任务，更需要我们从多个方面进行反思和改进。除了幼儿园的活动与教育，家庭教育的重要性也不能忽视。在项目化学习结束后，我们也会更多地对家长进行科学的指导，及时的交流反馈；通过加强幼儿心理适应、家园合作、课程连贯性和整体性以及关注个体差异等方面的努力，为孩子们创造一个更加顺畅、愉快的过渡环境，帮助幼儿顺利适应小学生活，开启新的学习篇章。

面向幼小衔接的幼儿科学经验连续性发展

——泥鳅失踪案（中班）

李炜超（上海市浦东新区临沂八村幼儿园）

一、案例背景

班级的植物角饲养着孩子们带来的新伙伴——泥鳅，饲养桶里两条泥鳅成了孩子们每天来园观察和照顾的对象，泥鳅们安逸平静地生活着，直到某一个周一的早晨……

二、案例描述

周一来园后，正准备喂食的孩子们发现饲养桶里的泥鳅其中一条离奇失踪，孩子们在植物角周围到处寻找，直到他们发现了地面与墙面的"血迹"，引起了他们的好奇与兴趣。他们找到放大镜仔细观察泥鳅留下的痕迹，经过一番观察，除了明显的"血迹"残留，其他一无所获。孩子们讨论着泥鳅的去向，发现找不到答案的他们，慢慢失去了调查的兴趣。

经历了平淡无奇的一周，孩子们似乎逐渐接受了泥鳅失踪的现实，本以为案件就要石沉大海，悬疑收尾的时候。又是一个周一的早晨，饲养桶里的另一条泥鳅竟然离奇身亡了！看着空荡荡的饲养桶，地上泥鳅僵硬的尸体，孩子们一个个张大嘴巴发出阵阵惊叹。随之而来的是孩子们对于本次案件的疑问，回想上一周的失踪案，兴趣就这样嗖的一下被彻底激发，一场案件大侦查正式开启！

调查了一早上，从最初情绪高涨，到现在毫无头绪，看似一切又要无疾而终的时候,生活老师的一句:"李老师,幼儿园里的野猫是越来越多咯,草地上都是猫屎!"这句话一出,直击孩子们的天灵盖,嫌疑"猫"就此锁定。侦查的兴趣一下子又回来了,除了墙上的血迹,又发现了猫爪的痕迹,有的孩子开始分析起猫抓泥鳅的动机,有的孩子关注到饲养桶的问题,有的孩子则开始推断猫的作案时间与场景等,最后他们提出解决这个问题的最好办法:改造饲养桶!

孩子们的兴趣就是最大的动力,饲养桶的改造当天就顺利完成。万事俱备,只差泥鳅,可泥鳅没了怎么办?叮咚买菜,加倍宠爱!泥鳅入桶,万无一失。可真就万无一失了吗?熟悉的周一早晨,新案又再一次悄然发生了……

三、案例分析

案件发展至今,我见证了孩子们从好奇到探究,从困惑到解决问题的全过程。接下来,我们一起来见证孩子们在整个活动过程中的经验发展。

(一)科学(探究)核心经验

先来直观感受下孩子们在活动中表现出的一部分科学(探究)核心经验——饲养桶的设计与改造。通过交流分享、表征设计、一对一倾听等方式,孩子们对饲养桶进行了不同程度的设计改造(如图1所示)。

图1 饲养桶改造设计图

历经多起案件，他们对于饲养桶的改造经验不断积累、延续并拓展，从最初为防止泥鳅被野猫直接接触，增加附带透气孔的简易盖子，之后在盖子上压上重物，防止盖子被野猫掀翻（如图2所示）。

图2　饲养桶改造实例一

除此之外，还设计制作了附带气孔并能拧紧盖子的饲养桶，到之后在透气孔上增加长短不一的吸管，防止饲养桶被打翻后，水不会轻易流出来（如图3所示）。

图3　饲养桶改造实例二

孩子们还发挥更多的创意，设计了附带保护作用的双层饲养桶（如图4所示）。

随着经验的不断积累与延续，孩子们对于泥鳅的生长环境与生存条件也进行了探究，创设了泥鳅喜欢的生活环境——在饲养桶里放入石头、泥土，把饲养泥鳅的地点搬进了教室（如图5所示）。

图4　饲养桶改造实例三

图5　改造饲养整体环境

结合案件的发生与后续的开展，孩子们的科学（探究）核心经验在一起起案件中得到了连续性发展。

首先，观察方面。孩子们根据所要解决的事件，确定了观察目的。观察目的性也随着事件的逐步发生而由弱变强，从最初以个人兴趣或情绪为主，游离于观察的过程，到观察目的性进一步发展，有计划、持续一段时间地观察饲养桶改造后泥鳅的生存与生长情况。观察过程中，孩子们的理解、思考，甚至记忆、注意等多种心理活动共同参与其中，全面、系统地了解饲养泥鳅的适宜环境。

其次，预测与推断方面。三起案件的发生，孩子们都根据之前的经验进行了猜想，根据经验寻找线索，将泥鳅案的发生与野猫的袭击联系起来。由已知推及未知，由结果寻找原因。孩子们自然地运用日常获得的经验，有时也会借助想象进行推理，从始至终都没有亲眼看到猫袭击泥鳅的身影，但在孩子们的各种想象、经验的关联基础上，结合与后续案件发生时观察到的事实进行对比，探索事物之间关系的可能性，从"当下与此地"，向着"将来与过往"延伸，丰富着自己的经验。

再次，记录与交流。从之前展示的饲养桶设计改造中就能看出，孩子们在这一方面的经验发展是显而易见的。通过运用语言或非语言的各种适宜方式进行记录与交流。他们交流记录自己饲养泥鳅的想法、问题、改造饲养桶的计划等各类信息。随着案件的升级，通过越发丰富的信息，孩子们正在逐渐形成并发展就探究过程、结果和感受等进行表现、表达、记载、分享和讨论的经验。

就记录交流我也想说说自己的想法，不仅是在科学活动中，在一日生活的其他活动中，也不要让记录与交流成为孩子不必要的负担，而是真正做到有需要时才去做。

最后，事物与现象方面。越是贴近生活的探究内容与事物，孩子们越是感兴趣。而植物角的动植物正是来源于孩子的生活。孩子们自己饲养与照顾的动植物，作为探究对象，才会引起孩子们浓厚的探究兴趣，并且能够通过自己的探究有所发现并获得关键的经验。

（二）领域经验融合

纵观整个案件，除了孩子们在科学领域经验的发展，通过案件中孩子们的具体行为表现，我们还能清楚地发现各个领域经验间都建立着联系。

在改造饲养桶之前，孩子们为泥鳅举办了一场送别会，妥善处理了泥鳅的尸体并为其设计绘制了墓碑（如图6所示）。

图6　设计自制泥鳅墓碑

他们并没有因为泥鳅被害就一股脑儿地把情绪施加在野猫身上，反而设身处地思考起野猫的处境，希望两者能和平共处，孩子们为此还产生了分歧，表达了各自的想法和立场。从中不难发现，语言、艺术、社会领域的经验在不知不觉中与本次案件中的科学领域核心经验相融合，对于个体生命的尊重、生物间的生存关系、表征设计、主动表达等方面的经验都随着案件的展开，得到了连续性发展。

通过在各个领域之间建立经验的联系，科学探究更加丰富和有意义。跨领域的经验融合，可以在多个层面上理解和应用知识，从而促进幼儿的全面发展。

（三）幼小衔接

孩子们在此次事件中，不仅展现了侦探潜力，还学会了如何将兴趣转化为探究的行动力，最终推动了泥鳅饲养环境的改善。在经历这段时间的探究后，孩子们在各个领域的经验都得到了发展，结合科学领域核心经验，我们可以发现，对于中班年龄段的孩子来说，这些有益于他们终身发展的习惯与能力正在逐步形成，并得到持续性的发展。幼小衔接的价值旨趣之一正是关注儿童发展的可持续性，培养这些习惯与能力。

浦东新区作为国家幼儿园保育教育质量提升实验区，坚持小学与幼儿园双向科学衔接。我所在的东方教育集团，正在逐步开展聚焦科学探究连续性经验与幼小衔接的研究。作为集团所属实验园，我园也在积极开展与小学联动的科学探究连续性经验活动——种植园里的奥秘。结合幼儿园大班主题"有用的植物"所积累的经验，通过与小学科学教师的研讨与沟通，组织带领幼儿园大班幼儿参与小学种植社团的蔬菜采摘活动，参观小学种植园，认识各类蔬菜，并与小学生结对，一起采摘各类蔬菜（如图7所示），探究蔬菜生长的奥秘，体验探究植物生长变化的乐趣。

基于科学领域核心经验，融合各个领域的相关经验，孩子们在积累真实可靠的感性认知和经验的同时，为未来在小学阶段逐步发展理性思维和经验打下了坚实的基础。让幼儿园更好地成就幼儿丰富的经历，让小学能够链接并有效激活幼儿的经验，使幼儿在良好的教育生态中获得可持续发展的成长动力，更好地适应下一阶段的学习和生活。切实夯实基础，才能成就其良好而幸福的一生。

图7 结对采摘蔬菜过程

科学探究助力幼小有效衔接，经验连续铸就成长无穷动力！让我们继续携手前行，为孩子们的全面发展添砖加瓦，共创灿烂未来！

从单向到共生：家园共育中多元阅读的实践策略与路径探索

袁　凡（上海市浦东新区东方尚博幼儿园）

一、引言：多元阅读视域下家园共育的协同价值

在学前教育以幼儿发展优先的当代教育背景下，儿童阅读已突破书本文字的单一边界，迈向形式多元、媒介融合、场景开放的新阶段。多元阅读作为一种创新的教育理念，正逐步重塑儿童和教师对阅读的实践逻辑。这一概念强调：在学前阶段，儿童通过视听触觉等多元感知通道，对绘本、自然现象、生活事件、数字资源等多类型题材进行主动探索；在理解过程中，借助对话提问、艺术创作、实物操作、角色扮演等多模态表达形式，实现阅读的多元化。这一理念与"家园共育"的协同目标深度契合。

然而，当前家庭与幼儿园的多元阅读实践仍存在显著脱节，一方面，家长对"阅读"的认知普遍局限于知识传递，忽视多元场景与多感官体验的整合；另一方面，教师对亲子共读的支持多停留于单向资源推荐，缺乏系统性策略引导家长突破"朗读文字"的固化模式。

二、现状审视：亲子共读的实践困境与需求

当前亲子共读的普及度虽有所提升，但其教育效能仍受限于家长认知偏差、资源整合不足及实践模式固化等问题。尤其在"多元阅读"理念下，亲子共读的单一化与儿童全面发展需求之间的矛盾日益凸显，具体表现为以下三方面困境：

参与浅表化：调查显示，大部分的家长将亲子共读等同于朗读文字，缺乏深度互动和对多模态互动形式的探索。多数家庭仅以"读完一本书"为目标，忽略对图画细节的观察、角色情感的探讨。这种文本中心主义导致共读沦为单向输入，儿童的主体性被压制，难以激发儿童的主动思考与创造性表达。

内容同质化：家庭绘本选择呈现明显的知识导向倾向，拼音识字类、数学启蒙类绘本占比较高，而情感教育类绘本占比较低。这一现象折射出家长对早期教育的功利化倾向——将阅读视为学业储备工具，忽视其对儿童社会情感能力与审美素养的培育价值。

场景局限：大多数的家庭将共读场景局限于睡前床边或书房书桌，活动形式以"家长读、孩子听"为主，缺乏与生活经验、自然环境的动态联结。这种静态化模式割裂了阅读与生活的联结，使儿童难以将书中内容迁移至真实情境，弱化了共读的实践价值。

三、路径探索：家庭多元阅读的实践策略

（一）自然浸润：生活场景中的阅读渗透

多元阅读的核心在于打破书本与生活的边界，将阅读嵌入儿童的真实经验中。在家庭开展多元阅读活动的进程中，需要深度挖掘生活场景所蕴含的教育价值，实现阅读与日常生活的有机融合，达成自然浸润式的阅读效果，具体策略可从两方面展开：

1. 日常事件联结：主题化阅读延伸

节日与习俗：以传统节日为切入点，将绘本阅读与家庭实践相结合。例如：春节前共读《团圆》，同步参与包饺子、写春联活动，引导儿童观察"团圆饭"中的细节，并与绘本中的插图对比，讨论"家"的意义；端午节时可以阅读《蒸年糕》等绘本后，家长可以和孩子一起动手制作年糕。

生活经验迁移：利用家庭旅行、探亲等生活事件，选取与之紧密关联的绘本，通过"行前阅读—实践体验—行后创作"三个阶段，让孩子对阅读内容产生更为深刻的理解。例如：旅行前阅读《神奇的小草》等绘本，让孩子提前了解中草药的知识，激发好奇心；旅行时，孩子带着从书中获取的知识和期待，将书中描述与实景对照，发现身边的中草药，了解其价值，加深知识理解与记忆。

2. 自然观察延伸：从书本到真实的探究

户外科普阅读：家长可定期带儿童前往公园、郊外等自然环境中观察。结合相关科普读物辅助，如观察花朵绽放时，探讨其结构、颜色、授粉方式等并深入学习。观察后，鼓励儿童以绘画、文字、标本制作等多种形式记录观察结果和个人感受。例如阅读《蚂蚁和西瓜》后，用西瓜引导儿童观察蚂蚁搬运路径，绘制"蚂蚁路线图"。

（二）空间再造：亲子共读场景的多样化设计

亲子共读场景的多样性，对于激发儿童的阅读兴趣、营造良好的阅读氛围具有不可忽视的作用，可以从室内与户外双维度重构空间。

1. 室内沉浸式空间：功能分区与情境创设

阅读角分层设计：亲子共读角可进行科学的分层设计，划分为"安静区"与"互动区"。"安静区"布置柔软的软垫，摆放上整齐的书架，为儿童提供一个舒适、静谧的独立阅读空间；而"互动区"则配备手工桌和道具箱，鼓励儿童进行创意性的阅读拓展活动。例如：在互动区投放与经典绘本《好饿的毛毛虫》相关的材料，如彩纸、黏土等，引导和鼓励儿童制作多样的毛毛虫，加深对绘本中生物知识的理解；在安静区，提供《情绪小怪兽》绘本及对应色卡，让儿童能够自主翻阅，通过色彩匹配相应的情绪颜色，促进儿童对情绪的认知与表达。

主题场景化装饰：亲子共读环境能够依据绘本主题进行动态化布置，打造沉浸式的场景化装饰。比如在和孩子一起读完《变变》这本绘本后，可以在家中增设水墨文化区域，巧妙融入水墨画、毛笔、宣纸等元素，让孩子身临其境地感受水墨文化的独特魅力。

2. 户外动态化实践：自然与社会的阅读延伸

社区资源利用：利用社会图书馆资源，家长可以带领孩子参观图书馆，亲身参与借书还书等环节，提升孩子的自主探索能力和独立获取知识与信息的能力。此外，在超市这一日常的生活场景中可以根据《一园青菜成了精》为清单寻找蔬菜，家长还能与幼儿共同讨论各类蔬菜的颜色、形状与营养价值。

（三）互动体验：多维阅读形式的创新实践

多元阅读的核心本质，是打破传统阅读中单一的信息单向输入模式，构建起丰富多样的互动场景。让儿童在阅读中不再只是被动接受知识，而是主动参与、积极表达。通过动态化活动设计，将阅读从"输入"转化为"输出"，促进儿童多元表达。

1. 表演与角色扮演：从观察到表达

家庭剧场：精心挑选冲突性强、情节跌宕起伏的经典绘本，如《三只小猪》。在家庭中，家长和孩子一起分配角色并表演，在表演过程中，鼓励孩子大胆发挥想象力，对原有剧情进行创新改编，比如设想"大灰狼想交朋友"这样有趣的情节走向，随后一起深入探讨不同结局所蕴含的丰富情感意义，让孩子在表演中深刻理解故事内涵，提升表达能力。

2. 故事重现与拓展创作：从模仿到创造

手工立体书：以经典绘本《好饿的毛毛虫》为蓝本，家长和孩子一起动手，运用卡纸、纽扣等材料，制作出一本独具匠心的可翻页"食物书"。在制作过程中，生动地模拟毛毛虫的进食过程，不仅让孩子对故事有更直观的感受，还能和孩子一起深入讨论健康饮食的重要性，将阅读与生活紧密相连。

3. 游戏化阅读延伸：从学习到探索

绘本故事任务：以充满趣味的绘本《奇妙的书》为例，设置一系列富有挑战性的任务，比如选择不通用的材料创作"奇妙"。在制作过程中，巧妙运用各种材料，让孩子在玩乐中进行创造。

（四）技术赋能：数字化阅读工具的精准支持

当代数字技术有着独特价值，它能突破时空局限，拓展阅读素材的广度，为幼儿呈现丰富多样的阅读内容。如何融合多元阅读的关键在于推动虚拟数字阅读与线下实体阅读、实践活动相融合，让幼儿收获更优质的阅读体验。

1. 智能推荐系统：精准匹配主题化阅读资源

主题推送：滴滴学堂App基于幼儿园的教学主题，如"季节变化""职业认知"等，并结合儿童的阅读能力评估数据，能够智能且精准地推荐与之相关联的优质绘本。例如当幼儿园开展"植物生长"的科学活动时，App会同步推送《神奇的小草》等契合主题的绘本。同时，还会配套相应的种植观察任务，巧妙地实现了"阅读—实践"的双向深度联动，让儿童在阅读中学习，在实践中巩固知识。

点读笔：当孩子在阅读推荐的绘本时，可以使用点读笔进行辅助。点读笔会用生动有趣的声音和语调，为孩子朗读绘本中的文字，让孩子仿佛置身于故事之中。比如在阅读《会说话的手》时，点读笔会把小手的各种用处，用鲜活的声音展现出来。能够有效化解家长在为孩子讲述故事时，表现力不足、难以生动呈现故事内容这一现实困境。

2. 家园协同支持：数字化共建优质阅读生态

活动群组：教师可以通过微信群或App发布诸如"21天阅读打卡"等富有趣味性和挑战性的主题任务。家长则可以上传儿童的阅读视频、手工作品等，共同构建起班级动态学习档案。以共读《朋友》为例，群组中可以展示孩子们精心绘制的朋友画像以及他们的阅读分享语录，充分发挥了同伴学习的积极效应，营造出浓厚的阅读氛围。

四、支持机制：教师在家园共读中的角色实践

在幼儿的成长过程中，家园共读对其阅读习惯养成和综合素养提升意义重大。秉持多元阅读理念，教师在家园共读中理应发挥着关键的引导与支持作用。

（一）资源供给：构建分级阅读支持体系

多元阅读的核心在于通过多样化的内容与形式满足儿童不同发展阶段的需求。教师需根据小班、中班、大班儿童的认知特点与兴趣偏好，为家长构建科学的分级阅读资源体系。

小班：以感官体验与生活联结为主。选色彩鲜艳、形象可爱、贴近生活的绘本，如《好饿的毛毛虫》；朗朗上口的儿歌，如《小星星》等；简短单幅的生活故事，如《变变》。搭配可操作多感官材料，结合生活情境，激发兴趣。

中班：以知识拓展和想象力激发为主。选含粗浅知识的儿歌，如《小蝌蚪找妈妈》；稍复杂的童话、科常故事，如《三只小猪》。借助科常类图书模型、想象类资源，结合生活、社会现象及媒介内容，深化理解。

大班：侧重复杂叙事与跨学科整合。选单页多幅、字图相间的复杂故事，如《神奇的小草》；利用汉字字卡、自制材料、少儿读物等，助力向纯汉字阅读过渡；引入社会与科技内容、生活现象问题，如"奥运会""彩虹的形成"，拓展认知，激发探究欲。

（二）能力提升：家长共读技能的系统培养

在推动家园共读的进程中，教师肩负着重要使命，需借助分层培训与个性化支持的有效方式，助力家长实现从单纯的"朗读者"到专业的"阅读引导者"的角色转变。以下为具体的实施路径：

1. 家长讲座：理论与实操并重

基础讲座：教师通过基础讲座，为家长深入解读多元阅读理念。详细阐释"多模态输入—多形式输出"的核心逻辑，让家长明白如何通过多样化的阅读方式，提升孩子的阅读效果。同时，在讲座中，教师会进行生动的互动技巧示范，如提出开放式问题"如果换成你，会怎么做"，引导孩子积极思考；并通过拥抱、丰富的表情等方式，向孩子传递共情，让家长学会在共读中与孩子建立情感连接。

2. 个性化指导方案：干预与优化兼顾

时间管理支持：针对忙碌的职场家长，教师精心设计"碎片化阅读方案"。比如，建议家长利用通勤时间，陪伴孩子听有声书，充分利用碎片化时间进行阅读积累。在周末，则集中开展延伸活动，如情绪卡片游戏，增强亲子间的互动与情感交流。

行为干预工具：教师开发《共读质量评估表》，让家长能够详细记录儿童在共读过程中的专注时长、互动频率以及创造性表达的次数等关键信息。教师会定期对这些数据进行深入分析，并为家长提供有针对性的改进建议，以不断提升共读质量。

（三）活动联动：家园协同的阅读生态构建

在促进儿童阅读发展的过程中，教师起着关键的纽带作用，需精心设计各类活动，打通家庭与幼儿园的场景界限，构建起一个有机的"阅读输入—实践输出—经验共享"生态闭环，实现家园之间的深度协同合作。

1. 主题共读活动

传统文化周：共读《团圆》。家长与孩子共读经典绘本《团圆》，在温馨的亲子时光中，合作制作"家谱树"，梳理家族脉络。同时，录制"家族故事"音频，将家族的记忆和传统文化以声音的形式留存下来，让孩子深刻感受家族文化的传承。

社区联动：为了进一步深化对传统文化的理解和传承，幼儿园邀请社区里的老人入园，为孩子们讲述传统节日习俗。孩子们在聆听故事的过程中，绘制出精美的手工制品，并将这些作品赠予社区图书馆，不仅增强了孩子的文化自信，还促进了社区文化的交流与传播，形成家校社联动。

2. 阅读月与课程共建

阅读月：幼儿园以"阅读月"为载体，通过多元化活动设计吸引家庭深度参与，构建家园协同的阅读生态。活动包括讲故事比赛，以班级为单位推选家庭参与园级比赛，通过角色扮演、手偶剧等形式演绎绘本故事，评选"故事之星"；故事大广播，征集家庭录制故事音频，通过校园广播播放，打造"声音图书馆"；亲子阅读环境创设比赛，展示亲子共读角设计成果，分享阅读空间创设经验，激发亲子共读氛围营造的积极性。

图书漂流活动：邀请幼儿将家中闲置图书带到校园，参与图书漂流活动。在漂流过程中，孩子们或是认真地做个读者，沉浸在书籍的知识海洋中，或是化身"荐书使者"，与同伴分享读书心得。

3. 课程共建参与

父母老师进课堂：教师积极邀请家长走进课堂，发挥其职业优势。例如邀请身为医生的家长开展"我的身体"课程，家长带来专业的听诊器、骨骼模型等教具，生动形象地为孩子们演示"心脏如何工作"，让孩子们在实践中学习科学知识，同时也增强了家长与幼儿园之间的互动。

妈妈故事团：邀请家长走进校园，精心准备并参与故事舞台剧的精彩演绎。在表演过程中，孩子们或是专注地担任观众，沉浸于故事世界，或是化身助演，与家长默契配合。这一活动极大地增强了亲子间的互动交流，同时也有效提升了班级的整体凝聚力。

五、结语：从单向指导到共生共长

家园共育视域下的亲子共读实践，通过多元阅读理念的渗透与系统性支持机制的构建，实现了从"单向知识传递"向"多维经验共生"的范式转型。教师通过分级阅读资源供给、家长共读技能赋能及家园活动联动，打破了传统教育场景的边界，积极推动家庭从"被动参与者"转化为"主动共建者"，幼儿园则从"资源提供者"升级为"生态协调者"，最终形成"家庭—幼儿园—社区"协同育人的可持续生态。

总之,亲子共读的多元价值不仅在于其工具性意义,更在于其作为教育生态重构的催化剂作用。唯有持续推动家园从"指导"走向"共生",方能为儿童构建一个既有科学理性,又充满生命温度的阅读世界。

"幼儿发展优先"理念下生成性主题活动的实践与探索

张金贤（上海市浦东新区东方锦绣幼儿园）

"幼儿发展优先"理念，表明"幼儿"始终是核心。如何"发现幼儿、研究幼儿、成就幼儿"，让这一理论真正落实在实践工作中，是我思考和努力的方向。静下心来观察每一位幼儿，尊重和倾听他们的需求和想法，对于他们自发生成的活动给予充分的肯定和支持。关注并尊重幼儿的个体差异，通过不同方式进行互动和支持，帮助他们在各自的发展水平上有所提升，相信每一个幼儿都是"有能力的学习者"。

生成性活动，我们可以理解为在师幼互动的过程中，教师捕捉幼儿的兴趣和需求，进行价值判断，根据幼儿的发展不断调整和提供支持，以促进幼儿更加深入和有效地学习。活动中，如果有越来越多的幼儿产生兴趣，主动参与到活动中来，我们可以共同确立活动主题，全面调动幼儿经验，多渠道挖掘资源，一起来支持该活动的深入开展。

大班"一颗莲子的生命旅程"，就是这样一个来源于个别幼儿的兴趣，逐步扩展到小组，最终吸引了全班幼儿参与的生成性主题活动。在这个活动中，幼儿的观察思考、收集整理、表达表现能力和艺术审美素养都得到了很大程度的发展。

一、关注幼儿兴趣，挖掘潜在经验

当幼儿对某一事物产生浓厚的兴趣时，他们会主动地去观察、思考、尝试，甚至不厌其烦地重复着同一件事。兴趣的产生并非无缘无故，在我们关注幼儿兴趣的同时，更应思考背后的原因，是否与幼儿的原有经验有链接？在此兴趣的推动下，幼儿会出现何种行为表现？哪些能力得到了提升？

案例：活动起源于一本科学绘本——《一颗莲子的生命旅程》。当星星、小付、圆圆和添添在教室的书架上发现这个绘本时，就对绘本中关于莲子的生长过程，以及"莲"各部分的形态特征产生了极大的兴趣。星星和小付一起看绘本，指认"莲"各部分的结构名称；圆圆和添添拿着绘本去问识字的朋友，问老师。他们的提问引起了好朋友艾米、小宝和当当的注意，同时吸引他们的还有绘本独特的画风——以国画淡彩的形式绘出了莲在四季不同的姿态。于是，艾米、小宝和当当也加入了四位孩子的探索当中，他们把荷花的姿态用笔画下来、用黏土捏出来，展示在美工区。

部分幼儿对这个绘本产生了浓厚的兴趣，他们自主探索、自由表达。这个兴趣的产生可以追溯到我们在中班上学期开展的乐创活动——"植物的秘密"。幼儿对植物的叶子、藤茎、花朵和果实已经有了相关的经验。因此，在看到这样一个绘本时，幼儿才会更关注细节，思考更为深入，表达也更为自如。幼儿围绕绘本产生的多种表现，说明他们有进一步探索和深入的愿望，并出现了几种活动的形式。

1. 共读绘本

在一次集体的分享交流中，幼儿发现莲的生长是一个循环的过程，不同的阶段展现不一样的姿态。同时，他们还提出了想要探索和解决的问题：为什么荷花早上开放，晚上关闭？为什么莲子长在荷花的中间？为什么藕有那么多孔？师幼共读是一个思维的碰撞过程，个体经验推动集体经验，引发更多的思考。

2. 家园合作

感兴趣的幼儿通过和爸爸妈妈一起完成亲子调查、收集资料，对莲的结构和生长过程有了更全面的了解，他们发现莲的浑身都是宝，荷花、荷叶、莲藕、莲子都可以做成美食。通过家园合作，有效运用家长资源，拓宽了活动的形式，丰富了活动的内容。

3. 分组探索

关于"莲子"的探索，从最初的4人到7人，慢慢演变成了全班幼儿感兴趣的话题，并且确立了关于"莲"的主题活动，并决定从荷叶、荷花、莲蓬、莲藕和小荷塘五个方面进行探索和创造。接着，孩子们根据自己的兴趣，通过投票的形式进行分组，每个小组4—6个孩子，在每周五的乐创活动开始前，商量活动内容，分工准备材料。活动中有独立探索，也有合作完成同一作品。活动结束时，每个小组推选1—2个代表，向其他小组介绍他们的活动内容。这种分组探索的形式，不仅促进了同伴之间的交往，也提升幼儿合作协商和解决问题的能力。

这样的分组探索进行了一个月左右，部分孩子提出想换一个组，试试其他组的活动。再次投票分组后，产生了新的分组，孩子们的兴趣和探索得到了延续。

二、追随幼儿步伐，给予个性支持

随着活动的进一步开展，幼儿表现出不同的兴趣和喜好。小组成员一起观察记录、研究谈论、表达创作，各自沉浸在不同的探索与创造中。

案例：春夏时节，一组幼儿在自然角培育莲子，观察莲子萌芽、莲叶生发的过程，把莲子生长过程记录下来。一组幼儿找来照片、视频，回忆自己赏荷的经历；介绍荷花的多种色彩与姿态，交流闻花香、摸荷叶的感受；带来一片荷叶，体会绘本里说的荷叶上能凝聚露珠的蜡质绒毛。一组幼儿将仿真荷花、荷叶、莲蓬摆出最美的造型，用相机和画纸记录下来。

还有一组幼儿对"莲藕的洞洞"很感兴趣，提出问题："藕的中间为什么会有洞？""这些洞有什么作用？""藕只能有6个洞吗？不能有7个、8个吗？"通过阅读另一个绘本《莲藕的孔》，知道了莲藕里的这些孔是非常有用的气道。孩子们对莲藕的气孔充满了好奇和想象，提出小鱼、小虾会不会钻进孔里？

最后一组幼儿对莲能不能吃，哪些部分可以吃感兴趣，从家里带来了藕粉、莲子、莲心、荷叶茶、荷花茶。

在不同的感受与体验方式中，幼儿发现了关于莲的色彩美、姿态美，从而激起了进一步欣赏与创造的欲望。幼儿产生疑问、寻找答案，这一动机推动了活动的进一步深入。此时，教师应追随幼儿的步伐，给予个性化的支持，满足每一位幼儿的活动需求。

1. 材料支持

当幼儿表现出艺术创作的兴趣时，我提供了尽可能多的材料和工具，鼓励幼儿在创美角、美工室进行创作。孩子们运用绘画、纸工、泥塑等多种方式进行创造，将他们观察感受到的关于莲的形象和色彩表现出来。

2. 内容拓展

当幼儿赞叹绘本中水墨淡彩的艺术形式时，我在创美角投放了张大千的荷花图和吴冠中的荷花水墨的速写复制作品。幼儿在欣赏名家画作的时候发出声声赞叹，萌生了跟着大师学画画的念头，拿起笔墨，学着大画家的模样，挥洒在宣纸上、扇面上、纸伞上。完成后还不忘自我欣赏，或者拿给老师、同伴炫耀一番。幼儿在欣赏和模仿中，与他人分享自己喜欢的艺术作品，交流对创作的感受，萌发创作兴趣，提升审美素养。

3. 活动建议

当幼儿专注于莲藕的孔时，除了在科学经验方面的丰富以外，幼儿的想象也需要得到满足。在一次"创意无限"的讨论之后，我们鼓励幼儿将自己的想象表达出来。于是，幼儿创作了有着莲藕外形的潜水艇、大飞机、高铁；莲藕打造的游乐场，莲藕小车飞驰在过山车上，藕节连起来的大滑梯；还有装满莲蓬头的游泳池。他们则在莲藕小镇里游玩、把藕片当成游泳圈！孩子们在探索中大胆想象，自由创造。

4. 链接生活

当幼儿疑惑于莲的哪些部分可以吃的时候，我们决定一起品尝一下。找到泡茶视频，收集茶具，试着泡一壶荷花茶，体验中国传统的茶文化。活动的内容和资源回归到生活，让幼儿感受到我们一起研究的莲原来离我们的生活那么近，从而引发幼儿对日常生活的观察和体会。

不论是艺术欣赏、想象创造，还是观察与思考后的记录，都展现了孩子们对主题活动的理解，更表现出他们对于科学探索、艺术创造、语言表达等多方面的兴趣和才能。

三、接纳失败试错，支持自如表现

生成性活动不会一切顺利，其中会出现幼儿因经历失败，导致兴趣下降。这时教师的态度和支持方法，对活动的开展影响很大。同时，这也恰恰是幼儿建立接受挑战的信心、提升解决问题能力的好时机。

案例：一组幼儿在制作荷塘景观时，发现大白鹅需要很多黏土，黏土不够用怎么办？一组幼儿在进行莲藕创作想象时，对自己的作品都非常满意，想组合成一个莲藕小镇，可是所有的设计都画在纸上了，怎样展现出来呢？尝试水墨画的幼儿，一笔画下去马上就叫起来："老师，我画坏了！"

幼儿在设计与创作中，有很多的需求和纠错。教师首先应该给予心理上的接纳和情感上的支持，与幼儿积极交流，营造宽松的氛围，使幼儿放心大胆地表达自己的情绪和观点，不会因为胆怯而茫然或手足无措。

其次，鼓励幼儿自主决策。在自主决策的过程中，面对失败，反思总结，积累经验。比如当幼儿发现捏大白鹅身体的时候最费黏土，鼓励寻找替代材料。幼儿找来圆木片太扁了，大白鹅立不起来；找来纸杯又太轻，还需要很多黏土塑形；找来了海洋球、报纸球等。幼儿用各种各样的办法，设法结合黏土塑造成大白鹅圆鼓鼓的身体，并且能保持平衡。

在一次次的试错中，荷塘里有了成群的白鹅，莲藕小镇也借助纸盒、纸板，变得立体起来。渐渐地，孩子们掌握了使用毛笔的力度与线条的关系，还会注意加水让墨色变淡，在墨晕开后再观察画面效果，学会了等待墨干再做细节添画。

在一个宽松的环境中，教师和同伴都能接纳失败和试错，幼儿才能敢于尝试有挑战性的任务，并且努力想办法完成。幼儿在遇到困难时，能够主动寻求老师的支持和帮助，并且愿意接纳他人的建议，也能大胆表达自己的想法，具备自尊自信的表现。在这个基础上，幼儿坚毅专注的学习品质，也能充分展现，并得到良好的发展。

四、搭建展示平台，实现完满经验

此次活动进行到现在，幼儿对"一颗莲子的生命旅程"积累了丰富的知识经验、想象创造、艺术表达。此时，需要得到正向肯定，将他们的经验和感受与他人分享。

案例：幼儿在园活动中，常常会出现与主题相关的内容。比如：个别化活动中制作莲的故事书、喜欢泡茶活动；对水墨活动更感兴趣了；会吟诵一些关于莲的诗句。从家长的反馈中，得知幼儿在家也经常进行相关内容的表达，生活中也会有意寻找莲的元素，公园里的建筑上、家里的花瓶装饰、墙上挂着的画，甚至奶奶外婆的衣服上、纱巾上都能找到莲的元素。

幼儿对这个主题活动有了充分的理解和表达，那么，他们是不是需要一个展示和分享的舞台呢？孩子们的想法是，"这么多好看的作品，我们应该让其他班的小朋友一起看看！""我想给其他班的小朋友介绍一下我做的莲子小书。""我还想介绍一下超级炫酷的莲藕小镇呢！"于是，我们一起布置了四个展区：一个生动有趣，兼具艺术美和故事性的荷塘美景；一个水墨专区，摆满了各式水墨作品；一个立体莲藕小镇，充满各种奇思妙想的创意设计；一个品莲小铺，精心布置着各种泡茶工具和莲荷美食，迎接大家前来体验茶文化。

在幼儿分组协商，不断调整摆放中，关于"一颗莲子的生命旅程"的体验展对其他班级的老师和小朋友开放了。幼儿在介绍作品、宣传科普、表演诗歌、帮助体验等活动中，将自己的想法表达和传递，体验成功和满足。

通过展览这个平台，幼儿体验了如何布置展台，如何把自己的作品摆放组合，呈现出最美好的效果。重新梳理经验，组织语言，大胆向他人讲述自己的见解。小组合作，商量如何搜索配乐，表演诗歌。学会与人沟通，询问他人需求，做出适当调整。过程中，幼儿对于空间布局、审美素养、合作沟通的能力得到了很大的提高。作为展台的小主人，体会到成功感和归属感。

五、总结实践感悟，幼儿发展优先

1. 善于发现契机，支持幼儿主动学习

好奇心和求知欲促使幼儿不断探索和体验。作为教育者，我们应时刻保持敏感，以积极乐观的情绪状态，以亲切和蔼、支持性的态度和行为与幼儿互动，善于从幼儿日常生活的点滴中发现学习的契机。这种基于幼儿兴趣的活动，不仅能够激发他们的主动学习的欲望，还能培养他们的观察力、想象力和创造力。

准备可供多种方法探究的材料，以支持幼儿的主动学习；鼓励幼儿自主确定活动主题，选择活动内容、玩伴、材料以及探究方法。支持幼儿多种方式的表达表现，搭建平台，鼓励他们将自己的想法、经验进行沟通。以帮助幼儿实现从现有水平延伸到更高水平。

2. 具备领域意识，推动幼儿整体发展

《评估指南》第31条指出："理解幼儿在健康、语言、社会、科学、艺术等各领域的学习方式，不片面追求某一领域、某一方面的学习和发展。"这就需要教师具备清晰的领域意识，了解各领域之间的内在联系和相互作用，以推动幼儿的整体发展。上述生成性主题活动中，就要求教师对领域核心经验有充分的理解和应用。同时，还应把握幼儿的年龄特点和发展水平，运用适宜的师幼互动策略，提供个性化支持。

3. 尊重个体差异，动态提供发展支架

尊重个体差异，教师应站在儿童视角，观察和识别幼儿的行为，在最近发展区提供独特的、有效的、个性化的支持。比如：引导幼儿去关注和思考某方面的问题，或者提供一些线索；当幼儿出现明显的误解，或者遇到困难求助时，教师可以提供正确的信息，或是有效的方法建议。同时，也可以设法引发生生互动，鼓励同伴间协商互助、共同成长。当然，幼儿的发展不是一成不变的，这就要求教师对幼儿持续观察，具备敏锐的观察力和判断力，动态地为他们提供适宜的发展支架。

"幼儿发展优先"理念下的生成性主题活动，不仅能够满足幼儿多样化的学习需求和发展特点，激发幼儿主动学习的兴趣，培养他们的自主性、创造性和解决问题的能力，获得更多的成就感，还能鼓励教师成为观察者与引导者，灵活调整活动内容与形式，有效促进教师的专业成长，值得我们去积极地思考和探索。

关注经验连续性　支持幼儿优先发展
——以中班主题式结构游戏"小小运动员"为例

黄常露逸（上海市浦东新区王港幼儿园）

"幼儿发展优先"以幼儿为主体，聚焦幼儿的整体发展、主动发展、差异发展，着眼幼儿可持续发展优先、幼儿发展规律优先、幼儿发展需求优先，重塑儿童观、课程观、资源观，为其成为终身学习者奠定基础。

儿童经验发展具有阶段性和连续性的特点。在主题式结构游戏中，以"观察—猜想—操作—验证—反思—调整"为学习循环，通过不断发现问题、分析问题和解决问题，在经验唤醒、经验拓展、经验迁移等方式中逐步推进与深化幼儿经验连续性的发展，最终形成经验链。

在"幼儿发展优先"理念指引下，本文以中班主题式结构游戏"小小运动员"为例，从链接幼儿的原有经验、挖掘幼儿新经验的生长点、整合提升幼儿核心经验，探究在主题式结构游戏中如何关注幼儿经验连续性，帮助幼儿巩固、提升、内化相关经验，支持幼儿优先发展。

一、立足儿童立场，链接"旧"经验生成"新"游戏

（一）唤醒游戏经验，顺应发展规划

1. 跟随发展规划，树立运动理念

《"十四五"体育发展规划》中提出，以加强体教融合作为促进青少年体育健康发展的着力点，进一步加强学校体育工作，树立健康第一的教育理念，开展体育教学活动，为提升青少年体质健康水平具有十分重要意义。运动对于幼儿的身心发展有着重要作用。《3—6岁儿童学习与发展指南》在健康领域中明确提出：

"发育良好的身体、愉快的情绪、强健的体质、协调的动作、良好的生活习惯和基本生活能力是幼儿身心健康的重要标志，也是其他领域学习与发展的基础。"

2. 结合园本特色，开展结构游戏

结构游戏是一种创造性游戏，也是我园的特色项目。幼儿根据自己的生活经验，以想象为中心，主动地、创造性地反映周围现实生活的游戏。因此，教师预设了以"小小运动员"为主题的结构游戏。通过运动活动与结构游戏相融合，让幼儿在熟悉的场地和材料中，创设与搭建充满野趣的活动环节，巧妙利用身边的各种资源，使活动多元化和可变化。期望幼儿在主题式结构游戏中链接原有经验，多维发展，感受到建构与运动的快乐。

（二）融通生活经验，投放适宜材料

材料是游戏的物质支柱，适当的材料能激发幼儿自主进行游戏的兴趣和愿望。按照幼儿发展规律，结合结构游戏具有生活性、游戏性的特点，我们投放了幼儿常见的材料——纸板。低结构材料有助于激发幼儿在活动中的创造力与想象力，为后续幼儿的可持续性发展打下基础。

（三）着眼表征经验，辐射家园合作

1. 多元表征，创新设计

《3—6岁儿童学习与发展指南》中指出，中班幼儿能通过简单的调查收集信息并能用图画或者其他符号进行记录。幼儿们在熟悉与了解需要用不同的纸板创设活动后，与家人共同讨论，根据"我有一个计划"的调查表，初步生成制定构造计划书的意识，把共同创想的玩法通过绘画、文字等表征方式记录在调查表上。

2. 家园合作，共同成长

幼儿通过家庭分享教育的机会，对活动产生清晰的目标，积极参与到设计活动中，甚至有幼儿利用废弃纸板制作桌球台等，使深度学习有效延伸并落实到具体活动实践中。通过家园互动，教师和家长共同关注、观察、支持孩子经验的连续性发展，有效引导孩子积极主动地投入深度学习。

（四）发挥表达经验，形成师幼互动

幼儿在家园共参与的设计活动后，对纸板与运动活动之间的联系有了初步的想法。幼儿们进行了第一次讨论，大胆表达自己的想法。"变出迷宫，在里面走

迷宫。""用纸板做成足球框,踢足球!""搭成山洞,可以钻山洞!"幼儿以往的游戏经验在自己的设计中得以体现。而通过讨论,幼儿们收集、学习并尝试整合这些新知识并进行思考,同时了解多种运动项目,并初步确定第一次搭建的运动项目。幼儿在不断表达的过程中形成良好的生生互动、师生互动。

二、聚焦幼儿发展,挖掘新经验的生长点

(一)借助有效观察,支持幼儿自主实践

《上海市学前教育课程指南》中提出:"教师要学会观察幼儿游戏的行为,要从幼儿游戏行为和情感态度中分析幼儿的需要、经验背景以及动作、语言、情感、认知和社会性等方面的现有发展水平,为设计教育环境、投放材料、组织教育活动收集信息。"有效观察对游戏的开展、幼儿的行为发展有重要意义。

> **案例一**
>
> **实践出新知**
>
> "过小桥":博予面对两座"小桥",他选择跨过小桥。后面的齐齐看到"高高的小桥"后,也兴冲冲地从"小桥"下的桥洞爬过。当博予从小桥跳下时,差点踩到刚钻出"桥洞"的齐齐,两个人都被吓得说不出一句话。
>
> "小蛇路":舰舰灵活地大步跨过弯弯曲曲的"小蛇路",转身掉头开始双脚交替跳过一个个障碍物。而珲珲不同,他不是跨过"小蛇路",而是用力跳过障碍,并说道:"这样更刺激!"
>
> "钻山洞":理理看到大大的山洞后,马上趴下且快速地钻过去,还大喊着:"钻山洞啦,钻山洞啦!"显得特别兴奋。可是不一会儿,就听到:"山洞塌啦,山洞塌啦,这可怎么办?"原来是锦轩在钻山洞时动作太快,"哗啦"一下,山洞塌了!小朋友们惊慌失措,大喊道:"怎么办呀,山洞塌啦!"

在幼儿自主设计纸板游戏的实践中,教师支持幼儿自由发挥,良好的游戏氛围激活,调用、拓展幼儿原有经验,"过小桥""小蛇路"等新的运动游戏就此诞

生,不同玩法在实践中得以拓展。"站稳几分钟观察幼儿",教师持续观察幼儿的兴趣与需要,解读幼儿行为,发现幼儿在不断探究与实践中调整与改变纸板的玩法,连接游戏与幼儿的真实生活,支持幼儿自主实践,自由成长。

(二)引发思考时刻,推动幼儿思维进阶

根据埃里克森人格发展理论,对幼儿而言,最重要的成长任务是发展信任感,获得自主感和主动感。因此,当幼儿遇到问题时,若及时获得鼓励,则有助于自信、自立的培养。未来幼儿会更加积极与主动地去学习、思考和解决问题。

案例二

"山洞"倒了怎么办?!

面对试玩中遇到的一些问题,孩子们无法立即解决,于是在分享环节中,我们有针对性地进行了讨论……

老师:"刚刚我们的山洞倒了,都无法继续游戏了。怎么办呢?"

珲珲:"再做几块新的纸板吧!"

祥祥:"用杆子!来撑住纸板吧。"

老师:"是个好方法,我们等会来试试。还有其他方法吗?"

长天:"把两块板放在一起,硬一点!"

毛豆:"或者可以把板放在三角形标记里!"

老师:"你们的办法好像都不错,我们来试试!"

问题导向,教师发散式提问引发思考时刻,鼓励幼儿大胆表达自己的观点,共同寻找合适的方法来解决山洞倒塌的问题。在分析问题中,教师丰富与幼儿的初步对话,建构共同经验,逐步整合原有经验与新知识,认可幼儿提出的制作杆子、更多新纸板、重叠纸板等不同的方法,延展思维多元化。运用激励式语言激发幼儿对于提出的假设进行验证的意愿,在"观察—猜想—操作—验证—反思—调整"这样循环的科学思维中,推动幼儿思维进阶。

（三）把握介入时机，关注幼儿关键性发展

教师介入游戏应该是以不阻碍孩子兴趣性体验、自主性体验的获得为前提，掌握正确介入时机，适时是教师介入幼儿游戏的关键。教师对游戏的适时介入有助于游戏功能的发挥，只有适时介入才能有效引导幼儿继续思考，保证游戏的顺利开展。

案例三

一定要竖着吗？

小朋友们一起把纸板进行了加固，看起来不再软塌塌了。于是他们把纸板都按序拼起来，一个大大的、直直的山洞又出现了。毛豆大喊道："竖起来了，山洞竖起来了，可以钻山洞啦！"祥祥说："太棒啦，又可以玩啦！"

小朋友们一开始都玩得很起劲……可玩了几次后，大山洞一下子倒下了！老师问："纸板竖着放总是倒下，有没有好办法呢？"这时，毛豆说："那就横过来放着玩吧！"小朋友们共同合作把纸板一下子变成了一个巨大的"沼泽地"，毛豆小心翼翼地跨越过去。小朋友们都跃跃欲试，纷纷效仿……

教师对幼儿在游戏中遇到的问题进行判断，不急于介入或干扰幼儿的活动，充分给予幼儿"试错"的机会。当幼儿重复操作出现"山洞倒下"的情况，表现放弃的行为时，教师通过有针对性的提问和暗示，引导幼儿发现纸板多种搭建的可能性，帮助幼儿在失败中汲取经验。教师关注游戏中幼儿关键性发展，把幼儿自然而然经历的挑战、困难、关系视作学习与发展的契机，为每一个幼儿提供主动学习与发展的机会。

（四）倾听独特需要，尊重幼儿创新求异

《上海市学前教育课程指南》指出应尊重幼儿游戏的权利，尊重幼儿的自主活动，以关怀、接纳的态度倾听幼儿的表述，理解幼儿的想法与感受，支持、鼓励幼儿积极活动。在主题式结构游戏中，对于幼儿有别于他人的想法给予尊重与理解。

案例四

旧材料 新玩法

在用纸板搭成山洞、沼泽地后，孩子们在游戏中有了更多的想法。因此在分享环节，我们对此进行了讨论。

老师："刚刚在运动时，我听到有些小朋友对纸板的玩法有新的想法。谁愿意分享一下？"

豆豆："纸板可以搭成不同形状的，好多三角形拼在一起。"

老师："那是多边形，你刚刚搭的是六边形。这个形状可以用来干什么？怎么玩呢？"

"跳，跳得高一点！""跨比较安全，不容易摔跤！""好像在打地鼠。"

老师："那有什么好玩的方法呢？看看周围有什么材料可以一起玩？"

萱萱："可以用球扔！"

珲珲："是的，可以把球扔到喜欢的洞洞里！"

周围的小朋友们听完就兴奋起来了，跃跃欲试。

老师："那你们就去试试吧！玩好后请把你刚刚玩的记录下来，这个游戏怎么玩？要注意什么？"

教师通过观察与倾听，捕捉到幼儿的独特需求与想法，在游戏分享时刻及时提出，引导幼儿共同讨论，激起思维碰撞，鼓励幼儿大胆创新纸板的新玩法并实践。随着幼儿对游戏的深入探索，教师通过不同的途径看见儿童的经验与能力，支持儿童经验的生长，为幼儿铺设从主动学习过渡到深度学习的路径。

三、整合支持策略，促进经验螺旋上升发展

幼儿教育要关注儿童发展，但要超越儿童发展。因此教师在游戏开展后，需进行反思与学习，进行知识整合与再实施，促进幼儿经验上升发展。

（一）关注幼儿经验动态发展，灵活调整游戏过程

儿童关键经验的形成是一个不断生成的过程，具有连续性特点。在游戏中，

幼儿经验会跟随游戏的发展而累积与生长。在"小小运动员"结构游戏中，我关注幼儿经验的发展动态，与幼儿共同讨论游戏中遇到的问题，如"纸板倒塌"，并有效解决；满足幼儿需求，丰富游戏材料，提供球等辅助材料；捕捉幼儿在建构中生成的教育契机，创新纸板新玩法……我会鼓励幼儿主动探索隐藏在游戏中的新经验，在操作体验中主动学习，从而促进幼儿经验的连续性发展，让幼儿真正感受到游戏的快乐和成就。

（二）尊重儿童立场，持续发挥游戏价值

幼儿发展优先理念的落地生根，是基于儿童立场的教育支持。我班通过运动与主题式结构游戏的结合，将真实情境融入结构游戏情境，将勇于探究、勤于反思、问题解决、经验迁移等品质融入游戏过程，更加科学性地开展结构游戏实践，进而更好地发挥主题式结构游戏的学习价值。"小小运动员"游戏基于立足儿童立场，在多方支持下，以幼儿为主体，从发展建构行为、认知发展和情感体验三大维度，增进幼儿的学习品质与能力水平。

（三）坚持教育反思，打破、赋能、重塑教育

"学然后知不足，教然后知困"，教育反思是教师对教育教学实践的再认识、再思考，并以此来总结与整合经验，进而提高教师专业水平。为期一年的主题式结构游戏，我有效利用照片、视频、记录资料进行复盘，按照时间顺序从设想游戏主题与内容、创设游戏环境到投放游戏材料等环节进行整理，直面真实问题，深度挖掘游戏本质，引导幼儿在游戏中积累的经验辐射到生活中得以运用。

不断打破固有思维，放下对"完美"游戏的执着，重塑教育理念。我在反思中回归儿童视角，关注幼儿发展需求，了解幼儿对游戏的多种探索，注重幼儿的个性化成长轨迹与经验的延续，帮助幼儿架设好前期经验和发展经验之间的桥梁。越看见越相信，越相信越同频，让"幼儿发展优先"理念真正落地，珍视每个幼儿在游戏活动中独特的成长可能性。

参考文献：

[1] 中华人民共和国教育部.幼儿园教育指导纲要（试行）[M].北京：北京师范大学出版社，2001.

[2] 国家体育总局."十四五"体育发展规划[Z].2021.

[3] 上海市教育委员会.上海市学前教育课程指南[Z].2014.
[4] [作者不详].坚持幼儿发展优先[J].上海托幼,2023(12):21-25.
[5] 宁杨静.支持大班幼儿自主游戏中深度学习的提问策略[J].福建基础教育研究,2022(03):128-130.

幼儿发展优先背景下探索型主题活动实践的思与行

顾 俞（上海市浦东新区东方幼儿园）

摘 要： 在全面推进高质量幼儿园建设的背景下，为了切实有效地贯彻"幼儿发展优先"的原则，将"探索"精神融入课程内容和教学环境，开展以目标为导向、以幼儿兴趣为核心、以问题为动力的探索型主题活动。教师应专注于活动中幼儿问题的产生、探索行为的发展以及连续性经验的持续。思考探索型主题活动的融合教育，结合"五育并举"的核心理念，同时梳理幼儿发展的优先级，形成有效的教育策略和支持体系。

关键词： 幼儿发展优先；探索型主题活动；实践

一、研究背景

（一）幼儿发展优先的意义

幼儿发展优先原则强调以儿童的成长规律、需求以及可持续发展为首要考虑。上海市教师进修学院（原上海市教委教研室）徐则民老师指出，实施幼儿发展优先原则，实现"三个走向"与"三个统一"，目的是让幼儿教育从业者更加专注于并支持儿童的全方位成长。

在这一原则的指导下，幼儿园教育工作者需要深入理解幼儿的个体差异，尊重每个孩子的独特性，同时注重培养他们的社会性、情感和认知能力。通过创设丰富多样的学习环境和活动，激发幼儿的探索兴趣，引导他们主动学习，促进其自主性和创造性的发展。此外，幼儿发展优先还要求教育者在实践中不断反思和调整教育策略，以适应幼儿不断变化的需求和兴趣，确保教育活动的有效性和适宜性。

（二）探索型主题活动对幼儿发展的教育意义

幼儿园探索型主题活动是聆听童声，透视童真，让幼儿的100种语言尽兴地表达表现，让幼儿智慧的潜能充分地展示展现，教师通过活动可以关注幼儿的经验经历，感受幼儿的逻辑情感，用独特的方式记录幼儿的故事[1]。探索型主题活动源于意大利瑞吉欧方案教学，是儿童在教师的支持、帮助和引导下，围绕某个大家感兴趣的生活中的"课题"或认识中的问题进行深入研究，在合作研究的过程中发现知识、理解知识、建构知识[2]。

探索型主题活动作为一种课程模式对幼儿发展起到了推动作用，它不仅激发了幼儿的好奇心和探索欲，而且通过实践操作和亲身体验，促进了幼儿认知、情感和社会性等多方面的发展。根据皮亚杰的认知发展理论，幼儿处于感知运动阶段和前运算阶段，他们通过与环境的互动来构建知识。因此，开展以幼儿兴趣为出发点的探索型主题活动，能够有效促进幼儿在这一关键时期的发展。例如一项针对幼儿自然探索活动的研究表明，通过户外探索，幼儿在自然环境中的互动不仅提高了他们的观察力和问题解决能力，还增强了他们对环境的敏感性和责任感。此外，维果茨基的社会文化理论强调了社会互动在认知发展中的作用，探索型主题活动通过小组合作和交流，为幼儿提供了丰富的社会互动机会，从而促进了他们的语言能力和社交技能的发展。

（三）探索型主题活动实践现状与问题

1. 教师的专业成长同样是一个备受关注的热点。一些教师在协助幼儿进行探索型主题活动方面显得经验不足，特别是在观察、分析以及支持幼儿方面，以及关注幼儿的持续性经验上存在显著的短板，这限制了他们激发幼儿兴趣和潜能的能力。

2. 探索型主题活动，作为一种小组探究式的结构性较低的活动模式，常使教师感到困惑。普遍的看法是，在这类活动中，探索性学习行为占据主导地位，但活动也存在于活动中。因此，如何糅合四类活动，把握四类活动占比，有效地推动幼儿的全面发展，同时兼顾每个幼儿的个体差异，并重视他们的优先发展，成为教育工作者关注的焦点。

二、实践与探索

（一）教师角色的转变与专业发展

1. 教师始终坚持从幼儿视角出发，聚焦幼儿发展

教师在实施课程时，必须始终将幼儿放在心上，致力于最大化儿童的利益，并为他们的发展提供更有力的支持。教师应将整个幼儿园视为一个充满潜力的场所，供幼儿游戏和学习，以此丰富他们的成长经历。

2. 倡导教师持续观察，促进幼儿发展

在幼儿发展优先视角下，教师的角色已从传统的知识传授者转变为观察者、支持者和反思者。在开展探索型主题活动的过程中，教师通过视频/拍摄/观察记录工具等方式记录幼儿在活动中的精彩时刻。每日我们都给幼儿留有自主进行游戏记录的时空，并开展一对一倾听（保证时间与频次）。在幼儿发展优先视角下，探索型主题活动的观察记录与方法是很重要的。有效的观察记录不仅能够捕捉到幼儿在活动中的行为表现，还能深入理解他们的思维过程和情感体验。

3. 依托教研提升教师发展，助力幼儿发展

此外，我们依靠教研团队的支持，定期举办以"探索型学习"和"连续性经验"为核心，关注"幼儿发展"的教研活动。这些活动的设计强调系列性、针对性、互动性和实效性。围绕既定主题，我们精心策划流程，通过问卷星、教研组访谈等方法，提前收集教师在探索型主题活动中遇到的问题和实践上的困惑，并列出幼儿典型的探索行为，以便共同分析和梳理。在教研过程中，我们注重将理论与实践结合起来，通过头脑风暴、观点交锋、实例剖析，形成策略，并利用思维导图的方式进行梳理和总结。

4. 拓展视野与对外辐射，共同促进幼儿成长

通过集团间的联动，分享课程故事，拓宽专业视野，明确发展方向；承担各级各类的开放展示活动，推动探索型主题活动的深入发展。教师的教学理念正在悄然转变，突出了幼儿的主体地位，教师则扮演支持者的角色。教师能够从儿童的视角和立场审视探索活动，记录并解读幼儿的学习状态和过程，进行分析和评价；创造机会，鼓励幼儿制作和完善计划书，主动表达和分享，强调幼儿发展的优先性。

（二）探索型主题活动实践中教师支持幼儿发展优先的有效措施

1. 融合探索型主题活动与常见四类活动，以幼儿发展为先，以"五育"为核心

在进行探索型主题活动的过程中，我们鼓励幼儿在健康、语言、科学、艺术、社会性发展，以及生活等多个领域，全面吸收教育内容。然而，由于这种活动本质上是自主和自发的学习过程，幼儿往往会专注于他们感兴趣的主题和方法。这通常意味着他们会在自己有经验或优势的领域持续进步。尽管如此，考虑到幼儿的全面发展，对于那些他们相对较弱的领域，教师仍须扮演关键性的引导角色。

（1）"德""智"为先，促进幼儿品格发展

 案例1：

在"泥土"主题活动中，活动的开展需要大量泥土资源。然而，搬运数百斤泥土的重量对于大班幼儿而言过于沉重。受《蚂蚁搬家》绘本的启发，幼儿构思出了一种搬运泥土的策略，他们巧妙地利用水桶、绳索等简易工具，设计出了一套泥土搬运装置。在全班幼儿的共同努力下，完成搬运泥土的工作，所需泥土成功被搬运至三楼教室。

通过这样的合作，幼儿不仅学会了如何与他人协作，还体会到了团队合作的重要性。他们认识到，尽管每个人的能力有限，但通过集体的力量可以完成看似不可能的任务。这种体验对于幼儿品格的塑造至关重要，它教会了幼儿责任感、同情心以及助人为乐的精神。同时，教师在活动中扮演了引导者和协调者的角色，确保每个幼儿都有参与和表达的机会，从而在实践中不断强化幼儿的自信心和自我效能感。通过这样的探索型主题活动，幼儿在德智体美劳各方面都得到了均衡的发展，为他们的全面发展奠定了坚实的基础。

（2）"劳""体"为本，培养幼儿创造力

 案例2：

在"泥土"主题活动中，幼儿在走廊用泥、水混合后制作泥砖。每

次活动结束后,走廊地面上都是泥土,需要保育员收拾残局。在随后的分享环节中,教师引导幼儿就此事进行讨论,他们认识到活动中频繁弄脏地面,而实际上他们有能力进行清理。随后幼儿达成共识,决定在每次分组活动后自行进行清洁工作,并逐步掌握了使用拖把的技能。

教师适时地抓住每一个教育契机,将劳动课程融入探索活动中,幼儿在做完泥砖清理地面的时候,往往还会因为清扫不干净而讨论、探索如何将泥土清扫干净,逐步形成了一套自己的方法。

通过这样的互动,孩子们不仅学会了如何处理实际问题,还培养了解决问题的能力。他们开始意识到,每一次的活动都是一个学习的机会,无论是制作泥砖还是清理地面。G老师通过引导孩子们讨论和反思,帮助他们认识到劳动的价值和重要性。孩子们在实践中学习到的不仅仅是清洁技能,更重要的是学会了合作、责任感和自我管理。这种教育方式不仅提升了孩子们的动手能力,也促进了他们社会情感的发展,为他们未来的学习和生活打下了坚实的基础。

(3)"美""情"为辅,丰富幼儿情感体验

案例3:

在"泥土"探索型主题活动中,"地下世界"小组的孩子们创想了一个奇幻的地下世界,为了将这个地下世界描绘给同伴们看,他们设计了一台舞台剧,从台词设计、服装设计、背景板的制作、道具制作等一系列任务,最终逐步完成了"地下世界"的舞台剧。

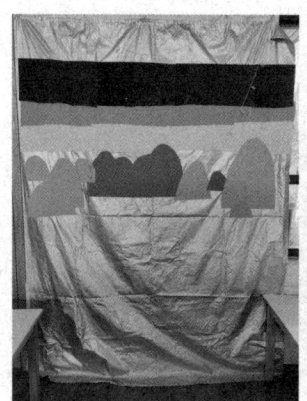 

在探索型主题活动中，教师通过引入艺术和情感教育元素，为幼儿创造了一个充满美感和情感交流的环境。例如在绘画、音乐和戏剧表演等活动中，孩子们不仅能够表达自己的情感，还能学习欣赏和理解他人的作品和感受。通过这样的艺术体验，孩子们的情感得到了滋养，他们学会了同情、理解和尊重他人，同时也增强了自我表达的能力。此外，教师还鼓励孩子们参与环境布置和美化活动，让孩子们在创造美的过程中体验到成就感和满足感。通过这些活动，孩子们的情感世界得到了丰富，他们的情感体验也更加深刻和多元。

2. 优化多元化过程性记录，呈现幼儿连续性经验

（1）多媒体技术在记录幼儿探索过程中的应用，为教师提供了更全面的观察视角，记录了幼儿的成长轨迹，从而帮助家长和教师更深入地理解幼儿的发展过程。

案例4：

陶艺小组的孩子每次开展分组活动时，其他小组孩子经过都像"围观群众"一样，被小组活动吸引，每次看很久，以至于都忘了自己要干吗了。于是老师在这个小组固定了一台摄像机持续拍摄，在分享环节中播放视频，与其他孩子一起分享他们制作陶艺的过程。

如今高科技的记录方式与工具越来越丰富，使得孩子们的学习效率更强了，同时也为我们教师的观察和解读儿童这一方面提供了不同的选择，尤其是一些分组活动中容易忽视的角落，通过使用这些记录工具，我们能够捕捉到孩子们在活动中的每一个细微动作和表情变化，这些细节往往蕴含着孩子们的思考和情感。例如一个孩子在制作泥砖时的专注神情，或是他们在合作中出现的小小摩擦，这些瞬间的记录能够帮助我们更好地理解孩子们的行为动机和心理状态。此外，这些记录还可以作为我们与家长沟通的有力工具，让家长看到孩子在园中的真实表现，从而促进家园之间的互动和理解。通过这些多元化的记录方式，我们不仅能够更全面地评估和指导孩子们的发展，还能够为孩子们创造一个更加丰富和个性化的学习环境。

（2）鼓励幼儿自主探索多种记录方法，以丰富他们的连续性经验，并促进其全面发展。

> **案例5：**
>
> "寄居蟹小组"的孩子们在观察寄居蟹的过程中，对这个陌生的小生命产生了一系列的问题，比如"寄居蟹喜欢吃什么""寄居蟹为什么喜欢钻进沙子里"等等，在日常观察寄居蟹的过程中，常常未能及时观察记录。于是他们使用录音盒子，将有关寄居蟹问题和发现，通过语言录音的方式记录下来，不仅有助于整理梳理，同时也便于和其他小组的幼儿分享。
>
>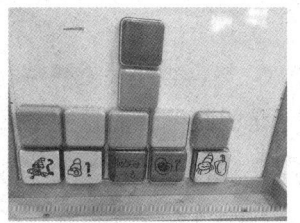

孩子们通过这种方式，不仅锻炼了语言表达能力，还学会了如何利用工具来辅助自己的学习。他们开始意识到，记录不仅仅局限于文字和图片，声音也是记录的一种有效方式。

通过提供各种记录工具，如绘画、摄影、视频和音频设备，孩子们可以自由选择他们喜欢的方式来记录自己的学习过程和成果。这样的自主探索不仅激发了孩子们对学习的兴趣，还帮助他们发展了自我表达和自我反思的能力。孩子们在记录自己的活动时，会更加深入地思考自己的行为和所学知识，从而加深对学习内容的理解。同时，多元化记录方式也鼓励孩子们与同伴分享自己的作品，促进了同伴间的交流和合作，进一步丰富了他们的社交经验和团队协作能力。

 案例6：

"种植小组"在暖棚中种植向日葵，孩子们观察发现种子发芽生长的过程十分缓慢，于是他们把儿童相机带过来了，每隔一段时间就用相机拍摄记录生长情况，可以很明显地发现向日葵生长的变化。这种通过相机拍摄静态图片的记录方式，简单方便的记录工具逐步萌发了孩子们的记录意识。每次出去散步、观察植物角，他们都喜欢带上相机拍照，然后从相机里翻出以前的照片和同伴分享，哪里不一样了、哪里有变化了。

这样的记录方式还迁移到孩子们观察乌龟出壳的过程，以及寄居蟹换壳的过程中。帮助幼儿捕捉到更多平日里很难观察到的现象，并且通过连续性的记录，孩子们能够更加细致地观察到生物成长的每一个阶段。这种记录不仅增强了孩子们的观察能力，还激发了他们对自然界的好奇心和探索欲。

在教师的支持下，孩子们学会了如何系统地整理和分析观察到的信息，这不仅有助于他们理解生物成长的科学原理，也促进了他们认知能力的发展。

3. 积极推行"家校社"合作的创新模式，提升幼儿发展的质量

在幼儿发展优先视角下，探索型主题活动的实践不仅需要教师的专业引导，更需要家长的积极参与和家园合作模式的创新。家长作为孩子成长的第一任教师，其参与程度直接影响到活动效果的深度和广度。一项针对家长参与度的调查显示，当家长积极参与到孩子的教育活动中时，孩子的社会技能和学习动机均得到显著提升。因此，创新家园合作模式，构建家长参与的桥梁，成为提升探索型主题活动质量的关键。

在实践中，我们可以借鉴"家庭、学校、社区"三位一体的教育合作模型，

通过定期的家长工作坊、亲子活动日和家长志愿者项目,让家长在活动中扮演更加积极的角色。

(1)邀请家长参与教学活动的设计和实施,不仅增强了家长对教育理念的理解,也促进了家长与教师之间的沟通与合作。

在实践过程中常常会邀请"父母(专家型)老师"参与探索型主题活动,家长能填补带班教师对探索型主题相关知识的缺乏,利用自身的专业领域包括物质、人力、文化、知识等方面,结合幼儿活动的开展情况,给予不同视角的分享与尝试,进一步丰富幼儿的体验与经验。

同时,通过这样的合作,家长也能够更加深入地了解幼儿教育的内涵和目标,从而在日常生活中更好地支持孩子的学习和成长。此外,家长的参与还能为教师提供宝贵的反馈,帮助教师调整教学策略,使活动更加贴合幼儿的实际需求。通过家园合作,教师和家长共同构建起一个支持幼儿全面发展的环境,为幼儿提供一个更加丰富和多元的学习体验。

(2)利用现代信息技术,如建立微信群、App等平台,可以实现家园信息的即时共享,让家长即使在工作忙碌之余,也能及时了解孩子在园的表现和活动进展,从而更好地参与到孩子的教育过程中。

(3)社会实践活动的开展,也能丰富幼儿亲身经历和感受,幼儿通过参观能亲身经历并感受整个动态的过程,同时与他人发生交流互动,从科学、专业、深层次的角度解决问题、提升经验和自身思维的发展。

案例7:

"博物馆小组"提出问题:"怎么样摆放石头能看起来像博物馆?"在家委会的支持下,组织幼儿参观上海博物馆,通过专业介绍、亲身体验、拍照记录,幼儿发现"博物馆的灯光、展品摆放的间隔、展台的布置"都是很特别的。

引用约翰·杜威的教育理念："教育不是生活的准备，而是生活本身。"家长的参与和家园合作模式的创新，正是将教育融入孩子日常生活的每一个细节中。通过家园合作，我们不仅能够为幼儿提供一个更加丰富和多元的学习环境，还能共同促进幼儿全面和谐的发展。

三、幼儿发展优先背景下对未来幼儿教育实践的展望

首先，随着教育理念的持续演进，幼儿教育的实践正逐渐从传统的知识灌输转变为以幼儿发展为核心的探索型主题活动。这一转变不仅顺应了幼儿自然成长的规律，而且更有效地激发了他们的学习热情和创造力，而参与探索性活动的幼儿在解决问题和社交技能方面取得了显著的进步。展望未来，我们预计将看到幼儿教育更加重视个性化和差异化教学，以满足每个孩子的独特需求和潜能。教育工作者将运用数据分析模型来监测和评估幼儿在活动中的表现，以便提供更为精确的指导和支持，幼儿教育的未来将更加注重培养孩子们的自主学习能力和终身学习的观念。

其次，在这一趋势下，家庭、学校和社会三方的合作将更加紧密，共同为幼儿创造一个全面发展的环境。家庭作为孩子成长的第一课堂，将更加注重与学校教育的衔接，通过日常互动和活动参与，增强家庭教育的针对性和有效性。学校教育则会更加注重课程的灵活性和多样性，以适应不同幼儿的兴趣和需求，同时，学校将加强与社区资源的整合，利用社区的多元文化资源丰富幼儿的学习内容。

社会教育机构和专业人士也将发挥更大的作用，通过提供专业指导和丰富多样的教育资源，帮助幼儿在艺术、科学、体育等领域得到更深入的探索和体验。此外，随着科技的发展，教育技术的应用将更加广泛，如智能教育软件和虚拟现实技术将为幼儿提供更加生动和互动的学习体验。

最后，幼儿教育将形成一个多元、开放、互动的生态系统，其中每个孩子都能找到适合自己的成长路径，充分展现个性，实现自我价值。教育工作者、家长以及社会各界人士将共同致力于为幼儿创造一个充满爱、尊重和挑战的成长环境，让每个孩子都能在快乐中学习，在学习中成长。

参考文献：

[1] 黄琼，蔡蓓瑛.幼儿园探索型主题活动案例100例[M].上海：上海科技教育出版社，2003.

[2] 黄艳云.幼儿园探索型主题活动的开发与实施[J].科技信息，2006（31）：249.

聚焦建构游戏，助推深度学习

——幼儿园建构游戏中深度学习的策略分析

王志萍（上海市浦东新区东波幼儿园）

户外建构游戏以其强大的实际操作性深受大班幼儿喜爱。幼儿在充满想象力与创造性的游戏中思考与行动并用。深思熟虑地制订主题计划，且行且思的丰富游戏过程，行思坐忆的回顾与分享游戏成果，在游戏进程中幼儿通过直接感知、实际操作（排列、组合、接插、镶嵌、拼搭、垒高等）、亲身体验的方式不断地尝试和探索，充分运用户外自然物和户外场地条件实现自己搭建的需求及愿望，与同伴自主分工、合作协商、自由选材，发现问题、解决问题，积累经验，不仅可以锻炼孩子们的动手能力和创造能力，也能提高他们团队合作意识和交流能力，感受到共同搭建的快乐和成就感。

《幼儿园教育指导纲要》明确指出："教师应善于发现幼儿感兴趣的事物、游戏和偶发事件中隐含的教育价值，把握时机，积极引导。"因此在幼儿建构的过程中，会遇到许多的困难，这时教师要进行观察、识别幼儿的游戏行为，正确判断幼儿在建构中的发展需求是适时等待，还是用恰当的方法进行有效的支持。

一、建构游戏中幼儿深度学习存在的问题及原因分析

了解幼儿是教育的基础，观察幼儿则是深入了解幼儿的基础。通过观察，教师能细致入微地通过幼儿的外部表现了解幼儿活动的状况、幼儿行为的特点、幼儿心理的水平。正如蒙台梭利所说——"唯有通过观察和分析才能真正了解孩子的内在需要和个别差异，以决定如何协调环境，并采取应有的态度来配合儿童成长的需要"。换言之，观察是了解幼儿的最佳途径，观察是对教师实施有效指导

的前提。

例如本学期我们大三班孩子们经过一个月的户外自主游戏，我发现孩子们虽然非常喜欢户外建构游戏，并且能运用一定的建构技能进行建构，但是还是存在了一些问题。户外建构游戏开始了，一个幼儿先选择了两块长方形的积木做了柱子，然后再拿个长的积木。搭了两层后，他选择了一块三角形的积木作为屋顶。不一会儿，他搭建了三幢房子，基本上是以组合、排列的方式搭建的。而其他幼儿仍然是自管自搭建，幼儿分别都搭建出了自己想要的造型，而有的幼儿搭建的房子基本上是一层楼高的房屋，以三角形为屋顶，是我上一次交流时搭建的方式。我暗示幼儿："怎么样能把你们的房子连起来呢？房子和房子之间还有什么呢？"有的说："有路。"有的说："还有树。"这时，我追问："请你们再选一种积木来铺路，把你们造的房子都合起来，像我们家的小区一样。"幼儿很快就动手了，分别找了圆形插塑的积木作为马路，而有的幼儿则是选择了一块圆形的塑料积木作为树。很快，孩子们的兴趣又开始高涨，区域内的建筑物也没有原先那么独立、凌乱。

从这个案例中，我发现大班的孩子在建构游戏中有以下几方面问题：

问题1：建构材料的单一性

这与建构游戏材料的单一投放也有关系，逐步投放建构材料的策略时间线过长，长时间孩子们对于单一建构材料失去了兴趣，教师要适时地关注到幼儿的游戏兴趣并积极调整材料的提供同时，也可以增加一些拼搭好的作品照片供幼儿参考。

问题2：建构水平的差异性

对于一些能力较弱的幼儿来说可以先看着一些拼搭好的实物图进行拼搭。同时，也增加了一些幼儿常见的建筑物照片。比如超市、幼儿园、滑滑梯、医院、我们生活的小区等。这些照片在提供前，可以事先通过谈话活动、家园互动实地参观等方式，带孩子去认识这些建筑，然后再投放进建构活动中，也随着孩子建构经验的丰富而不断调整。

问题3：建构协商的互动性

户外建构游戏能够极大地促进幼儿的人际交往能力、合作能力、个性化能力等。在进行户外建构游戏中，幼儿之间需要通过相互协商，并且有分工和合作才能完成任务。因此，通过户外建构游戏，可以让幼儿在行为上懂得如何与同伴交流、沟通合作。

二、游戏中，策略掌握，使深度学习真正发生

教师要了解儿童，基于儿童视角必须懂得把握幼儿的最近发展区。我们在观察幼儿游戏的时候，应该有意识关注幼儿的冲突。因为当要从持续出现采用同种方式操作某一种材料的时候，就要考虑它的最近发展区可能已经出现。教师应当考虑幼儿最近发展区的出现，积极与幼儿开展对话，及时了解幼儿出现干预行为的原因。通过增添新的游戏材料，提高或降低材料的操作难度，来促使幼儿游戏向更高阶段发展。

例如在户外建构游戏中，孩子们都在讨论着要搭建什么，有的说要搭建城堡，有的说要搭建游乐场，君君和小宇说要搭建篮球场。在建构游戏的开始环节，我提醒了小小建筑师这次搭建要把我们学到的垒高、架空、围合等建筑方法运用到今天的搭建上。君君和小宇还是搬起了厚厚的长方形的积木，这一次我看到他们把长方形积木竖着一个、横着一个地围成了一个半圆形，然后君君就跟小宇说："小宇，你去拿一个大的圆柱过来。"随后，我就看到君君把圆柱放到了厚厚的长方形积木的旁边，再拿了几块厚厚的长方形积木做成了篮球架。就在两个小朋友快围成一个长方形的篮球场地时，小宇说道："君君，我们需要留一个门，这样小朋友才可以进来。"只见君君跑去拿了一个拱形积木，要架在快要衔接成一个长方形篮球场的第一块积木和最后一块积木上面。但是拱形积木架在上面容易倒，两位小朋友又跑去拿了两块正方形积木来稳固住这块弧形积木，这样篮球场地就建好了。两位小朋友也开心地邀请其他人来篮球场打篮球。

教师在幼儿的户外建构游戏中，除了材料的提供者和环境的创设者，更是活动过程的支持者、合作者。幼儿在游戏时更加倾向于低结构化的游戏材料，并且在户外大环境下，会更加频繁地与同伴发生互动与合作。建构区的大型积木和自然的材料可以相互融合，让空间建构有了更多的可能性与趣味性。

三、游戏后，体系建构，使深度学习走向纵深

1. 聚焦材料投放，强化建构认知，提高思维品质

在幼儿进行户外建构游戏的过程中，教师要想实施高质量的师幼互动，不妨化身为材料的提供者，教师全程观察和记录的幼儿的游戏过程、遇到的问题，在

适宜的时候，给幼儿提供丰富、恰当的材料，依托材料，给予幼儿思维启发，促进幼儿创新思考，创造性地猜想、尝试、动手探索，不断探寻到适宜的材料，也不断发现解决问题的方案，逐步解决问题。依托材料的持续、多样化提供，为幼儿创造了与教师主动互动的机会，幼儿与材料互动、与他人互动的过程中，主动性与积极性、坚持性、创造、反思等学习品质，得到了逐步的发展与提升。

例如在最近的户外建构活动中，我发现孩子们已经不满足只运用碳化积木进行搭建，所以通过家园互动收集了一些箱子、牛奶盒、薯片罐等废旧材料。在户外建构活动前，我会和孩子们先分享他们带来的辅助材料，孩子们兴趣很高涨。但是，我没有刻意和孩子介绍这些新辅助材料应该怎么用。活动开始了，孩子们各自从积木中选择了自己喜欢的积木开始拼搭。琪琪先选择了长方体的积木，并将积木横着放在桌子上。又去拿了一个半圆形的盒子，很快她将半圆形的盒子也堆在了拱形积木上，并高兴地对我说："王老师，你看，我的房子造好了。"我追问："你搭的是什么房子呢？"琪琪说："是超市。"一旁的子墨手里拿着牛奶盒，并将两块积木撑了起来。我问道："你搭的是什么？"子墨低着头没有回答。而其他三名幼儿则是坐在一旁很开心地玩着。游戏结束后，孩子很快地将积木整理好。

在交流分享时，我着重介绍了这些辅助材料，让每个幼儿自由想象、大胆表达。我先拿了两个牛奶盒说："我想要造房子，这个牛奶盒可以做什么呢？"大部分幼儿都举手了，然后孩子们一下子发散了思维，纷纷说道三角形的巧克力盒可以做屋顶，半圆形的盒子可以做拱门……在之后的户外建构游戏中，孩子们充分利用了辅助材料和积木进行了有效整合，搭建的场景更丰富了。

从以上案例中可以发现孩子在游戏中的状态体现出他们其实在建构的经验上

是很缺乏的，起初他们并不了解这些辅助材料和积木该如何组合、拼搭，只是根据自己的已有经验在玩。并没有在游戏活动中学到什么。同时，孩子之间没有交流、没有合作，整个区域的环境创设对孩子拼搭的启发也不多。幼儿完全是根据自己的已有经验在尝试建构。教师要充分利用分享交流的时机，组织幼儿集体讨论，进一步提升幼儿的游戏经验，为幼儿之后再次开展建构游戏做好经验准备。同时，也可以让建构能力强的幼儿引导部分建构能力弱的幼儿，鼓励幼儿在建构游戏中合作交往、共同搭建，并在分享交流时及时给予其肯定和鼓励。

2. 支持制作计划书，促进经验学习，建构知识体系

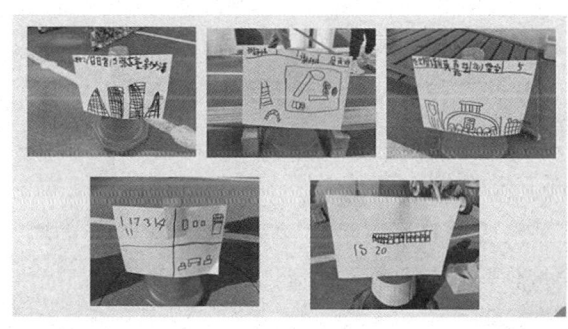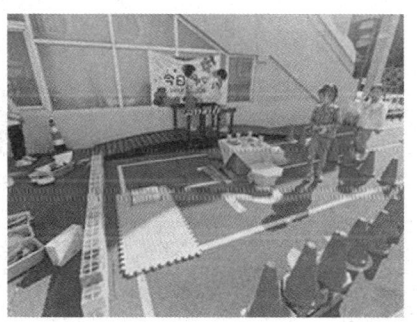

同伴是幼儿学习和生活的重要他人，由于人际关系的平等性，同伴相处往往能更好地维护轻松的活动氛围；由于认知水平的相似性和生活经验的差异性，同伴相处往往能给予更加适切的启发。因此，在户外建构游戏中，教师要退后，并鼓励幼儿之间的双向互动，他们不仅会自学，而且会合作学，不仅会创造成果，而且会与人共享成果。在建构游戏中，教师要根据幼儿游戏行为分析本次活动的难度因素，以及可能出现的问题。因为问题会引起认知上的冲突和不同的看法，也会产生不同的解决问题的方法，助推孩子们为了解决问题而去协商、配合、互助，促进双向互动的产生。

经过几次材料的调整和丰富，孩子们建构的能力已经有了很大的进步，可是孩子们也发现了一个问题就是每次搭建出来的和他们想象的还是有差距，于是，我们在班级开展大讨论怎么让我们搭建得更好更快，孩子们讨论出可以画出设计图。

例如有一天在户外建构游戏中，奕奕就自己设计了一个建构计划表，来到了户外建构区，奕奕今天的任务是搭建东波小学，奕奕召唤了几名小伙伴和他一起

来完成今天的任务,奕奕先让小伙伴们围在一起说:"今天我们要来搭建东波小学,小学要有教室、桌子、椅子、灯泡、围墙、操场。你们两个用彩色小积木捆成小正方形作为灯泡,你们三个去搭建教室、桌子、椅子,我们几个来搭操场和学校围墙,怎么样?"其他的孩子都点点头表示赞同,他们各负其责,完成着自己的任务。

从以上案例可以看出奕奕做事情有条不紊,具有较强的号召力,他在整个分工的过程中,运用平铺、围合、垒高、架空等搭建技巧完成本次搭建任务。大班幼儿已经具有一定的独立建造能力,掌握了一定的搭建技巧,会使用辅助材料,能进行一定的设想和规划,能通过分工、合作完成一件较为复杂的工程。

作为教师为了更好地提高幼儿的建构能力和建构兴趣,我们可以在建构游戏中为孩子提供纸、笔、橡皮、尺子,让幼儿在搭建前先进行设计,孩子们可以更有目的知道自己要搭建的样式以及需要用到的搭建技巧,便于幼儿更快地决定方向。不仅如此,还可以丰富建构区的辅助材料,让孩子用多材料进行搭建,为丰富搭建的校园,也可以将孩子的作品拍成照片,在建构区墙面设置一个作品墙,将好的作品贴在照片墙上,既可以让孩子们有成功的体验,也可为后续活动提供经验。

3. 鼓励同伴合作,促进计划与分工,提高交往合作意识

在建构游戏中,要想搭建一个大的游戏作品时,就需要组建小团队进行分工合作,有的人就要去搬积木,有的人就要负责搭建积木,这样的工程需要团体之间相互协商、交流、合作完成。合作能力是幼儿在成长阶段必须掌握的基本能力,而建构游戏能够很好地培养幼儿的社会交往能力以及合作能力。

例如在搭建篮球场的过程中,小宇在君君快要把篮球场围合在一起的时候,及时提出自己的观点要给篮球场留一个门。君君也非常配合地拿出了拱形的积木,并解决了大门需要加固的问题。两名小朋友在合作中有自己的主张和见解,并耐心地倾听和尊重对方的意见,这无形中也提升了幼儿的合作水平,促进其社会性发展。

在活动中教师退后并非放任,更不是不作为,而是把解决问题的机会留给幼儿,把互动碰撞的创造性空间留给幼儿和他的同伴们。教师要注重幼儿在户外建构游戏的互动性,鼓励幼儿间的切磋交流、互动讨论,产生言语情感的互动,肢体行为的互动,从而不断迸发智慧的火种,点燃创新的火花。幼儿好奇心强,想象大胆,在他们充满童真与稚气的想法中,创造性表达的灵感若隐若现。

幼儿教育是唤醒儿童的教育，要做到基于儿童的视角，教师必须要学会摒弃自己视角，去倾听幼儿平等对话，深入到游戏背后来了解幼儿的本质诉求，在幼儿进行户外游戏时更多关注幼儿的真实需要，从而通过场地的选择、材料的投放、空间的设置，以及教育契机的捕捉来实现幼儿的最终发展。

　　综上所述，户外建构游戏实施过程中，教师需要转变为材料提供者，与幼儿无声地互动，也激励幼儿主动与教师互动；或转变为思维点拨者，与幼儿进行思维互动；或转变为情感激励者，关注幼儿积极情感与自信心的培养。从多角度角色入手，教师重新定位角色，做好支持、引导、启发与激励，促进幼儿在户外建构游戏中，持续、深入、创造性地玩游戏，培养幼儿良好的学习品质，促进幼儿稳步发展。

　　游戏是孩子与生俱来的学习方式，是孩子们学习和获得知识经验的重要途径，通过教师在户外建构游戏，基于儿童的视角观察解读幼儿游戏行为，并选择适宜的方式进行支持，使幼儿在户外建构游戏中提高参与社会活动的愿望，尽可能帮助他们积累社会生活的经验，最终促进幼儿个性与能力的发展。

儿童视角下大班幼儿户外游戏同伴关系研究

——基于马赛克方法

丁 蔚（上海市浦东新区东方幼儿园）

幼儿园教育的持续进步使得学前教育者对户外游戏的重视程度日益提升。在此背景下，教师们越发意识到户外游戏环境对幼儿发展的重要意义，其中游戏同伴的作用尤为关键。在户外游戏中，儿童通过与同伴的互动，在社交技能、情感支持、角色模仿与学习等方面得到一定发展。那么在户外游戏中，儿童是怎么看待游戏同伴的呢？和教师视角下的一样吗？基于此，研究者对大班儿童开展研究，考察大班儿童在户外游戏同伴方面的真实看法，以此为其他幼儿园教育工作者提供"儿童视角"的启示。

一、研究方法与过程

本研究随机选取D园大班30名儿童为研究对象，其中男、女各15名。采用马赛克方法中的儿童绘画法与访谈法，从儿童视角探究户外游戏中的同伴互动。本研究中的户外游戏同伴是指在户外游戏中，儿童所涉及的各种合作和互动关系。马赛克方法是一种以儿童为中心的多模态研究方法，强调通过多种方式让儿童表达自身观点，确保研究结果贴近儿童的真实体验。

（1）儿童绘画法

研究者提前准备白纸与彩笔，引导儿童围绕"我喜欢的户外游戏"主题进行自由创作。研究者应让儿童自由发挥，教师不给儿童任何指导和干扰。绘画结束后，将绘画作品回收并进行编码保存，以供访谈时能够对应儿童。

（2）访谈法

本研究采用半结构式一对一的访谈方式，主要分为两个部分：第一，针对儿童的绘画作品进行访谈，了解儿童绘画作品的深层含义；第二，采用研究者编制的访谈提纲进行访谈，围绕"户外游戏你喜欢自己玩还是和小朋友一起玩""在户外游戏的时候，你喜欢教师做什么"等问题展开，目的是比较全面系统地了解儿童对户外游戏同伴有关内容的看法。研究者将访谈内容进行录音保存，以便后续转录成文字进行分析。

为了保护儿童的隐私，对参与研究者也进行了编码。首先对儿童性别进行编码，设定男孩为M，女孩为F；其次根据参与访谈的顺序，将男孩按照1—15，女孩按照1—15进行编码。绘画作品编码为A，访谈资料编码为B。例如第一个进行访谈的男孩的绘画资料编码为"M1-A"。本研究采用了Nvivo12质性分析软件，对收集到的原始资料进行了分析和处理。

二、研究结果与讨论

通过对访谈数据和绘画作品的分析，归纳出大班儿童在户外游戏中涉及的游戏同伴关系包含以下三种关系：与教师、与同龄朋友以及自身之间的互动。从结果分析，可以发现大班儿童在户外游戏中对这三类同伴关系的不同情况。在儿童的世界里，同龄朋友扮演着至关重要的角色，他们特别重视与好朋友共同参与游戏和竞赛等活动，这突显了同龄伙伴在共同创造游戏乐趣中的核心作用。此外，儿童也强调了与自我互动的重要性，这体现了他们在户外游戏环境中的积极性和独立性，以及他们在户外游戏中的个人体验。教师作为游戏伙伴所获得的关注较少，但许多儿童表达了希望教师能帮助他们拍照记录和共同游戏的愿望，这说明教师可以为儿童提供支持和指导，从而增强他们的游戏体验。接下来，研究者将从三方面分别进行阐述。

（一）同龄朋友——关键的游戏伙伴

在大班儿童的户外游戏中，同龄朋友扮演着至关重要的角色。这种同伴间的联系不仅是他们游戏活动的中心，也是培养他们积极社交行为的关键因素。在访谈中，当被问及"在户外游戏的时候，你喜欢自己玩还是和小朋友一起玩"时，高达93%的儿童选择喜欢与小朋友一起玩，说明绝大多数儿童更偏好在户外游戏

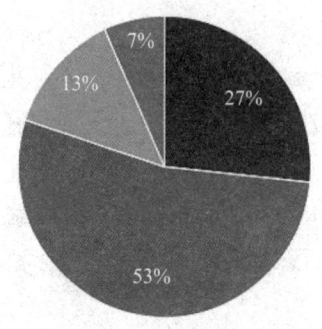

图1 与同龄朋友之间的互动形式

图2 "和朋友做花环"（F6-A）

图3 "我设计的闯关比赛"（M2-A）

中与同龄朋友共同游戏。而至于为什么喜欢和小朋友一起玩，儿童的理由是多样的，研究者根据问题"你喜欢和小朋友一起做些什么"以及在绘画作品的访谈中儿童提到关于同龄朋友的回答，将儿童与同龄朋友之间的互动形式分为竞争、合作、分享和支持四类，并进行统计（图1），从而深入了解同龄朋友在大班儿童户外游戏中扮演的角色。

1. 合作

根据数据分析，有53%的儿童喜欢在户外游戏中与同龄朋友采取合作的互动形式，这是一种非常重要的关系形式。"我喜欢和小朋友一起玩火锅店的游戏，我们可以一起做火锅，吃火锅。"（F8-B）"我喜欢和我的好朋友一起做石头掉进管道的小实验，我觉得很有意思。"（F10-B）"这是我画的我和我的好朋友们在一起做花环。"（F6-A）这显示了大多数儿童更倾向于和同龄朋友合作进行某项活动、共同创造游戏场景，强调集体的游戏体验。

2. 竞争

有27%的儿童表达了在户外游戏中与同龄朋友保持竞争性互动的喜好。比如比赛搭房子、比赛跑步等，这些游戏都涉及技能、速度或创造力等方面的竞争，其中提到最多的关键词为"比赛"。例如"我喜欢和我的朋友一起玩踢足球，我们还比赛谁进球进得多。"（M8-B）"我设计的是一个闯关游戏，小朋友从这里的起点出发，要开车经过这扇门然后可以在这里玩积木，再下去是要划船到达终点，他们可以比赛看谁先到终点。"（M2-A）这表明这些儿童希望通过竞争来激发兴趣、增加游戏的趣味性。

而大班儿童的竞争意识较强，在这些竞争性游戏中，大班儿童可能表现出一种对胜利的渴望和对竞争对手的关注。这种意识有助于他们理解赢得比赛的重要性，同时也培养了对于胜负情绪的处理能力。

3. 分享

有13%的儿童将分享作为他们在户外游戏中与同龄朋友的一种互动方式。在游戏中，他们分享玩具、游戏策略，甚至是自己的经验。通过分享，儿童们建立了一种良好的互助互补关系。"这是我画的我和好朋友们在一起玩子弹玩具，然后我们用子弹玩具一起搭一些武器，然后我把我的枪给芒果玩，芒果把他的导弹给了我。"（M7-A）这

图4 "和朋友分享子弹玩具"（M7-A）

体现了一种对游戏材料资源共享的观念，"我喜欢和肉肉一起在草地上画画，然后我们再一起聊天，说说自己画的是什么东西。"（F11-B）这体现出分享不仅仅是物质层面的，还包括游戏中想法和思路的分享。总之，儿童在户外游戏中的分享行为反映了他们对友善和互助的重视。

4. 支持

"支持"这部分被提及的占比较少，为7%。从访谈中，研究者发现大班儿童在户外游戏中与同龄朋友的互动关系表现为支持的主要内容包括在游戏中给予鼓励、帮助解决问题，以及提供情感上的支持等。有儿童在访谈时主动与研究者分享"我喜欢和年糕一起玩碳化积木，因为他总是教我把房子搭得更高，他有很多好办法。"（F3-B）其通过同伴帮助自己解决问题来表示支持。"我喜欢和安迪一起玩，因为他总是夸我搭的很棒。"（M15-B）这表明这些儿童更关注通过互相鼓励和支持来建立积极的同伴关系。

综上，研究结果表明在户外游戏中，儿童与同龄朋友的互动呈现合作、竞争、分享和支持形式。在合作互动中，儿童不仅培养了集体协作和团队精神，还促进了社交技能的发展。儿童学会倾听他人意见、共同制定游戏规则，这有助于培养他们的沟通能力和团队合作意识。同时，通过与同伴相互协助完成任务，儿童在认知和动手能力上也得到了提升。在竞争性互动中，儿童培养了一定的竞争意识和对胜负的理解。参与比赛性游戏可以激发儿童的兴趣，提高他们的注意力和反应速度。通过竞争，儿童学会了面对胜利和失败，培养了应对

各种情绪的能力，如喜悦、挫折等。在分享互动中，儿童通过共享游戏材料、游戏策略和经验，建立了友好的互助互补关系。这有助于培养他们的社交技能、情感管理和人际关系。通过分享，儿童能够感受到友谊和亲近，同时学会尊重他人的意愿和分享的重要性。在支持互动中，儿童通过鼓励、帮助解决问题，以及提供情感上的支持，构建了积极的同伴关系。这有助于培养他们的情感智慧、同理心和团队协作精神。通过相互支持，儿童能够建立信任感，增强彼此间的友谊。

（二）自己——个体经历的塑造者

在大班儿童的户外游戏中，自身的参与和体验对于他们来说也具有重要的意义。首先，儿童在户外游戏中表现出一定的主动性和自主性。他们通过选择自己喜欢的活动，展现了在户外游戏过程中的主动参与。例如对于"你喜欢的游戏场地""你最喜欢的游戏材料"，不同儿童有着不同的选择和想法，这些个体化的差异体现了他们在游戏中追求自主性的意愿。其次，有些儿童在户外游戏中追求个体游戏的乐趣。例如："我喜欢自己一个人玩，因为这样就没有人和我抢玩具，我可以玩很多的玩具"（F2-B）"这是我画的我自己一个人在玩荡秋千，我觉得这样很快乐。"（F3-A）、"这是我设计的一个花园，我在浇花，这里的花长得很漂亮。"（F10-A）从他们的绘画作品中可以看出，他们在个体活动中保持着愉悦的情绪。这种自我参与的游戏经历既体现出大班儿童的独立性，还显示了他们在户外游戏中追求个体乐趣的愿望。

图5 "自己荡秋千"（F3-A）

图6 "我在花园里"（F10-A）

研究结果显示，93%的儿童在绘画作品中出现了"我自己"，并且他们在绘画作品中，普遍都将自己描绘得更加突出，占据着画面的主导位置，展现了对自我的关注。在访谈中，儿童在回答问题时也更多地聚焦在自己身上，表达了个人偏好、喜好、活动内容和需求等。儿童也常常表达自己的观点和意愿，对物品的喜爱或厌恶都是基于个人的立场。他们习惯用"我觉得""我想""我不喜欢"等词语来充分表达自己的想法。这也表示，儿童渴望在户外游戏环境中成为主导者，对游戏材料和内容有着自己的态度和自主选择的权利。

儿童重视"自己"在环境中的体验，能够从多个角度来分析。首先，大班儿童正处于自我意识逐渐形成的阶段，在这个阶段，他们开始意识到自己是一个独立的个体，并且开始探索自我、建构自我形象。因此，他们更加关注自己的感受、需求和想法，希望通过自我表达来确认自己的存在和价值。其次，儿童在户外游戏中重视自己的体验还体现了其自主性和主动性。户外游戏环境提供了更多的探索和自由活动的机会，使儿童能够根据自己的兴趣和喜好选择活动内容和参与方式。他们通过自己的体验来探索世界、认知自我，进而塑造自己的个性和价值观。此外，教育学上也认为，重视自己的体验可以激发儿童的学习动机和积极性。当儿童感受到自己在游戏中的重要性和自主选择的权利时，他们会更加投入到活动中，积极参与并且享受其中。

（三）教师——支持与陪伴的角色

在大班儿童的户外游戏中，教师虽然在同伴关系中的关注度相对较低，但其作为支持与陪伴者的角色仍然对儿童的游戏体验产生积极的影响。

在访谈中，一些儿童明确表达了对教师积极参与户外游戏的期望。研究者对儿童关于"在户外游戏的时候，你喜欢教师做些什么事情"以及"不喜欢教师做些什么事情"的回答做了分析统计（如图7），并将从以下两方面展开论述：

1. 期望教师做的事——陪同玩耍、拍照记录

根据结果可以发现，有30%的儿童希望教师能够陪同玩耍，这反映了儿童对教师参与游戏、与他们一起体验乐趣的期望。在"我最喜爱的户外游

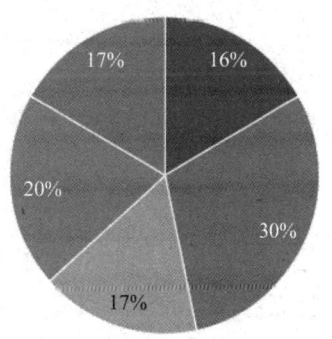

图7 "儿童期望教师做的事"统计结果

图8 "和教师荡秋千"（F14-A）

戏"绘画作品中，有儿童这样描述："我画的有滑梯，我和教师一起荡秋千，蹦床在下面，还有滑梯，还有草地。"（F5-A）另外有一部分儿童表达了希望教师帮忙拍照分享的意愿："我想要教师帮我们拍照，然后发在群里给爸爸妈妈看我们在学校里干什么。"（F4-B）这表明儿童希望通过照片记录游戏中的美好瞬间，并与家人分享。还有不少儿童提到希望教师在游戏中观察他们是否有危险，并在必要时提供保护，这显示了他们对安全的关注。

2. 不期望教师做的事——打扰、批评

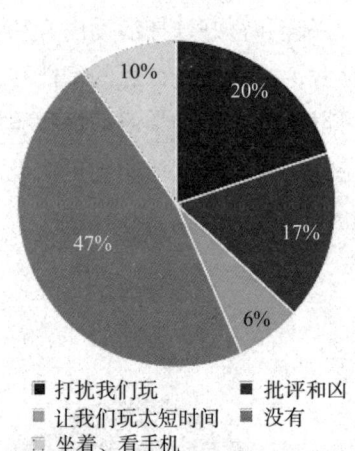

图9 "儿童不期望教师做的事"统计结果

从结果可以看出约一半的儿童对"不期望教师做的事"表示没有，这表明他们对教师的参与没有具体的不喜欢。研究者认为，首先，这部分儿童对教师的期望较为中立，或他们认为教师在户外游戏中没有明显的负面行为。其次，有20%的儿童表示不喜欢教师打扰他们的游戏。这可能是因为他们希望在游戏中有自主性，不希望被过度干预。最后，17%的儿童反映出对教师的负面情绪的不喜欢，如批评和凶，表明他们希望在游戏中保持积极的氛围，不想受到来自教师给予的过度的负面影响。

以上研究结果显示，虽然儿童很少主动提及在户外游戏中与教师的互动，但是大多数儿童都提出了对教师的期待和需要。通过对在户外游戏中"儿童期望教师做的事"的深入研究，结果详细揭示了儿童对教师在户外游戏中所扮演角色的多重期望。儿童期望教师在户外游戏中不仅是支持者，鼓励他们尝试新的游戏活动，提供积极的反馈，激发他们的兴趣和自信心，而且还期望教师是记录者，记录下他们在户外游戏中的创意构建或有趣瞬间，以便日后一起回顾和分享，这种记录让儿童感受到被重视和认可。此外，教师还需扮演保护者的角色，在户外游戏环境中提供安全的游戏环境，关注可能存在的危险，并在必要时进行适当的引导和干预，使儿童感到安全和放心。最后，儿童还期望教师是陪伴者，能够与他们一同参与游戏，分享快乐时光。这些角色并非孤立存在，而是相互交织，共同构成了教师在户外游戏中的关键角色。通过综合运用这些角色，教师能够满足儿童在游戏中的心理需求，促进其全面而健康的成长。

同时，我们也对在户外游戏中"儿童不期望教师做的事"进行了研究，发现了一些教师存在的负面行为，这些行为往往会引起儿童的反感。例如当教师采用批评的方式对儿童进行指导或评价时，儿童会感到受挫和不快，他们更希望教师能够采用鼓励和积极反馈的方式来引导他们。此外，有些教师为了拍摄视频，会"指使"儿童完成指令，而这些指令并非儿童真正想做的，这种过于干预或打扰儿童活动的行为，也会让儿童感到不满。

综上，教师在户外游戏中的角色扮演对儿童的游戏体验和成长至关重要。为了满足儿童的需求，促进他们的健康成长，教师应当积极扮演支持者、记录者、保护者和陪伴者的角色，并避免使用批评、打扰等负面行为。

通过研究，我们了解了儿童对户外游戏同伴关系的真实看法，儿童在户外游戏中的自我体验、与同龄朋友的互动以及教师的支持与陪伴都对其成长和发展产生着重要影响。教育者应该尊重儿童的自主性和主动性，关注他们的社交和安全需求，从而为儿童创造一个更加健康的户外游戏环境。

以"幼"为先，小班自我服务角创设路径探索

陆丹凤（上海市浦东新区东方德尚幼儿园）

一、引言

基于"幼儿发展优先"理念的幼儿生活环境创设路径探索至关重要，它强调以幼儿为中心，根据幼儿的发展需求和特点，创设适宜的生活环境。这种探索不仅能促进幼儿身心健康，还能激发其学习兴趣和创造力，支持其社会性发展。同时，在探索中也有助于形成独特的班级文化，彰显教育特色，提升教育质量。此外，它还能加强家园共育，促进家长与幼儿园的紧密合作，共同为幼儿的全面发展贡献力量。因此，幼儿生活环境创设路径探索是践行"幼儿发展优先"理念的重要举措，能为幼儿提供更加优质、适宜的成长环境。

本文旨在以小班自我服务角为具体案例，深入剖析在"幼儿发展优先"这一核心理念指导下，创设小班自我服务角的必要性和实施路径，有针对性地归纳并提炼出在小班自我服务角创设过程中应遵循的基本原则与有效策略，以期为促进幼儿自我服务意识的提升及生活自理能力的培养提供实践指导与理论支撑。

二、基于"幼儿发展优先"理念下小班自我服务角创设实践

（一）创设缘由

9月刚开学的气温还比较高，加之小班幼儿的皮肤娇嫩，在进行户外体育锻炼时，很多幼儿都跑来对我说："老师，我这里被蚊子咬了个块。""老师，我好热啊，我不想运动了。"于是，考虑到每个幼儿皮肤敏感度不同，我们向家长收

集了幼儿在家常用的驱蚊液和防晒霜。但是在实际操作中发现，每天运动前由老师逐个为幼儿喷驱蚊液、涂抹防晒霜过于费时，因此我们决定在教室里为幼儿创设自我服务角，幼儿可以根据自身的需求进行自我服务，逐步提高自我服务意识和生活自理能力。

（二）创设路径探索

1. 第一次创设（2024年9月11日）

刚开始，我将自我服务角设置在午睡室入口处，旨在方便女宝宝在午睡前将发夹、发绳等个人物品存放于贴有个人照片的专属小抽屉中，避免午睡结束后混淆。

（1）教师反思

①区域空间狭窄，存在一定的安全隐患

我们班共有12名女宝宝，她们均习惯于扎发或佩戴发夹，且部分幼儿的发型使用了较多的发绳，导致在摘除时速度较慢，耗时较长。同时，午睡室入口处空间狭小，若所有女宝宝均在此处聚集摘除发饰，极易造成拥挤、推搡等现象，进而引发安全隐患。

②缺乏记录，难以针对个体进行提醒

通过对幼儿连续几天的观察发现，每天运动前总有个别幼儿会忘记喷驱蚊液、涂抹防晒霜，但是由于缺乏有效的记录机制，所以教师难以针对个体进行及时提醒。

（2）调整策略

①调整位置，规避安全风险

将原先创设于午睡室入口处的自我服务角迁移至盥洗室门口，此举有效扩大了活动空间，消除了拥挤现象。

②增加记录，提高积极性

考虑到小班幼儿的年龄特点，增加了"打卡"这一趣味小任务，幼儿在为自我服务好后，可以将自己的照片贴到打卡墙上，通过同伴监督、教师提醒的方式来进行个别提醒。通过

图1　打卡墙

连续几天的观察，发现幼儿遗忘自我服务任务的次数显著下降。即便在个别情况下有幼儿未能及时完成，其同伴也会主动给予提醒，形成了积极的相互督促氛围。这一改善不仅体现了环境调整的有效性，也彰显了同伴间互动在促进幼儿自我服务意识提升中的重要作用。

2. 第二次创设（2024年9月18日）

在调整了自我服务角的位置以及增加了"打卡"趣味任务后，我们还投放了录音盒及iPad设备，幼儿能够跟随视频中的同伴示范，学习如何擦鼻涕、涂抹护肤品及梳理头发等日常技能。此外，我们还创新性地记录了幼儿在日常自我服务中的精彩瞬间，并将这些照片与视频转化为二维码形式，张贴于班级自我服务角内。幼儿通过使用公用手机扫描二维码，即可轻松浏览同伴们的"朋友圈"，看看大家平日里的自我服务行为。

调整策略：

（1）利用多媒体信息技术，增加趣味性

除了确保提供数量充裕且种类多样的生活用品外，我们还采取了多元化手段以强化幼儿自我服务意识的提升。鉴于小班幼儿对直观信息更为偏好，相较于静态图示，我们还特别引入了动态视频与录音资源。

（2）创设"朋友圈"，促进相互学习

这一创新举措极大地丰富了班级自我服务角的功能，通过记录并展示幼儿在日常自我服务中的精彩瞬间，不仅激发了幼儿们的学习兴趣和参与度，还促进了他们之间的相互学习和模仿。将照片与视频转化为二维码形式，方便幼儿随时

图2 二维码"朋友圈"

图3 班级自我服务角

查看，增强了互动性和趣味性。这一做法有助于培养幼儿的观察力和自我服务能力，同时也为教师提供了更多了解幼儿、指导幼儿的机会，对提升班级整体自我服务水平具有积极作用。

三、基于"幼儿发展优先"理念下小班自我服务角创设路径心得

从初次创设空间狭小、缺乏记录，到二次创设充满趣味、激发幼儿参与，我深刻体会到合适的创设路径探索对幼儿自我服务行为的重要性。通过优化空间布局、引入记录元素，幼儿对自我服务的兴趣显著提升，参与度也随之增强。对此我有以下几点心得：

（一）安全性与适宜性相结合

1. 安全保障

在创设小班幼儿的自我服务角时，首要考虑的是幼儿的安全。由于小班幼儿年龄尚小，他们的安全意识相对薄弱，因此，确保所有材料、设施的安全无害是至关重要的。我们要选择无尖锐边角、无细小可吞咽物品的材料和设施，同时，空间的选择也要合理，确保地方宽敞，避免幼儿在活动过程中发生碰撞或摔倒。

2. 适宜性选择

除了安全原则外，我们还要根据小班幼儿的年龄特点和能力水平来提供适宜的自我服务工具和材料。例如可以提供一些简单的折叠衣物、整理鞋子的工具，这些活动既能锻炼幼儿的生活自理能力，又不会过于复杂，适合他们的能力水平。而对于需要更精细手部动作的自我服务行为，如修剪指甲，则更适合大班幼儿进行，以确保小班幼儿在自我服务过程中既能得到锻炼，又能保证安全。

（二）趣味性与实用性相结合

1. 趣味性激发兴趣

创设富有童趣的环境对于激发小班幼儿参与自我服务活动的兴趣至关重要。如在"打卡墙"上设置有不同自我服务项目的打卡区域，每当幼儿完成一项自我服务任务，就可以在对应的区域进行打卡，记录自己的成长和进步。这种可视化的成就展示能够激发幼儿的自豪感和成就感，进一步促使他们积极参与自我服务活动。"朋友圈"则可以是一个模拟的社交区域，设置一些可爱的卡通形象作为

"朋友"，并配备相应的道具和背景。幼儿可以在这里扫一扫二维码，模仿成年人的社交行为，通过这种模拟社交的方式，幼儿不仅可以提升自我服务能力，还能培养社交技能和情感表达能力。

2. 实用性满足需求

创设自我服务角的最根本目的，在于满足幼儿日常生活的实际需求，让他们在实践中掌握基本的生活技能。在创设初期，我们除了关注幼儿最基本的生活技能，如穿衣、吃饭、洗手等，还特别注重倾听幼儿的声音，了解他们对自我服务的认知和需求。为此，我们组织幼儿一起讨论，让他们自由表达自己对自我服务的理解。在幼儿的积极参与下，我们梳理出了一系列与幼儿日常生活紧密相关的自我服务项目，如擦嘴、擦汗、防晒、驱蚊、防干燥等。这些项目的确定，不仅体现了对幼儿需求的尊重，也丰富了自我服务角的内容。

在真实情境中，幼儿通过亲自动手操作，将这些基本生活技能与实际应用相结合，不仅提高了他们的生活自理能力，还增强了他们的自信心和独立性。这样的自我服务角，真正成为幼儿学习、成长和展示自我的重要场所。

（三）多媒体信息技术相结合原则

1. 电子设备添新彩

在小班自我服务角的创设中，除了传统的实物照片、幼儿表征和教师绘画图示外，还融入了多种电子设备，如录音磁带、iPad、手机等，这些无疑为环境创设增添了新的活力与可能性。这些电子设备的投放，不仅丰富了自我服务角的学习资源，还从听觉和视觉两方面为幼儿提供了更为多元、生动的自我服务意识培养途径。

2. 多元媒介助成长

录音磁带可以录制教师的示范讲解、幼儿的自我服务过程或相关的生活自理儿歌，让幼儿在反复聆听中模仿学习，提高生活技能。iPad和手机则可以作为互动学习的工具，通过专门的幼儿教育软件或App，让幼儿在动手操作中掌握自我服务的技巧，如通过触屏游戏学习穿衣、系鞋带等。

（四）家园共育原则

1. 了解幼儿情况

在创设班级自我服务角的过程中，我们充分考虑到了幼儿皮肤敏感度的差异性。为了确保每个幼儿都能在安全、舒适的环境中进行自我服务，我们通过问卷星的方式，在班级群中向家长了解了幼儿皮肤敏感情况。通过家长的反馈，我们得知有个别孩子皮肤比较敏感，需要使用自己专门用的驱蚊液和面霜。于是，我们请家长为幼儿带来他们常用的这些物品，以确保幼儿在自我服务过程中不会受到皮肤刺激。

2. 双向沟通与合作

同时，我们还注重将幼儿在自我服务角中的照片和视频及时反馈给家长，让家长了解幼儿在园中的表现和进步。我们倡导家长在家中也给予幼儿自我服务的机会，让幼儿在家中也能继续锻炼和提高生活自理能力。通过家园共育的方式，我们共同为幼儿的成长和发展贡献力量。

四、结语

综上所述，秉承"幼儿发展优先"理念，幼儿生活环境的园本化探索显得尤为关键。对于小班幼儿而言，在班级中精心创设一个适宜的自我服务角，是提升其自我服务意识、培养生活自理能力的有效且重要途径。

亲子"家"油站，健康快乐伴

——小班幼儿亲子运动初探

江旭芸（上海市浦东新区航津幼儿园）

  幼儿的日常活动地点除了幼儿园，家庭也是占据大部分时间的生活场所。《3—6岁儿童学习与发展指南》中提到："为有效促进幼儿身心健康发展，成人应为幼儿提供合理均衡的营养，保证充足的睡眠和适宜的锻炼，满足幼儿生长发育的需要。"可见适当的运动能够有利于身体健康，有效地提升自身免疫力。特别是在换季、传染病高发季节，幼儿的身体免疫系统正处于不成熟的发展阶段，相比起成人，幼儿的免疫力是很薄弱的，更需要定期进行一定的运动来增强体质。

  我们在了解幼儿与家长当前需求的基础上，开展以"小班幼儿家庭亲子运动"为主题的年级组研讨活动。各班通过线上、线下指导交流的方式引导家长在家庭环境中对幼儿开展科学、适度的同时不乏童趣的运动，充分调动幼儿运动的积极性，从而改善幼儿在家中依赖电子设备、久坐少动的生活习惯，在保障运动量的同时，提高自身免疫力、建立健康的生活方式。

一、关注亲子运动的各类问题与困惑

（一）了解幼儿，开展调研

  小班幼儿身体处于迅速发展时期，而动作发展又是其重要标志。他们身体和手的动作已经比较自如，可以掌握各种粗动作和一些精细动作。通过问卷星、家访、约谈等方式，了解到幼儿在家运动中的问题：1. 小班幼儿特别好动爱玩，喜欢与家人互动游戏，可是对感兴趣的游戏兴趣专注力时间比较短，很快会对在玩的运动游戏失去兴趣；2.有时也会出现因为睡懒觉、看动画片而错过了运动时间，导致一天缺少运动。对于这些情况家长表示很困惑：1.幼儿在家不爱运动；2.运动兴趣不高；3.运动时间不长等。结合关于学前教育专业性的考虑，在家庭这样一个有限的环境中，开展孩子们喜欢的运动对家长们而言是存在难度的。所以通过梳理家长们的问题与困惑，有针对性地解决家长们的困惑，通过家园互动给予家长支持。

（二）梳理困惑，解读需求

为了更高效、更有针对性地开展家庭亲子运动，首先要了解我班幼儿的家长们在家中开展亲子运动后产生的问题以及所遇到的困难。为此我们采取了以约谈和问卷采集为主的一系列方法来详细调查幼儿在家运动的实际情况，将我班家长们的困惑归纳为以下三个方面：材料空间有限、游戏玩法单一、运动时间随意。

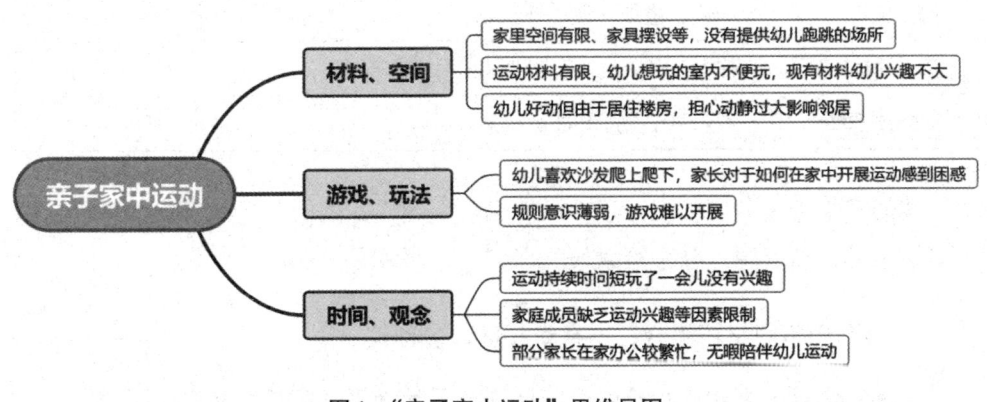

图1 "亲子家中运动"思维导图

二、探索在家亲子运动的多种策略

在一段时间的家园互动后，家长们都了解到在忙碌的工作学习之余适当的锻炼，对保持家庭成员健康的生活方式，提高自身免疫力至关重要。同时，家长们也知道开展在家锻炼要切合实际，尤其要根据幼儿阶段自身的生长发育特点，遵守适度运动提高免疫力的原则。家长们开始利用家庭现有环境、因地制宜，指导幼儿定期开展适宜的运动，鼓励幼儿积极参加形式多样、内容丰富、趣味性强的家庭体育运动，让幼儿愉快地玩耍、积极地运动，稳定情绪，养成健康的生活习惯。

（一）选择适宜运动内容，提升幼儿运动兴趣

尽管亲子运动有较为丰富的素材可供选择，但在家亲子运动受到空间、材料、科学指导意识、幼儿活动趣味性等多重因素的限制，能够实际开展的亲子运动项目很少，而即便可以顺利开展运动，往往也会伴随缺乏科学的指导意识、缺乏趣味性的运动内容等问题，难以保证幼儿每日运动量，满足发展各项基本运动技能、强健体魄、提高免疫力的目的。家长经常会问：哪些运动适合在家开展？可以准备什么运动材料才能受到孩子欢迎？

通过查阅相关文献，我们将幼儿亲子体育活动的内容主要划分为四类（见下表）。

表1　幼儿亲子体育活动内容

平衡与协调	在较窄的低矮物体上走一段距离、上下楼梯、双脚连续向前跳等
力量与耐力	沙包、快跑、行走等
速度与敏捷	往返跑、骑自行车、避让信号变速等
各种动作整合	利用家中物品开展运动游戏

我们将梳理出的四类亲子运动内容，配上图文式的幼儿运动游戏，将它制作成班级亲子运动资源，分享给家长。

（二）利用不同材料组合，丰富幼儿玩法多种性

在大家尝试了利用碎片化的时间展开亲子运动后，家长们又提出困惑：家中的运动材料除了皮球等实在有限，孩子玩了一段时间就没有兴趣。于是我们集班内优质家长资源，用视频分享会的形式，在线下家长沙龙、班级群和家长们分享"智慧运用现有运动材料开展运动游戏"的运动灵感，集合成班级的"点子库"，深受家长欢迎。

案例：

周六，外面下着大雨，琦琦妈妈带着琦琦和弟弟在家里玩皮球，琦琦滚着皮球到弟弟那里，弟弟拿到皮球又滚着皮球绕客厅一大圈到了琦琦那

里，滚来滚去的皮球真好玩，两兄弟乐呵呵地玩得乐此不疲。

琦琦弟弟跑累了坐到了房间的空地上，开始一对一滚皮球，琦琦用两只手向前推皮球，滚给弟弟，瑞瑞也学着哥哥的样子将皮球推了回去给妈妈，一不小心没有控制好滚到了一边，兄弟俩哈哈大笑起来。滚着滚着琦琦还试着将球抛给瑞瑞，皮球在地上弹了一下正好落在弟弟面前。可玩了没多久，兄弟俩似乎对皮球游戏失去了兴趣。妈妈想到老师之前分享的可以利用身边常见材料的组合进行游戏，于是提议道："妈妈这里有几个衣架，你们刚刚用小手传得那么好，用衣架也试一试吧。"琦琦和弟弟高兴地接过衣架，琦琦用衣架长长的一边赶了赶，只见皮球从衣架中间的镂空处逃跑了；弟弟把皮球捡了回来，琦琦说我再试试这头，这回用的是衣架的角，这次一下就成功了。两兄弟用衣架赶着皮球，笑声在客厅中回荡。

在这个案例中的皮球是幼儿运动中较为常见的运动材料，即便在室内也是非常优质的运动器材。视频中时不时传来两个孩子的笑声，可见孩子对游戏的兴趣很高，也很投入。幼儿一开始尝试在地上滚皮球，通过定向滚皮球，很好地锻炼了手臂肌肉的控制能力。从视频中可以看出琦琦手臂的灵活性，能够较好地控制手臂推球的力量和方向。由于家中有两名幼儿，长时间的滚皮球运动也不会枯燥，琦琦通过和弟弟相互推皮球、抛皮球的互动增强了游戏的趣味性，充分调动了幼儿参与运动的积极性与主动性。在妈妈给孩子们提供了衣架这一辅助工具后，赶小球变得更加有难度，也从而激起了幼儿的游戏兴趣，借助衣架控制着方向与力度将小球赶到对方面前。

经过亲子运动实践与分享后，大家衍生出球的多种玩法，使幼儿对皮球产生了持久的兴趣。比如增加一些框、纸箱等的辅助材料，可以在场地中间放置快递纸箱，尝试将球向中间的纸箱中投掷；可以在场地中间摆放塑料瓶子或废弃的纸杯模拟保龄球场，进行保龄球运动；还可以增加活动的人数，一人滚球，另一人躲避球，增加运动量和趣味性。

（三）创设互动式游戏情境，增强幼儿运动持久性

对于小班孩子来说，互动与情景能激起幼儿运动兴趣，在运动游戏互动中家长像玩伴一样与幼儿合作、竞争从而增进亲子间的关系。在游戏中，幼儿通过感

觉刺激启动边缘系统（情绪脑）释放血清素、多巴胺等，产生愉快、正向情绪的神经递质，引发幼儿的兴趣，使幼儿从活动中获得快乐情绪体验，积累运动经验及技巧。

案例：

> 午睡起来后，屹屹和妈妈一起玩小球推车的游戏，忽然间，妈妈接到一个电话，就匆匆离开去"干活"，屹屹只能一人一会儿拍球、一会儿滚球。这时做完作业的姐姐走了过来，屹屹看到姐姐走了过来就想和姐姐一起玩，姐姐说："我把球滚过来，看看你能不能接住呢？"屹屹信心满满地说自己一定能接住。于是他全神贯注地盯着球看，迈着弓步时刻准备着去接姐姐滚出的球，果然接住了，他高兴得跳了起来。
>
> 有一次球滚过来的时候，屹屹一个不留神，居然让球从两腿之间滚走了，就好像小球过桥了一样，于是姐弟俩就开始玩小球过桥的游戏。妈妈将这有趣的一幕拍下来分享给了老师。在谈论后得知屹屹经常和妈妈一起玩推小车的游戏。由于两个游戏的基础材料都是小球，且互动性强，对于反应能力和身体协调性都有很好的锻炼，所以在教师的指导下尝试将两个游戏结合了一下，妈妈和姐姐一起滚皮球，屹屹通过跳跃或叉开双脚来躲避滚来的皮球，玩起了皮球过桥。

这个案例呈现了姐弟和妈妈玩皮球的一段场景，他们利用家中有限的场地，运用已有的玩球经验，在玩球中不断变换生成新的游戏玩法，如将皮球小推车游戏变成小球过拱桥游戏：姐弟俩在互动中运用身体各部位的动作变化，让球灵活地滚过，球滚得快身体动作也变得快。这种既有情趣又有挑战性的游戏大大提高了孩子的游戏兴趣和持久性。在妈妈也参与到游戏中后，母子三人通过调整皮球的数量以及滚球的速度，使运动游戏的难度升级，一球多变的趣味玩法持续吸引幼儿对球类运动的兴趣。在分享会中，老师也不断提醒妈妈爸爸都参与到游戏中，和幼儿互换角色，可以与幼儿轮流扮演小桥，比赛在同样时间内哪座小桥下皮球经过的次数多。在亲子运动中加入比赛的元素，能够激励起宝贝参与运动的兴趣，也能够培养幼儿坚持不懈、勇于挑战的良好品质。

亲子运动游戏的展开，保证了孩子每日所需的运动量，促进了幼儿身体素质的发展，通过与家人们一起互动运动游戏增进了亲子间的情感联结，让亲子关系更为融洽。在我们教师与家长的共同携手下，让孩子们平时在家的时候也能通过互动游戏得到良好的锻炼，也使我们家园间的联结更为紧密，尽力帮助每一位家长顺利进行每日亲子活动。促使幼儿在家也能快乐运动、爱上运动，养成良好健康的生活习惯。

尊重差异，支持个别化发展

——由N个问题引发的关于托班幼儿保育护理的思考

朱伟慧（上海市浦东新区临沂八村幼儿园）

为进一步落实"幼有善育"战略，满足3岁以下婴幼儿照护需求，全面推进区域托育服务发展，我园自2022学年起开设了1个托班，至2023学年增加至2个托班。对我园而言，托班是一项新生事物，为了办好托班，我们仔细研读《上海市0—3岁婴幼儿教养方案（试行）》，幼儿园还配备了具有丰富幼教经验的教师组成托班教研组，由资深保健老师和中高级保育员组成托班保健保育组。尽管如此，但在实践过程中，我们还是遇到了一系列的问题，如托班幼儿语言表达不清，教师无法解读到幼儿的真实需求。又如老师和保育员会习惯性沿用小班的带班模式进行教学，很难适应托班幼儿学习的实际需求。

《上海市0—3岁婴幼儿教养方案（试行）》明确指出"强调婴幼儿的身心健康是发展的基础，强调全面关心、关注、关怀婴幼儿的成长过程"，"提倡更多地实施个别化的教育"，等等，为我们指明了实践和研究的方向，我们边学习边摸索，结合托班幼儿身心发展特点和本园实际，聚焦托班保育问题，从培养孩子们良好的生活习惯出发，尊重差异，支持托班幼儿个性化发展，取得了阶段性的成果。

一、尊重现状的"观"——以儿童特点优先

儿童发展不仅具有阶段性的发展规律和特点，同时也受家庭环境、教育方式等多种外部条件的影响，在观察与评估幼儿发展的同时必须兼顾客观现状的存在，接纳幼儿发展的规律和特点。2—3岁幼儿对熟悉的家庭生活有较强的依赖性，对陌生的集体生活容易产生分离焦虑，缺乏安全感，相较小班幼儿更易产生

焦虑情绪。例如我们就碰到了刚开学的托班幼儿来园晨检不配合的情况。

> 问题

新入园托班幼儿害怕晨检怎么办？

开学初的园门口，我身着粉色护士服熟练地在进行晨检工作，检查到托班宝宝六六时，孩子一看到我戴着手套、口罩，手持手电筒，就哇哇大哭起来，怎么也不愿意张嘴配合接受检查，嘴里还不停地嘟哝着，但我根本无法听清孩子在说什么，真有些不知所措。经过在一旁的孩子妈妈解释我才明白，孩子是在说："我要回家，我不要看医生。"原来孩子看到我的穿着，以为我是医生，而幼儿园变成了医院，自然会想起去医院就诊的不愉快经历，不免产生恐惧心理，从而产生拒绝晨检的抵触情绪。

新生托班入园适应的过程也是婴幼儿社会化的过程。幼儿入园，第一窗口就是晨间检查，如何让幼儿接受我，配合规范晨检？如何让我听懂、读懂孩子，并给予他们及时正确的回应？如何助力他们走好从家庭生活到集体生活的第一步？

> 支持

1. 关注个体，充分了解

我深入班级，了解每个孩子的特点，包括小名、喜好、语言动作发展情况等，针对具体情况，进行差别化对待，如早上来园打招呼的方式，有的喜欢抱一抱，有的喜欢击掌，有的喜欢说"早上好"，我就对号入座。又如对于发音不清楚的孩子，我会认真倾听，每天交流多了就自然而然能听懂了，也就能及时给予回应，这样无形中拉近了跟孩子之间的距离，成了孩子心中懂他的那个人。

2. 装备调整，焕然一新

我从晨检的自身"装备"入手，如把蓝色口罩替换成不同颜色、图案的卡通口罩，放弃传统手电筒，用套着好看的手机壳的手机手电筒来替代，摘下手套，用免洗手液进行手部消毒，等等，这样的调整明显提高了孩子们的接受度，他们会细心地发现我的口罩图案昨天是小猴，今天是海绵宝宝，孩子们喜欢我带给他们的这种惊喜。

3. 分享贴纸，爱心传递

保健老师晨检车上的标牌留下了孩子跟老师爱心互动的痕迹，那满满的贴纸是我对于表现好的孩子的奖励，他可以选一张贴在自己的孩子通卡套上。久而久之孩子慢慢学会了分享，会把自己的贴纸拿来贴在老师这里，就这样一张张的爱心贴纸在孩子间传开了，每天的晨检都在快乐和充满期待中进行。

> 反思

3岁前安全感的建立，是高质量保教的基础，从熟悉的家庭环境来到陌生的集体环境中，尤其是在成人与之互动的过程中获得安全感。我们必须建立关爱儿童，满足需求的意识，注重对托班幼儿的情感关怀，通过不断实践和探索，才能做好高质量的保育。

二、聚焦差异的"识"——以幼儿需求优先

由于遗传、营养、教育等因素的影响，0—3岁婴幼儿的发展存在个体差异，表现为发展的速度不同、特点不同。就个体本身而言，其发展也存在不平衡性。同年龄幼儿的发展既有其共性的发展规律，也存在着个性的发展差异。承认并尊重幼儿个性化的差异，支持幼儿个性化发展，是提升托班教学质量的有效环节。

> 问题

茶水杯适合所有托班孩子吗？

开学初，在日常的工作巡视中，我发现托一班宝宝宸宸在集体饮水环节后，衣服上、地面上总会有点湿，通过与老师和保育员的沟通后了解到，宸宸小朋友在家喝水喝奶都是使用吸管和奶瓶的，不会使用茶水杯，所以在幼儿园每次使用茶水杯喝水喝奶，就会发生边喝边从嘴巴里漏水漏奶的现象。其他的孩子在使用茶水杯的时候，也会发生各种各样的问题。如何解决幼儿使用茶水杯的问题？就需要根据每个孩子发生问题的具体情况，区别对待，才能有针对性地解决好幼儿在园喝水喝奶的问题。

以儿童发展为本，尊重每一个幼儿的真实需要，实施中如何既关注"全面"，也关注"个性"？如何为每一个幼儿提供个性化的保育？如何常态化地开展个性化保育？

> 支持

1.通过学习，我了解到宸宸吞咽能力弱，没有掌握用舌头、嘴唇、面部肌肉控制

水量的技能，手部力量控制杯子的能力也欠佳，所以对于幼儿园的水杯使用有困难。

2. 托班宝宝同年龄幼儿的发展既有其共性的发展规律，也存在着个性的发展差异，托班年龄越小，差异越大。宸宸属于班级里的小年龄幼儿，于是我们积极关注，对他的需求进行及时回应，教师与保育员采取了"循序渐进"的个别化引导手段。

第一步，我们顺应幼儿对自我需求的主动表达，先提供吸管，让他慢慢过渡，减少孩子因为焦虑而影响喝牛奶和日常饮水量。

第二步，我们定制了双耳水杯，协助他逐步养成拿杯、倒水、喝水的好习惯，三位老师互相补位，从细节入手，在照顾的同时不断培养他的各方面能力。

第三步，开始主动征询幼儿对茶水杯的使用需求，尊重幼儿的"拒绝"、肯定幼儿的"尝试"，允许幼儿根据自己的需要拿取杯子。

3. 注重家园沟通，双方达成约定，家园一致，循序渐进用茶水杯喝水，让宝宝慢慢接受。

反思

保健员、班级教师、保育员三者充分合作，全面观察幼儿特点，利用班级周例会、月例会的途径交流共享观察结果，以合力制定有针对性的支持策略和手段，帮助幼儿获得生活能力，推进幼儿的持续发展。

三、基于目标的"察"——以儿童发展优先

托班幼儿年龄小，很多时候不能用语言准确表达自己的需求，需要我们更多地去观察孩子，读懂孩子，回应孩子。那么观察幼儿这件事只有老师能做吗？保育员能参加吗？保育员，是孩子们健康成长的"守护者"；是教师、家长共同育儿的"协同者"；更是幼儿一日活动重要的支持者。

问题

保育员如何对托班幼儿进行观察？

她们会观察幼儿吗？
保育员适合在什么时间段开展幼儿观察？

哪些内容适合保育员开展幼儿观察？

> 支持

为了有效推进幼儿园保研质量，我们组织保育员、教师、保健员以"托小班幼儿保育护理"为主题，开展了保研工作研讨活动。

1. "观察新视角"保健保育教研活动——解决保育员"看"什么？

我们进行了学习和研讨，保育员一天的工作十分忙碌，什么样的记录适合他们呢？我们保健、保育员联动幼儿园教研组结合《上海市0—3岁婴幼儿教养方案（试行）》相关观察内容展开讨论，梳理出了托班幼儿在分离焦虑、自理能力培养、午餐、午睡、如厕的年龄特点，形成《托班观察记录表》，教师和保育员一起进行观察和照料。

托班观察记录

班级：　　　　　　记录老师：　　　　　　时间：

姓名	情绪	点心	午餐	午睡	喝水	洗手	小便	大便

备注：根据幼儿实际情况分别填写★、√、▲

界定：

领　　域	界　　定
情　　绪	★：愉快 √：普通 ▲：哭泣、沮丧
点心、午餐	★：全部吃完 √：大部分吃完 ▲：吃饭量较少
午睡情况	★：主动、睡眠时间长 √：陪伴、睡眠短 ▲：不睡
喝　　水	★：3—5杯 √：5—8杯 ▲：8杯以上
洗　　手	★：主动，独立完成 √：主动，辅助完成 ▲：被动，辅助完成
小　　便	★：次数正常，颜色透明 √：次数偏多，颜色偏黄 ▲：次数少，颜色很黄
大　　便	★：正常（固体、黄便） √：不正常（稀释、绿黑便） ▲：无（无大便）

2."循证探讨"保健保育教研活动——保育员怎么"看"？

我们通过看——发现问题，如"提供的盥洗室厕纸、纸篓、洗手液放置的位置是否方便托班幼儿使用"，然后进行研——讨论问题，最后通过学——改进方法，我们在学习和观察中"共研共识共育"，给予符合托班幼儿身心发展特点的适度保育，使托班幼儿在温馨适宜的环境中得到最优的发展。

3."及时回应"保健保育教研活动——引导保育员"做做看"！

婴幼儿的排尿、排便生理是一个逐渐发展的过程，2—3岁幼儿会主动表示大小便，不尿湿裤子，但就像其他技能一样，每个幼儿都有自己的发展节奏。保育员要敏锐观察幼儿排便信号，并给予及时回应，帮助婴幼儿学习主动如厕，养成良好的如厕习惯。在孩子成功如厕后，教会幼儿主动表达，我们安装了会发声的小铃铛，"帮帮我""我完成了"等语音既方便幼儿主动向老师和保育员寻求帮助，又帮助幼儿养成良好的排尿排便习惯。老师和保育员及时给予表扬："哇，你长大了！会尿在小马桶/小便池里了，不再需要尿布了，真棒呀！"孩子能经常体会到如厕以后的舒心，就容易更快学会如厕。

托班幼儿尿裤子是经常发生的事情，我们托班保育员通过研讨后形成了三部曲做法：

1. 帮助孩子表达感受："尿湿是不是有点不舒服呀？""你看，裤子湿了容易生病，下次我们再早点告诉老师好吗？"

2. 给孩子及时地处理："走吧，我们去换条新的小内裤，又变成干净的小朋友了！"

3. 给予孩子鼓励："老师相信你下一次会早点告诉我的，这样就不会尿湿了，对吗？"

反思

基于儿童视角的保研活动，让保育员"生长"出专业力量，学习观察，尝试观察，一起快乐体验孩子的成长！

区域"幼有善育"普惠政策为托幼机构发展带来必然变化的当下，面对托幼班"柔软"的孩子，我们关注他们每一刻的情绪波动，每一次的需求表达，我们始终以专业为支撑，将"柔软"转化为成长的坚实力量。在这里，我们不仅是引导者，更是情感联结的守护者，用耐心和智慧个性化地回应孩子的每一次尝试、每一个表达，用心让呵护的边界不断延伸，尊重幼儿的个性，努力为不同的孩子都创造一个更有希望的未来。

三式进阶卡：提升大班幼儿任务意识与自我管理能力的有效路径

郁　贞（上海市浦东新区临沂八村幼儿园）

具备任务意识和完成任务的能力有助于幼儿较快适应小学生活的要求，使其逐步做到独立完成各项生活和学习任务。通过观察发现，以往我园幼儿存在计划能力不足、不守时、不能按时完成任务、喜欢拖延等现状。因此，本文利用进阶卡激发幼儿乐意接受任务并积极完成任务的热情，提高幼儿的责任感；运用鼓励、奖励等方式，增强幼儿独立完成任务的意识和能力。

一、以"三式进阶卡"提升大班幼儿任务意识的载体设计缘起

（一）针对大班幼儿任务意识缺失的现状

针对幼儿的任务意识，在家长问卷调查中有家长留言："老师，每次幼儿园布置完小任务，我家孩子回去要么就是忘记了，要么就是拖拖拉拉才完成。""我家孩子不能同时记住两个或三个任务，总是捡了芝麻丢了西瓜"。同时发现了小学一年级学生存在的任务意识问题如表1。

表1　小学一年级学生存在的任务意识问题

序号	主　要　问　题	百分比
1	独立意识较弱，无法解决学习问题且较为依赖成人	27%
2	需要在成人督促下才能完成作业	23%
3	任务无法独立完成，难以坚持做事	25%
4	做事拖延，日常迟到或不能按时完成作业	30%
5	规则意识淡薄，容易违反学校规章纪律	17%

针对这些问题，设计了"三式进阶卡"。"三式进阶卡"中的"三式"，代表着三种不同的任务执行与参与方式，即抽签式、自主式和约定式。这三种方式从不同角度激发幼儿参与任务的积极性，培养他们的任务意识和自我管理能力。"抽签式"让幼儿在每日抽取任务卡的过程中，感受新奇与挑战，激发他们完成任务的动力；"自主式"给予幼儿充分的自主空间，让幼儿自己设计任务卡，规划任务时间，从而改善拖拉习惯，提升自我管理能力；"约定式"则通过幼儿之间、幼儿与教师之间的相互约定，建立起一日生活的规则和任务意识，培养幼儿的自我约束能力。"进阶卡"意味着这不是普通的任务卡片，是根据幼儿完成任务的表现设置不同分值，幼儿可以凭借积累的分值进行兑换，随着分值的增加，幼儿在任务完成过程中不断进阶，在计划性、主动性、自我管理能力以及任务意识和责任心等方面逐步提升。

（二）针对以往幼儿任务意识培养的刻板化

随着幼儿任务意识的培养，我们发现幼儿被老套的管理模式所制约，比如：幼儿自主制定任务机会少、任务培养模式固定为教师引导等，过程中幼儿自主进行任务完成现象少，"被迫完成任务现象多"这样的任务意识培养形式刻板且浮于表面，缺乏载体的运用，幼儿在过程中体验不到成功感、满足感和乐趣没有真正地凸显，教师需要开展一套灵动的模式，引导幼儿从"他律"进行自主管理，形成良好的任务意识。

（三）针对任务意识培养的评价体系不完善

以往幼儿任务意识培养的评价体系不完善，导致幼儿"任务意识"不够。幼儿的表现是需要被大家所知晓和认可的，可往往因为没有及时地去发现、鼓励、表扬，导致幼儿不再主动地去参与到与自己有关的人、事、物的管理中来，致使自主管理能力大打折扣，因此我们应结合"任务卡"开发一种任务意识培养的评价模式，引导幼儿去自主完成任务，进行自我管理。

二、以"三式进阶卡"提升大班幼儿任务意识的载体设计路径

进阶卡是我班针对幼儿任务意识设计的卡片，主要价值：一是孩子在活动中的计划性、主动性；二是自我管理能力；三是孩子的任务意识和坚持完成任务的

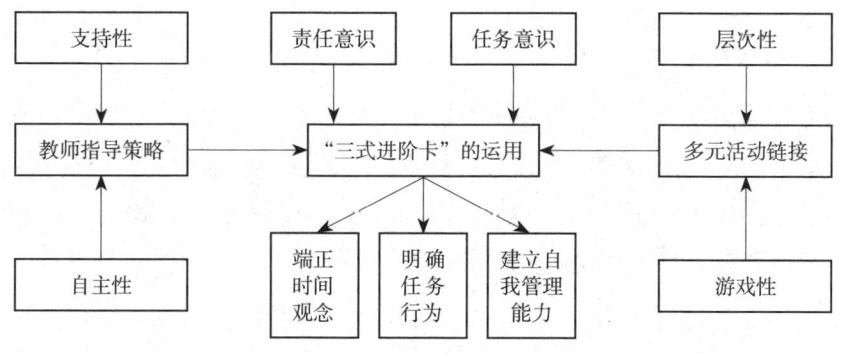

图1 "三式进阶卡"

责任心。

为了让幼儿积极参与到任务意识载体再调整的行动当中,不断地优化、完善魔力卡这一载体,结合分值分层、分值兑换、特权拓展等形式激发幼儿的自主管理能力。以任务驱动式"进阶卡"开展得分路线,最大化地放权给幼儿,让幼儿自主参与到管理的各项事务当中。

(一)分值分层

分有一档分值、二档分值以及三档不同的分值,以分值分层的方式,使幼儿明白表现越好分值越高。引发幼儿进一步关注自己的表现,激发自我管理的意识。

表2 进阶卡分值

进阶卡项目	分 值		
	一 档	二 档	三 档
打扫卫生卡	1	2	3
植物照顾卡	1	2	3
光盘行动卡	1	2	3
礼貌卡	1	2	3
小助手卡	1	2	3
……			

（二）分值兑换

幼儿在不同项目的任务管理上面根据自己的付出、努力获得了一定的分值，当这些分值达到一定数值时可以进行兑换，最低兑换分值为8分，8分值可以兑换相应8分范围内的物品，分值越高兑换的礼物可供挑选的就越多。兑换时间从周末兑换调整为随时可兑换，使孩子们兑换更自主。

（三）分值借用

这是增加分值的另一个途径，当幼儿急需分值时可以通过向同伴借的方式来达到自己的目的。借用的分值我们用不同颜色进行标注，分值借用有时限规定，最高借用分值有上限。在借用、偿还的过程中更好地促进幼儿的自主管理。

三、以"三式进阶卡"提升大班幼儿任务意识的策略

（一）"进阶卡"在大班一日活动中的有机连接

1. 抽签式进阶卡的设计与运用

让幼儿每日抽签获取三式进阶卡，完成任务后就能获取奖章。既有新奇感，又可以培养幼儿自我服务能力、自我保护能力及时间管理能力、物品管理能力。

表3 抽签式进阶卡

材 料 准 备	操 作 方 法	关 注 要 点
创设"任务箱"区角和展示墙以及和幼儿一起讨论的区域规则栏、呈现已完成任务的区域板块、不同能力和不同形式的任务单。（根据一日生活中幼儿的能力所设计，重点在自理能力、自我管理等方面。）	1. 幼儿自主在任务箱中抽取任务单，每周抽取两张，待完成任务后，向爸爸妈妈或者老师反馈并获得奖章，并粘贴在任务展示墙上然后抽取第二张任务单。 2. 每次完成一张任务单，上面都会得奖章，幼儿根据奖章去兑换区兑换大拇指。 3. 让幼儿明确任务概念，激发他们完成任务的信心，让幼儿知道任务就是承担自己该做的事，并认真完成，帮助幼儿树立独立完成任务意识。	1. 关注幼儿参与任务的积极性，及时地给予肯定与鼓励。 2. 任务单子的设计需要根据近期幼儿的能力（最近发展区）而设计，可通过家长会、线上线下等渠道和家长沟通并叮嘱配合事项，鼓励并督促幼儿完成任务。

问题一：幼儿的能力水平有快有慢有高有低，"这个任务太简单，我都会！"游戏中发现幼儿在抽取进阶卡时："我都会，一点也不难！"在完成的过程中，爸爸妈妈也反映开始孩子还很认真地完成，慢慢地在完成进阶卡时就需要催促，孩子也会有敷衍了事的现象。

问题二：为了获取奖章而完成任务。拿着小本子的涵涵对旁边的浩浩说："我都有好几个奖章了，你才这么几个？"浩浩说我的任务是一周才能完成的，所以慢啊。涵涵说："我一天就能完成，都是很简单的，下次你也抽这样的单子吧。"

策略反思：为满足不同能力的孩子自主选择，增加"任务挑战箱"

任务箱的设置是为了让幼儿在兴趣中完成任务，逐渐养成良好的习惯。因此在两周的时间里，我们发现了以上的问题，并且在进阶卡的设置上增加了两个任务箱，分别用一星、二星、三星代替难度，孩子可以根据自己的能力选择任务来完成。

2. 自主式进阶卡的设计与运用

通过自己给自己设计三式进阶卡，可以改善孩子拖拉的习惯和时间观念，同时提高孩子的自我管理能力。

表4 自主式进阶卡

材 料 准 备	操 作 方 法	关 注 要 点
1. 菜单式表格、笔、展板。 2. 和幼儿交流还有哪些任务可以去做，并和幼儿讨论时间，在多少时间内完成任务。	1. 幼儿自己给自己设计进阶卡，初期可以和幼儿讨论，哪些事情需要几分钟（如吃饭30分钟，整理床铺3分钟），后期幼儿自己设计表格，自己规定时间来完成任务，并获得奖章。 2. 以一周为一个节点，并进行讲评，分享经验。 3. 把部分进阶卡粘贴在展示栏展示。	1. 在起步阶段，要时刻和孩子分享经验，是如何坚持的，如何在规定的时间内完成任务的？ 2. 和幼儿讨论时间要有一定的科学性，如：吃饭是不是越快越好；刷牙要刷3分钟等原因。

策略反思：适宜的时间做适宜的事情

讨论初期对于多少时间完成还是较为模糊的，经过实践后发现，有时候给自己定的时间不够用或者时间较长，根本完成不了。因此我们通过家园配合上网查找最合适的时间，比如刷牙、吃饭这些对身体健康有促进作用的并不是越快越好。孩子在后期的自我计划中，对正确的规划时间和速度都有了一定的借鉴和更正确的把握。

3. 约定式进阶卡的设计与运用

一日生活的规则和任务意识，通过自我约定、自我管理、相互启发，初步建

表5 约定式进阶卡

材料准备	操作方法	关注要点
成立"和你有约"展示墙，和幼儿讨论哪些地方要我们互相约定，并制定相应的趣味规则。	1. 和幼儿一起约定一日生活中的各种习惯，例如：在教室里不能奔跑，做到轻声说话，定期整理自己的柜子、书包，归类收拾好玩具，每天自己整理自己的仪表。 2. 每周能根据约定约束自己的行为可以自主签上名字，就可获得奖章，失约的幼儿打入黑名单，不上光荣墙。	小朋友将被扣取奖章。 指导要点： "约定"条约要和幼儿一起商量制定，关注孩子的执行过程，并及时给予鼓励。 初期可规定管理员负责管理，相互督促来完成任务。

立起来。

策略反思：自我约束，自我管理

在幼儿阶段，看得见的动态环境是促使幼儿能自我约束、自我规划的重要手段之一，根据孩子这一阶段的行为习惯问题进行自我的约束，比如不大声喧哗、不在教室奔跑、定时整理抽屉等，让孩子自我评价，并签上自己的名字，在实施过程中还是较为有效的。

（二）链接"多元活动"增强自主管理意识

将进阶卡融入幼儿园一日活动中的各个区域，结合户外游戏、集体教学活动、环境创设，以突出幼儿在活动中对任务完成的评价。

1. 一日活动中的"时间管理"菜单模式

在大班阶段，幼儿对于时间有了初步的意识，例如"太阳出来了，我们该起床了"等等。但时间的多少、快慢、组成等对于幼儿来说较为模糊。

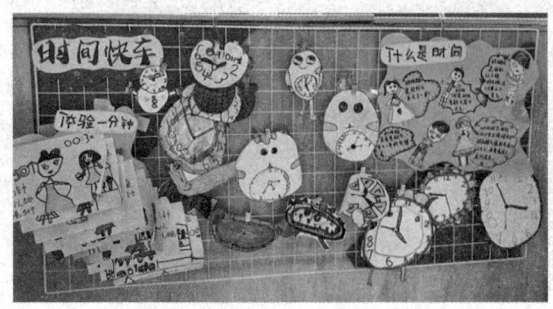

图2 植入时间快车1分钟体验

图3 做时间的主人制定课间10分钟活动内容

2. 一日活动中"多元游戏"菜单模式

幼儿可以自主选择游戏，自主选择同伴进行游戏，游戏的投放可根据每个阶段幼儿的实际情况而定。

表6 物品管理能力多元活动表

活动名称	活动一 不一样的铅笔贴	活动二 整理书包	活动三 整理衣裤
活动目标	用自己独特的方法区分与别人相同的物品。 用清楚、连贯的语言，大胆描述自己的铅笔贴。	1. 学会按一定顺序整理书包，了解整理书包的方法。 2. 培养幼儿自主物品管理的能力。	1. 通过有趣的比赛活动，增强幼儿物品整理、摆放的能力。 2. 在比一比、赛一赛中感受成功的喜悦。
活动准备	剪刀、纸、笔； 幼儿自带的铅笔、水彩笔、油画棒。	幼儿每人一个书包，包内装有各种学习用具；录像短片（孩子整理后的书包；小学生整理书包的全过程。）	棉被、衣物、鞋子、椅子人手一份。
活动过程	1. 准备：每个幼儿自己带铅笔，橡皮，粘贴纸、废旧材料、双面胶 2. 游戏：找找我的文具。把幼儿带来的笔，橡皮等文具，放在一起，让幼儿最快时间找出自己的文具。 讨论：用什么方法来区分自己的和别人的？ 3. 提供废旧材料，让幼儿设计自己的铅笔贴。 4. 游戏：猜猜这是谁的铅笔。幼儿能用清楚、连贯的语言，大胆描述自己的铅笔贴。	1. "这段时间我们都背着小书包来幼儿园，谁来介绍一下，你的书包里了些什么吗？" 2. 幼儿观看录像（凌乱的书包） 讨论：他们书包里的学习用品是怎么放的？在这样的书包里你能很快找到你想要的东西吗？ 讨论：整理书包的方法。 3. 交流分享活动：看幼儿整理好后的书包视频，并试着说一说视频里的幼儿是如何整理书包的。	1. 讲述比赛规则： 将棉被叠好放到指定的位置。 用最快的速度脱好自己的衣、裤、袜，并放到指定的位置。 2. 比一比，赛一赛 3. 评一评：夸夸我的孩子们。

活动小结：物品的有效管理，有利于幼儿有条理的安排各项活动，不仅帮助幼儿形成良好的整理行为，还能促进幼儿的分类、规划能力。

（三）实践活动中的"自我计划与管理"

在明确了具体的进阶卡实施规则之后，行动是辅之以行的。尝试和幼儿一起制订任务计划、实施任务计划、领略任务实施后的若干感想。

 案例1：

幼小衔接之走进小学体验活动方案

一、活动目标

1. 熟悉小学课堂环境，观看小学生的升旗仪式，参观班级教室、走廊、厕所、操场、图书室、实验室等活动场所，初步了解小学生的生活和学习情况。

2. 通过交谈，对比的方式，了解小学生的一日生活，同时来感染和要求自己。

3. 激发幼儿学会自主安排时间，培养幼儿独立意识以及自我管理能力和自控能力。

二、活动准备

1. 与小学联系，商定活动时间。
2. 组织谈话，了解幼儿对小学的哪些问题感兴趣，引导孩子记录下来。
3. 根据谈话内容，梳理问题，与小学进行联系，请小学配合做好相应准备。
4. 提前做好自己的名片卡，让结队的朋友更深入地了解自己。

具体安排：2023年4月10日上午

表7　走进小学体验活动流程

时　间	内　　容	负 责 人
8：00—8：30	从幼儿园出发	各班老师
8：40—9：30	"大手拉小手"结队 好朋友一起参观小学走廊、专用室、厕所、图书室、实验室等活动	各班老师 小学老师

（续表）

时间	内容	负责人
9：30—10：00	观摩大课间	各班老师
10：00—10：20	感受小学课堂 足球体验课、非洲鼓体验课 古筝体验课、科学小实验体验课	小学老师
10：20—10：40	校园打卡、拍照留念	各班老师
10：40—11：00	记录分享	各班教师

图4 出发前的问题记录

活动小结：有计划、有条理地做事是孩子适应小学生活所必需的。一系列参观体验活动，深入了解小学生的学习和活动，比较小学与幼儿园的不同，向往成为小学生，制订小组采访计划，孩子们的热情度非常高，有很多想问哥哥姐姐的问题，从谈话交流中形成了自己的采访计划书。

四、以"三式进阶卡"提升大班幼儿任务意识的实践成效

（一）三巧三让，落实"进阶卡"

1."巧"记水平，适当调整"任务化"模式

根据幼儿的能力，通过游戏的方式来完成进阶卡的设计，切忌硬压和拔高，

根据幼儿现阶段的能力而定，让孩子感受到完成任务时的成功体验。激发他们的参与热情。另外，还可以设计带有"闯关"性质的学习进阶卡，吸引幼儿一级一级地完成任务，例如生活习惯的进阶卡不是完成一次任务就能改掉原有的不良习惯，于是采用"7天计划—14天计划—21天计划"，以每星期为一阶段设置一些奖励，激发他们参与的热情。

2. "巧"设兴趣，注重幼儿的自主参与

有挑战性的游戏一直深受孩子们的青睐。最初的抽签式进阶卡的植入，孩子们非常感兴趣，抽到什么进阶卡就去完成一个任务，从而获得印章奖励。单纯的进阶卡孩子完成起来会比较无味，有的孩子会有一些压力，所以在进阶卡的设置上有很多巧妙的地方，利用游戏的方式来促使自己想要完成，比如抽签的进阶卡，孩子们从学期初玩到学期末，总是兴致盎然。

3. "巧"设活动，形成"任务化"的新一轮游戏模式

（1）让"进阶卡"更具魅力

进阶卡可以让学习者明确学习方向，在参与的过程中激发幼儿的参与兴趣，也会激发他们的参与热情。在组织开展进阶卡活动时，我们需要想到的是如何让提示温馨起来，界面美化起来，学习任务魅力起来，从而吸引学习者。在带有"探险"性质的学习进阶卡中，让孩子在一步步的"闯关"中循序渐进地完成任务，这迎合了孩子的兴趣，符合孩子爱玩的天性。

（2）让"进阶卡"动态生成

"进阶卡"的开展是随着幼儿的喜好而不断变换的，并不是固定不变的，而需要结合当前幼儿的进展动态生成，依据幼儿的年龄特点和实际现状，制定进阶卡各项执行活动内容，帮助幼儿更快地实现目标。

（3）让"进阶卡"更加丰富

最初，进阶卡是由教师根据目前班级孩子的情况来设计的，进阶卡的植入最终目的是从不使用进阶卡过渡到自己可以创建"进阶卡"，对自己有一定的自我管理能力，什么时间应该干什么，需要多少时间完成等。

（二）"三式进阶卡"可以帮助孩子发展自我管理能力的提高

1. 端正了时间观念

在一系列的谈话和集体教育活动中，让幼儿自由活动以开拓幼儿的自我行为能力，在这过程中，以认识时间为中心，掌握时间的特性，然后根据不同的时间

段来规划各种有趣的活动,帮助幼儿建立和完善正确的时间观念。

2. 建立了相应的规则

"三式进阶卡"以讨论、再讨论的形式展开,充分尊重幼儿的意见,促使幼儿在一系列活动下,自觉遵守自己制定的各种规则,完成相应的任务,树立正确的时间观念,进一步增强自我管理、自我规划的能力。教师在整个过程中只是对幼儿提出的意见或建议进行引导或梳理,既提高了幼儿自我管理的能力,又是老师与幼儿和谐相处的一种表现。

(三)促进了更和谐的师幼关系

在教育实践中,我们采用"三式进阶卡",通过深入的讨论与反复的研讨,我们确保了幼儿的意见得到充分的尊重和考虑。在这一系列精心设计的活动中,幼儿被鼓励自主制定并遵守规则,完成既定任务,从而培养了他们的时间观念和自我管理能力。教师的角色在这一过程中被定位为引导者和梳理者,他们仅对幼儿的意见和建议提供必要的指导,这种做法既提升了幼儿的自我规划能力,又彰显了教师与幼儿之间和谐互动的教育理念。通过这种方式,我们旨在促进幼儿全面发展,同时建立起一种积极、互动的师幼关系。

结语

综上所述,本项研究显著推动了幼儿任务意识的提升。通过引入"进阶卡"这一工具,并以讨论与再讨论的方式进行互动,我们确保了对幼儿意见的充分尊重与参与。在这一系列精心设计的活动中,幼儿们不仅自觉遵守了他们共同制定的规则,而且成功完成了各项任务。这一过程不仅帮助幼儿树立了正确的时间观念,还显著增强了他们的自我管理与自我规划能力。在整个教育实践中,教师的角色被定位为引导者和梳理者,他们仅对幼儿提出的意见或建议进行必要的指导和整理。这种教学模式不仅有效提升了幼儿的自我管理能力,同时也体现了教师与幼儿之间和谐共处的教育理念。

回应每一人　相伴共成长

——托班幼儿生活活动中的回应性照护

徐志颖（上海市浦东新区好儿童幼儿园）

今年是我园开办托班的第二年。我们基于建设高质量幼儿园对托班工作的基本要求，提出托班保育护理以"刚""柔"并济为出发点，既要符合保健标准、规范和要求，又要基于托班幼儿需求，积极满足托班幼儿生理和心理的回应性照护。这里的回应性照护，是指保育人员注意观察托班幼儿的眼神、表情、动作、声音、手势和口头吁求，并予以及时和有效的回应。我们认为，提供回应性照护是在"幼儿发展优先"理念下，促进托班幼儿早期发展的一项重要措施。这就要求我们，必须时刻关注与照护好每一个托班幼儿，尊重托班幼儿的个体差异，以养为主，教养融合。由于我园强化了回应性照护的实践，并且在学习与实践中探索形成具有本园特点的托班幼儿照护方法，促进了我园托班工作的较快发展。

我园目前开设两个托班，在两年的托班工作中，我们遇到了以下难点与挑战：

1. 保育员比较缺乏高品质的托班保育护理经验与方法。
2. 托班生活环境、材料创设还不够丰富，难以满足托班每一个幼儿的需求。
3. 保育员与托班幼儿互动交流中的有效回应较为薄弱。

针对以上难点和问题，我们在实践中探索，并尝试通过以下策略与措施加以解决：

一、专研实践，提升托班保育人员素养

问题：保育员因受文化水平和专业能力影响，对于托班幼儿保育护理工作缺

少理论与实践相结合的方法。

调整策略：为了呵护"最柔软的群体"健康成长，我们将最"强"最"好"的保育人员配置到托班。目前，我园所有托班保育员都是高级保育员、高级育婴师，其中一名保育员还具备教师资格证。在高学历、高职称的保育员带头引领下深入开展托班护理方法的理论学习与实践运用，推进托班高品质保育工作的研究实施。

我们以《上海市0—3岁婴幼儿发展要点与支持策略（试行稿）》为工作指引，保健老师定期组织以问题为导向的托班主题式保育研讨活动，在研讨过程中由保教主任、托班教师共同参与，带领后勤队伍学习托班保育护理工作的理论，并且将理念转化为具体工作的实践，并根据实践结果及时做好反思、对不足之处提出调整策略。调整策略后再次进行实践验证，不断优化和完善托班保育护理方法，形成有效的工作方式和制度。

二、满足需求，提供环境与材料的支持

1. 自助式的桌椅摆放

问题：我们原先的点心座位摆放是"小组式"的，多余的桌椅会挤得空间不够宽敞，不利于托班幼儿自由行走和活动；托班幼儿的点心时光不够自由、温馨。

调整策略：我们根据餐厅布局调整了桌椅摆放位置，打破横向的"小组式"点心摆位，变成纵向的"自助餐式"点心摆位，为托班幼儿打造更宽敞、自由、温馨、有序的就餐环境，托班幼儿拿取好点心后可以按照自己的想法自由选择座位入座。

除此之外，保育员还定位摆放餐点、漱口桶、擦嘴毛巾等物品，不仅满足了幼儿合理的点心动线设置，更有助于托班幼儿熟悉享用点心的环节步骤。

2. 餐桌上的小秘密

问题：我们在保育研讨活动中，保育员提出以下问题：

（1）托班幼儿吃点心时容易打翻弄脏桌子，保育员来回拿大毛巾擦拭费时费力。

（2）小奶壶太重了，托班幼儿没办法尝试自己倒牛奶，需要保育员一个个帮助倒牛奶。

（3）面对托班幼儿享用点心时过于"包办"的情况，有什么好方法可以让托班宝宝自我服务吗？

调整策略：根据托班幼儿用餐习惯，我们提供情景化的小动物硅胶餐垫，让托班幼儿在就餐过程中认识常见的动物，比如小兔子、小熊；还能认识一些不同的颜色，比如白色、粉色、黄色。托班幼儿看到餐垫的位置就能很快定点入座，餐垫上柔软的延伸防漏食设计能有效接住散落的饼干或牛奶，防止弄脏衣物。

为解决小奶壶太重的问题，我们根据托班幼儿手腕力量和用奶量，将原先过重过大的奶壶，换成了350毫升的小号奶壶。每只小奶壶中，保育员每次仅放置两人份的奶量，小巧的奶壶、适宜的重量，托班幼儿就可以尝试自己倒牛奶了。

每个餐垫上还定点放置了一块小毛巾，当托班幼儿需要时，比如牛奶打翻时、饼干屑洒落时，托班幼儿可以就近拿到小毛巾尝试自己擦拭桌面了。

享用点心活动结束后，保育员尽可能引导托班幼儿一起整理餐垫、毛巾等轻便物品。通过整理餐桌，教会托班幼儿习得自我服务的方法，慢慢养成良好的用餐习惯，萌发初步的劳动意识。

3. 看台卡识取物

问题：如何通过环境材料提示托班幼儿每天饼干的样式与数量？

调整策略：我们运用翻页台卡设计了点心卡牌，将每天的饼干样式与数量进行排列组合。保育员引导托班幼儿按数取物，托班幼儿翻翻台卡自己找一找今天的饼干是什么样的动物图形，不同形状的饼干分别要吃几块，在此过程中托班幼儿认识图形，感知数概念。

4. 个性化的工具选择

问题：我们发现提供给托班幼儿取拿饼干的勺子过大，夹子又太硬太紧，托班幼儿不方便自主操作。

调整策略：为促进托班幼儿精细动作、手眼协调能力以及小肌肉等的发展，我们提供多样化的饼干取拿工具。第一种工具是有多种抓握方式还带有弧度的小勺子，小勺子环形硅胶手柄贴合小手握姿，使得抓握更轻松趁手，托班幼儿可以三指捏或者一手抓勺子，同时立体加深的勺头不容易让饼干掉落；第二种工具是轻巧夹捏的小夹子，小夹子具有自动回弹和防滑筷头功能，托班幼儿学起来就简单多了。

托班幼儿可以按照自己的兴趣、能力、需要,自由选择不同的工具,逐步发展抓、握、夹、捏等精细动作,体验成就感与满足感。其中,保育员耐心观察等待托班幼儿操作情况,并及时给予肯定鼓励。

5. 丝滑牛奶的小妙招

问题:保育员在盛倒牛奶时发现壶底有小粒奶结,牛奶不够丝滑。

调整策略:为了让托班幼儿享用口感最佳的牛奶,我们不仅要求营养员调整冲泡手法,由"大锅泡"变成"小锅泡",将奶粉搅拌得更加均匀无颗粒。还为营养员提供了不锈钢滤网,每次倾倒牛奶时,将滤网放置在奶壶口上再次过滤,以得到丝滑香醇的牛奶。

三、把握特点,开展有效的互动交流

问题:9月,托班幼儿刚刚入园,保育员每天热情地欢迎孩子们,说了许多话,但是托班幼儿对保育员的回应寥寥无几,那么,如何基于托班幼儿年龄特点开展师幼有效互动呢?

调整策略:保育员要把握托班幼儿年龄特点,调整自身沟通互动方法。根据《上海市0—3岁婴幼儿发展要点与支持策略(试行稿)》中相应月龄阶段"语言与沟通"领域中的发展要点"会说2—3个字组成的短句"我们编创了生活环节中的《三字儿歌》,比如漱口儿歌:"小奶杯,接点水。蹲下来,含口水。咕噜咕噜,吐出来。小奶杯,轻轻放。"擦嘴儿歌:"小毛巾,放手心。擦一擦,合起来。再擦擦,放放好。"

在运用《三字儿歌》的时候,保育人员放慢语速节奏、提炼指导关键词、配合动作演示等,把话说得缓慢有趣而又清楚,让托班幼儿既听明白,又感兴趣。通过这个方法,托班幼儿与保育员慢慢建立了情感联系,使得交流互动变得有趣和有效。

在探究托班幼儿生活环节的回应性照护实践中,我们直面"真问题",观察与倾听每一个托班幼儿的需求,关注托班幼儿的个体差异,保育人员通过学习与实践提升了适宜的回应性照护品质,努力与托班幼儿相伴成长。保育人员"在场但不干预""和托班幼儿一起做,而不是替他做",提供教、养、医结合的回应性照护,让托班幼儿在温馨、舒适中获得生活成长的机会,在自然自主中发展经验,助力托班幼儿实现全面而协调的发展。

基于儿童发展优先，教师观察与支持的实践研究

——以户外建构游戏"大吊车"为例

狄剑兰（上海市浦东新区东方江韵幼儿园）

一、背景

1. 儿童发展优先

随着《3—6岁儿童学习与发展指南》的制定，整个社会越来越关注儿童的发展。儿童发展优先理念旨在促进儿童的发展，强调优先考虑儿童的受益。儿童发展优先理念促进教师的专业发展，促进学校的高质量发展。它包含了方方面面的领域，例如：提倡的"普惠普育"满足各层孩子和家长，体现了儿童入学的优先性和公平性；户外游戏的创设体现了儿童自主发展的优先性；教育设施、食品等安全体现了儿童健康的优先性；还有师德师训、学校规章制度的规范管理都体现了儿童发展优先的理念。在这样的理念下，作为教师应该把儿童的发展放在第一位，在教和学的过程中始终把儿童发展放在优先位置。

2. 基于儿童发展优先的教师观察与支持的意义

众所周知，教师在各类活动中对幼儿行为的观察以及支持，对于儿童发展优先有着积极的意义。幼儿教师的观察是了解幼儿发展水平的媒介，也是让幼儿在各类活动中更大程度获得自主性的基础。教师的支持正是建立在对幼儿大量的观察、对儿童行为的理解、对儿童发展的认知、对教育过程的反思、对教育内涵的探究基础之上。因此，教师观察与支持的研究也要不断调整、不断总结，以客观分析为基础，提升专业能力支持儿童优先发展。

3. 户外建构游戏中的观察与支持

《幼儿园工作规程》明确指出，观察和了解幼儿是幼儿教师的主要工作。建构活动中幼儿教师的观察需要对幼儿建构的兴趣专注、建构技能、材料运用、建构作品、互动合作等多方面进行概括和总结，才能真正读懂建构活动中幼儿的行为表现，为幼儿的发展提供支持和帮助。[1]

可见，建构活动中教师的观察尤为重要，因为建构活动是儿童乐此不疲的活动，是儿童探索创新的基地。在此教育时机中教师运用观察能够更好地支持儿童、发展儿童。

二、问题与现状

一般来说，教师主观能动性的发挥是教师观察与支持的显现过程，能实现专业提升。但因为多种因素的影响，目前幼儿园教师在建构活动中的观察能力仍有待提高。

1. 儿童发展优先下的教师观察与支持的主观随意

虽然教师知道"儿童发展优先的理念"，但只是停留在表面。教师缺乏主动观察意识，观察较为被动、随意。究其原因是一些教师没有充足的观察时间，没有精力，不够静心。在教与学的教育过程中，教师随意观察，忽视观察和支持的真正意义。

2. 儿童发展优先下的教师观察与支持的经验缺乏

通过查找资料，看到如下描述：观察建构游戏时，教师需要知道观察什么，是建构技能、幼儿对材料的选择运用，还是幼儿在游戏中的语言与交往等。其次，选择何种观察方法、如何做好观察记录，对许多教师来说比较困难。[2]

这一现象反映教师缺乏观察与支持的经验。当面对儿童发展优先时教师有心无力，他们对如何观察，观察什么、观察后做什么没有全面的认识。而在建构活动中又特别需要教师掌握一定的建构知识以及儿童发展目标，还需要了解儿童教育、心理方面的知识和特点。

针对以上观察与支持的问题和现状，本文就以户外建构游戏"大吊车"为例进行教师观察与支持的实践研究。

三、基于儿童发展优先，教师观察与支持的实践探索

1. 灵活运用观察方法

教师在建构活动中运用观察方法是很重要的。教师观察经验的提升就体现在掌握并灵活使用观察方法上。每个孩子的发展进程与发展速度是各不相同的，教师运用观察方法准确把握儿童的情况，认识到儿童背后的内容，调整对不同层次幼儿的发展指导，为教师的教育行为与方式提供了可操作性。老师在观察儿童时可以采用多样的方式进行灵活运用，使儿童发展优先得到有效保证。

一般在建构活动中有以下几种常见的观察方法，教师可以灵活选择进行多样化观察。

（1）整体巡视

在活动开始的时候，教师对整个户外场地进行快速、整体地观察巡视，能大致了解幼儿的游戏情况。整体巡视便于教师看到不同区域的幼儿所进行的主题和表现的行为。例如：教师运用整体巡视观察到孩子们都在取材搭建不同的主题，有的区域用圆柱体叠高搭高楼，有的区域用小方块围成圆搭东方明珠；有些主题的同伴在协商合作，有些主题的同伴产生矛盾在争执。这种方法能以大视角观察幼儿，了解大部分幼儿的兴趣点，及时发现幼儿的困难、矛盾等，也能避免安全问题。但是整体巡视的观察有一定局限性，就是无法细致地倾听幼儿对话，无法掌握细节。

（2）定点观察

在户外建构游戏中比较常用的观察方法是定点10分钟。教师会选择一个地方进行一定时间的观察，一般10分钟或以上。教师观察的时候身心是集中聚焦某一区域并重点关注该区域的一个或几个孩子。

当教师在建构现场无意中听到"你们看，那里就有大吊车"结合近期幼儿搭建的车辆热点，让教师预感到这组幼儿可能会有新的车辆出现。于是，教师停下了巡回走动的脚步，定点在"大吊车"处将视线和听觉关注到这一组，连续观察10分钟以上。随后，教师为大吊车的搭建提供更丰富的材料：不同长短的方块、不同形状的立方体、不同大小的积木，引导幼儿有目的选择适宜的材料进行自由组合，成功搭建不同风格的大吊车。幼儿的搭建水平、思维能力和动手能力都有所提升。

（3）追踪观察

随着建构活动的深入，幼儿更明确自己在活动中的自主性。对于教师来说，在一次活动中无法做到面面俱到，那么就可以采用追踪观察的方法。

> **追踪观察实录**
>
> **大吊车**
>
> 第一次：好奇、瑞瑞和利奥是好朋友，他们自主结成一组。利奥说："我们来搭个吊车吧！"瑞瑞看着他，一脸茫然。利奥就指了指远处："你们看那里就有大吊车。"好奇和瑞瑞顺着他手指的方向看，幼儿园对面就是一个施工工地。那里有几辆大吊车旋转着长长的手臂在忙碌地工作着。于是，他们开始搬运木板。
>
> 第二次：他们以大吊车为模型进行建构游戏，最后搭好了一辆大吊车，它像高高的天平（两边长短不一样）。听见欢呼声，同伴们都围过去看大吊车。于是，在分享环节，这一组孩子积极主动举手，向同伴演示了大吊车的两边如何保持平衡。
>
> 第三次：幼儿淇淇提出了意见："这个吊车的柱子太瘦了，吊车手臂移动的时候会不会倒呢？"利奥看了看问："为什么会倒呢？我们已经加了一块长板啦。"好奇小朋友说："嗯，那我们再想个好办法，把我们的吊车柱子变得粗一点，这样支撑大吊车的柱子就能牢一点。"后来他们搭了一个很大的柱子，用长条围成了正方形，用小方块、小圆柱等作为支撑，一层一层地叠高，叠到和小朋友差不多高的时候，想要在最上面放长木板的时候，最上面的板哗啦啦塌了下去，他们只能重新在顶部搁上一块板。可是到顶部的时候又哗啦啦塌下去。一直忙到活动结束，大吊车的支柱还是塌的。

三次追踪让教师观察到幼儿建构大吊车的形成起源是对面的工地，了解到幼儿的兴趣。随着建构经验的不断累积，教师追踪观察到幼儿在分享经验时既回顾了搭建过程，又整理了建构经验。同时对大多数同伴起到启发理解作用，发挥幼儿之间潜移默化的学习能力。随着幼儿的积极互动以及讨论，出现了话题争辩。对于他人的意见，利奥的反应是不认可他人反驳，而好奇的反应是接纳同伴的质疑，然后调整大吊车支柱的粗细。当好奇提出把我们的吊车柱子变得粗一点之后，同伴默契地行动起来，搭很大的柱子，可见同伴的情感在加深。

追踪观察的目的不在乎大吊车是否需要改进，支柱是否能复原，观察目的也不是为了记录幼儿今天的搭建是否成功，而是在儿童发展优先的理念下通过运用追踪观察第一时间看见儿童的兴趣，看见儿童的互动，看见儿童不断接受挑战，不断发展。

2. 运用观察直觉进行识别

在儿童教育现场经常会出现短暂的对话和行动，教师可以依赖自己的内在体系知识，对观察到的信息做出及时的感觉判断，这是一种观察直觉。观察直觉促进教师快速做出反应，识别观察到的内容，后续给予有效支持。这是在实践经验的基础上逐渐形成的智慧。教师通过观察理解幼儿的活动意图、思维方式，在观察的基础上更科学地识别幼儿的现有经验与发展水平，从而在儿童发展优先的基础上制订适宜的支持方案，助推幼儿实现自己的构想，并在原有水平上有所提高。

观察实录

大吊车的平稳

好奇和瑞瑞搬来了小方块叠高，叠得较高时，利奥寻来了一块最长的板，架在了柱子的最上面，调整了一下左右距离，呈现一边长一边短的吊车形象。接着，好奇又去拿一块小方块压在了长板的最上面。看着摇摇晃晃的长板，好奇和利奥都没有放手，一直扶着长板。利奥就对瑞瑞说："你再拿块小方块来。"瑞瑞就拿了个方块往长板一端随意一放。好奇小朋友看了看，把小方块移动了一下，靠近正当中的方块边上。利奥又看了看，他把方块又移动了一下，往远处推了推，发现还是有点晃，他继续把方块移到最远。终于等长条稳定了，他才放手。他们三个人看着吊车，很高兴地围着吊车绕圈跑，手舞足蹈。

表1 大吊车游戏的识别

观察实录	观察直觉分析	识别
看着摇摇晃晃的长板，好奇和利奥都没有放手，一直扶着长板	孩子们既然能扶着板就有一定的意愿继续求稳	1. 此刻幼儿无须干预和帮助，只需要时间 2. 幼儿正在保持平稳，能在自主活动中感知基本的科学概念

（续　表）

观 察 实 录	观察直觉分析	识　　别
先后把长板上方压着的小方块移动3次	为了维持长板不掉落，孩子不断调整显示了孩子的兴趣	1. 孩子对平衡有探索愿望和需求 2. 孩子在平衡方面的相关知识和经验不多，有待提高 3. 孩子愿意尝试、不断调节天平两端距离，有探索精神

上述表1观察识别让教师更科学、合理地判断幼儿水平，后续在这基础上给予符合孩子的支持。

3. 个性化支持儿童

建构游戏中幼儿与材料互动时会产生很多问题，但幼儿经验不足、注意力和坚持性不持久，幼儿往往不能将问题聚焦，不能深入探索，难以持续主题，等等。这就需要教师在教育实践中通过丰富的观察经验了解游戏的进展，识别分析幼儿的行为和游戏情况，在儿童发展优先理念下个性化支持儿童。

（1）支持的对象

个性化支持儿童应该支持每一个儿童的发展。教师可以发扬儿童的闪光点，以某一价值点作为突破来发挥同伴的作用，利用同伴的力量来支持游戏。如看到同伴们对"大吊车"的新鲜和好奇，教师鼓励大吊车搭建的幼儿进行分享。幼儿在向同伴展示大吊车的搭建和探索的过程中不仅发展了探究精神和大胆自信的品质，也让其他幼儿感知"平衡"，发展能力。当然，教师也要重点支持弱势幼儿的发展，支持他们自主游戏。针对他们的学习水平，了解问题的根源，给予科学的指导，激发活动兴趣，激发互动能力。

（2）支持的时机

在观察识别建构游戏过程的基础上，教师要抓住恰当的支持时机。笔者综合了华爱华等学者的观点后，将支持的时机集中于建构活动出现困难的时机。例如：幼儿游戏无方向，无法全身心参与时；幼儿社会性发展受阻，独自或与同伴发生冲突时；幼儿建构游戏和建构动作不断重复无变化时；建构能力不足，缺乏新技能。尤其当孩子自身经验与探索不能继续时或者向教师求助、邀请时，教师应及时支持儿童。比如建构大吊车活动中幼儿将木板一层一层地叠高导致大吊车支柱哗啦啦塌了，叠高又塌，反复倒塌。这个现象引起幼儿的反思，他们重新在顶部搁上长板，同时也值得教师思考：这是支持儿童的好时机吗？是继续等待他们体验失败还是马上支持、帮助他们成功?

（3）支持的方法

教师在观察识别的基础上，针对不同情况选择合适的方法支持儿童。以儿童发展为先，教师支持的方法很多，常见的有以下几种：

首先，教师通过表情、手势等方式肯定幼儿的进步，给予积极的鼓励，增强成功感体验。

例1：幼儿找来了长长的圆柱体作为最底下的支撑，然后再在上面加固平铺了一层板，加固后又加了一层。有的小朋友说这个像桌子一样牢，他们还在上面压了压，用手按了按，发现一点都没有倒。针对幼儿不断将木板加固的行为，教师用非语言方式支持幼儿，教师笑眯眯地看着并弯腰探下身子关注木板如何一层层叠加，教师用手按了按像孩子一样感受是否加固后变牢固了。这些表情和手部动作给了孩子极大的肯定，激发幼儿继续探索如何牢固。

例2：女孩子在大吊车手臂的下方又搭了一根小柱子想把手臂支撑住。恒恒指着远处的大吊车说，你们看大吊车的手臂下面是没有支柱的呀。好奇小朋友说："对的，手臂要移过来移过去的，装了支柱也没用。"针对这一对话，教师认真倾听幼儿的想法，重视儿童的感知体验，支持幼儿后续用模拟实验来满足儿童探索需求的优先发展。从而不断完善、调整吊车装置，促进儿童理解吊车手臂移动、搬运重物和吊车牢固的关系。

其次，教师通过各种提问方式来引发幼儿思考并尝试自主解决问题。

例：教师问幼儿："加了很多板，为什么还是塌呢?"幼儿纷纷讲述了自己的想法。"不平。""很重。""是呀，你们发现板越多越重，但并不牢固。那怎样才会变牢固呢?"教师以问题支持幼儿思考调整，经过幼儿讨论，他们围坐在操场上观察马路对面在建商场所使用的大吊车，讨论吊车的运行。

最后，教师通过共同探究或集体讨论等形式帮助幼儿提升经验。

例：针对孩子反复"倒塌"失败的状况教师给予及时的支持，因为他们在搭建支柱的牢固方面始终停滞不前。教师支持儿童一起搜索生活中吊车的结构和装置，如何工作?教师挑选合适的建构知识和原理支持幼儿探索有关牢固的科学内容。在教师的支持下，受挫的孩子得到优先发展，提高建构能力。

四、结论

综上所述，为了实现儿童优先发展，教师观察与支持能力的提升尤为重要。

教师需要选择灵活多样的观察方法读懂儿童的行为和发展水平、学习方式；运用观察直觉识别儿童的情况并分析反思，为幼儿的发展提供个性化支持和帮助。在大吊车的建构活动中，教师始终秉持儿童发展优先的理念去观察儿童，将儿童的需求、儿童对大吊车的建构、平衡、牢固等探索兴趣放在核心位置，用不同的观察方法研读儿童，用观察直觉识别儿童的水平，通过等待、肯定、互动等方式支持儿童优先发展。幼儿在户外建构游戏"大吊车"的活动中发展了自主性；他们与同伴的合作、分享、沟通促进了社交能力，提高团队合作能力；他们在整个建构活动中不断生成拓展新的内容，丰富了建构的知识和经验，提升了科学素养。透过这个案例，足可以见证儿童发展优先理念下教师观察与支持的积极意义。当然这个理念不光局限于户外游戏中，在幼儿一日活动中教师也要始终以幼儿发展为优先，不断丰富经验，不断更新教育理念和技能，提高观察与支持能力的同时，促进每一个幼儿在原有水平上得到提升，能够逐步走向全面发展。

参考文献：

[1] 张迎红.在建构活动中用儿童视角进行教师观察[J].华夏教师，2023（23）.

[2] 陈慧芬.建构游戏中幼儿教师观察能力的培养[J].中国教师，2024（10）.

[3] 王田田.幼儿建构游戏中的教师支持策略研究[D].太原：山西大学，2023.

尊重幼儿差异，让幼儿"心口愿开"

张楚旖（上海市浦东新区下沙幼儿园）

世界上没有两片相同的树叶，同样地，幼儿园里的孩子什么样的都有：有动作慢的、有性格开朗的、有好动调皮的、有害羞内敛的等等，无论什么个性的孩子，都有他的特点。不仅仅是性格，每个孩子的发展也都存在差异：有表达能力特别强的、有社会性交往发展缓慢的、有观察力非常敏锐的……当然，也有一些乍一看好像都"不怎么样"的孩子。那么，事实真的如此吗？其实，不同年龄段的发育里程碑都不一样，3—6岁幼儿的认知能力和各方面发展有时会呈现截然不同的状态。作为教师要发现并尊重每个幼儿，从心理上理解幼儿的需要，助力孩子的发展。

班上有一个"不怎么会说话"的孩子——煊煊，偶尔愿意开口时，也像一个小小的复读机，重复他人的话，和她交流起来，我常常又好气又好笑。一次次地，我探索着如何帮助她提升表达的意愿，促进她语言表达能力的提升。

一、发现她的"光"——理解她的"不会说话"，看到她的"不一样"

煊煊是班级里的"小妹妹"，刚入园时，我和她妈妈沟通过孩子的情况，了解到孩子身体和语言的发展比同龄幼儿缓慢一些，能够理解他人的意思，但表达能力略有不足。经过观察，我发现，当别的幼儿主动和她交流时，她不会表达自己，有时会转而把脸埋在手里、蹲在地上，表现出拒绝的姿态；有时遇到她无法解决的问题，比如排队时有幼儿插队在自己前面，她会直接用手推开幼儿。煊煊面对社会交往整体呈退缩姿态，遇到与同伴和成人对话时，交流虽然没有消极行为的出现，但极少表达出交流的意愿，回答多以短词汇为主，有时除了自言自语，便不再理会他人。

案例1：

升入中班后，有一天开展角色游戏前，黄佳琪找到煊煊，问她："小煊煊，我做妈妈，你做妹妹好吗？"煊煊低着脑袋，说："我做妹妹。"黄佳琪说："对呀，你是小妹妹。走吧！"黄佳琪拉着煊煊一起进入娃娃家，两人开始摆弄娃娃家的餐具，共同照顾娃娃，黄佳琪喂煊煊吃饭。"煊煊，这是奶粉，你喝一杯。"煊煊看了看黄佳琪手里的玩具杯子，没有说话。

"煊煊，你快吃饭呀，你还小，喝了奶才能长高。"旁边的郑若森也凑过来说道。

"我还小，吃了奶才能长高吗？"煊煊低着头问道。"对呀，喝了奶才能上学。"孩子们七嘴八舌地劝起来。"喝了奶才能上学吗？"煊煊不断重复着周围孩子的疑问。突然，"啪——"的一声传来，煊煊推倒了杯子，推开身边的孩子，走出了娃娃家，坐在位子上。"小煊煊，不可以推人的！""老师，小煊煊她推了黄佳琪，还把东西都弄到地上！"我明白，煊煊并不是故意做出这样的动作，对于这次游戏的情节和意愿并不高，这是她表达"不"的独特方式。后续孩子们进行游戏时，果然她再也没有接受、理睬其他幼儿的邀请……

游戏过后，我找到煊煊，问道："煊煊喜欢做妹妹吗？"煊煊用手捂住嘴巴，低着头。我这样说道："煊煊喜欢喝奶粉。"煊煊看了看我，反问我："我喜欢喝奶粉吗？""煊煊不喜欢喝奶粉，那喜欢吃什么呀？""喜欢吃鸡蛋呀。""下次我们去宝宝家做鸡蛋吃好吗？"煊煊这回点了点头笑了。

案例2：

周末时，煊煊妈妈主动发给我一段视频，平时不善言辞、很少主动表达的煊煊正在兴趣班当歌唱家，和老师和妈妈介绍着今天表演的曲目。跟着伴奏音乐，煊煊把《鸭妈妈和鸡阿姨》唱得响亮动听，唱完她高兴地问老师："老师，我唱得好听吗？""老师，老师，再弹一遍。"……短短几句完整的句子，让我差点无法将视频里的孩子和煊煊联系起来。煊煊妈妈说:"孩子在家很喜欢说话、唱歌,于是我给她报了声乐班,考虑到她比较小,所以选了一对一的课,这样就不会害怕和怯场。"在家时,煊煊和爸爸妈妈会一同跟着"巧虎"里的音乐唱歌、跳舞,会模仿电视里的主持人,和爸爸妈妈扮演的角色进行"互动"。

我和煊煊妈妈了解到,煊煊在家时,虽然大部分时间也用短词汇和父母进行沟通,会回应简单的问题,但交流的意愿很高,在家中很少遇到被拒绝的情况。

相比在学校升入中班后,煊煊会回应老师的"早上好""再见"等简单的用语了,也会重复成人和周围人的话,但很少做出短句的回应,或与同伴交谈。

语言表达力的欠缺导致了煊煊表现为在校型的社交退缩,在情绪情感上也存在一定问题。在与同伴交往中,不同于家里,会遇到"不愿意"的情绪,煊煊不会用语言表达"拒绝",因此在难以表达的情况下会产生紧张和焦虑等负面情绪,导致过激行为的出现,又由于周围幼儿对她行为的否定态度,导致她更多时候选择独自坐着,有较重的游离感和孤独感,长此以往对煊煊的同伴关系有较为严重的影响,不利于幼儿发展。但作为教师,要尊重幼儿的个体差异性和发展能力水平。《纲要》中指出,要"尊重幼儿在发展水平、能力、经验、学习方式等方面的个体差异,因人施教"。每个幼儿的成长模式、成长环境和先天因素都不同,不应该强制幼儿按照成人意愿"说出"成人想要听的话,表现出成人想要的行为。作为教师,应为每一个幼儿提供合适的发展机会。通过观察,我认为煊煊自身的语言、技能和方法不多,但并不影响她与人之间的交往。一瞬间,一个想法涌现在我脑海中……

二、让"光"闪烁在幕前——给予幼儿完美表现的机会,刺激表达意愿

煊煊的语言表达能力并不是一朝一夕就能得到提升的,可以看出,她并不是不能表达,对于短句短词汇都具备一定的掌握,煊煊"话在心里口难开"归因于

多种因素。我想到音乐是煊煊喜爱的艺术,在与煊煊家长交流后,更是发现了孩子对于音乐的兴趣,在音乐的催化和环境下,我相信她更愿意、也能够用言语表达自我的想法。所以,我想办法为她创设合适的表现表达机会。

 案例3:

在自由活动开始前,我找到煊煊进行单独的对话。"煊煊,妈妈昨天给我发了你唱歌的视频,你唱得可真好听呀!"看到煊煊的眼神望向我,我继续说:"今天我想听听你直接唱给我听《鸭妈妈和鸡阿姨》,好吗?"煊煊看着我,没说话。

"煊煊,你唱给我一个人听,我们去钢琴那儿试试好吗?"我尝试拉着她的手,煊煊一蹦一跳地跟在我身边。我理解,这是答应我了。"煊煊,愿意就要大声地说出来哦。"

我拿出事前向煊煊妈妈要的琴谱开始弹奏。一听到前奏响起,煊煊就主动坐上钢琴凳,坐在我的旁边。"鸭妈妈和鸡阿姨,亲亲热热在一起……"

很快,煊煊的歌声吸引到了正在自由活动的小朋友,孩子们好奇地围了过来,"这是什么歌呀?""没学过。""小煊煊唱得真好听!"……

唱完后,很多小朋友好奇地围在了钢琴边,我轻轻地和煊煊说:"煊煊,他们都很喜欢你唱的歌!"看着她的笑脸,我赶紧邀请她,"煊煊,我们再给大家唱一次吧!"煊煊说:"好!我再唱一次吧。"我理解了,这一句话,对煊煊而言,一定不是简单的重复。

于是,我请孩子们都坐好,聆听煊煊的表演。"鸭妈妈,谢谢你,向你敬个礼!"……这一次,煊煊唱得更加投入、响亮了。"我唱得好听吗?"最后,煊煊这样问道。

"好听!""好听!"孩子们都高兴地拍起了手。"煊煊来小舞台!我来跳舞你唱歌!"刘子柔还对她发出了邀请。

"煊煊,如果你想去,就对刘子柔说'好',如果不想去,就说'不'。"

"好!"煊煊高兴地说道,"去小舞台。"

> "煊煊，你今天不仅为我们唱了这么好听的歌，还要成为舞台小明星了哦！"
>
> 教师应当发现幼儿的闪光点，发现是一个教师的基本素养，而创造幼儿完美表现的机会，让这束光放大则是一个教师"因材施教"的智慧体现。多样化的表达形式适合不同特点的幼儿，针对幼儿兴趣激发幼儿表达的意愿，能够有效增强幼儿表达的自信心，当围绕幼儿兴趣点并从幼儿的思维方式出发时，教师会具备更强的亲和力，更可能与幼儿进行亲密有效的沟通。了解幼儿对什么事物感兴趣，从什么角度能够更快地让煊煊"愿意说"，这是需要深入思考的问题。
>
> 当煊煊的完美表演得到孩子间的赞美和肯定，很大程度上增强了她的自信心，也激发了她的表达意愿。我也发现煊煊有一定的能力表达自身的想法，只需要一些合适的催化剂，就能让她将所想所愿大声说出来。作为一个教育者，最主要的任务是正视孩子的需要。对于一些交流方面有困难的幼儿，语言能力有重要的意义，关乎日后其社会关系的培养、自我心理的建设和全面发展。但单一的情景和教育方法无法产生任何帮助，只有设身处地为幼儿创造积极情景下的机会，合理运用正向的赞美和鼓励才能培养和发展煊煊的语言能力，建立幼儿信心。

三、让"光"照进每个角落——后续支持，说"不"也可以

我想以此为切入点，继续发掘煊煊语言表达的潜力。煊煊不会用语言拒绝同龄人的邀请，也很少在语言上表达，更多时候会使用略带攻击性的动作替代。于是，我开始从一日活动的各方面引导孩子："如果你不想上厕所，说不去就可以了。""如果你觉得不热，不想脱衣服，摇头就可以了。""你不想和他换玩具，说不就可以了。"教师是成人，但一定要跳出成人的想法，为幼儿考虑当下的发展状态和后续的教育支持策略，培养幼儿更开放的认知和表达。针对煊煊极少用语言表现出"拒绝"的情况，教师应当适当地引导孩子建立起"你可以说不"的认知。爱、接纳和换位思考是教师对幼儿应有的姿态。

案例4：

煊煊在角色游戏里当起了小舞台的常驻嘉宾，孩子们都热情地邀请煊煊来为她们伴奏。《鸭妈妈和鸡阿姨》《小船长》《好妈妈》……每周，煊煊都会带来新学的歌曲，小舞台举办得热火朝天。

"煊煊，我们去小舞台吧！"今天，房林玥依然向煊煊发起了邀请。

煊煊站在原地，"我……"便不再说话。"煊煊，你不想去吗？"我问道。

"我不去小舞台，没有新歌。"

"没关系呀，我们演《大吊车》，就是昨天学的，我去找老师给我们放音乐。"房林玥说道，拉起煊煊的手。"好，《大吊车》，我会唱。"煊煊回答了房林玥。

煊煊不再用推、跑的方法表达自己的意愿了，开始用语言表达自己的态度，甚至会加上自己拒绝的理由了。煊煊"不表达"的背后是"不善表达"，当语言发展阻滞孩子自由发展时，通常我们会认为这样的孩子"不合群""冷漠孤僻"，但刻板的印象和态度更不利于幼儿的发展，适得其反。根据研究表明，当前对幼儿语言发展的引导存在"实施形式传统、古板"的问题，大部分依赖于集体教学活动，不利于差异化教育。而西方学者提出的全语言教育更注重幼儿语言环境、物质环境、情绪环境的综合因素，寄教育于生活、游戏等各类自由环境中，侧重于让不同幼儿在日常生活中通过零碎的机会提升能力。面对煊煊，不能将传统方法"生搬硬套"，这样只会"强制"她表达，而不是引导她自由表达，全面发展。

和煊煊共同进步的过程中，我相信每一个儿童都是带着美好的愿望来上学的，这种愿望像一束闪耀的光，但这束光很容易被刻板的态度所熄灭。煊煊的"不说话"并不是因为其本身对交往的态度消极，而是因为儿童语言的发展具有阶段性，煊煊本身掌握的语言、技能、方法可能不多。我逐渐理解，面对"话在心里口难开"的孩子，每一个动作、每一句话背后都有她真正想表达的意义，身为教育者，应当将幼儿发展置于首位，理解孩子的想法，再从孩子的角度引导孩子。蒙台梭利曾说，"教育就是激发生命，充实生命，协助孩子用自己的力量生存下去，并帮助他们发展这种精神"。身为教育者,要从高位走下来,请孩子自己坐上去。要发现每一个孩子、每一次机会,用机会创造机会,让孩子"通过内在力量来达到自我的学习",实现全面的、完善的、自由的发展。

劳动启智，家园共融

——家校社联动下的幼儿园劳育"微"课程实践

申 晨（上海市浦东新区王港幼儿园）

我园以"劳动小基地"建设为载体，以儿童立场为核心，借助幼儿种植活动为抓手，充分利用农村幼儿园的环境优势和本地生活习惯，大胆探索融合互补的新型家园合作方式，积极推动家庭、社区参与幼儿园劳育课程的建设，谋求多元主体的互联共育、合作共赢。家校社三方相辅相成、互为交融，共同构建了一个三位一体的教育框架。在此框架下，我们历经四年的探索与实践，梳理了劳育"微"课程的目标、结构、内容及实施路径，强调从儿童的角度出发，深入考虑教与学的关系，旨在促进幼儿全面发展，注重劳动过程中的体验与学习以及劳动意识的启蒙，以促进幼儿和谐、全面发展。

一、家校社联动下的劳动小基地建设

1. 硬件

种植园在镇社区参与共建后经过扩建优化，更名为"劳动小基地"，实现了从"有"到"优"的转变。占地面积近300平方米，区域划分更清晰，包括土壤和水培种植区、暖棚、工具房等，满足了多方面的需求。

2. 软件

以幼儿园为引领，家庭、社区参与共建，幼儿为主体、家长为主导，利用多种途径和方法，创造性、综合性地组织与开展劳动教育。形成"家校社"三方的优质互动，发挥各自的作用，共同促进"劳动小基地"的建设。

3. 建设与运行机制

"劳动小基地"的建设前期,在幼儿园内设"家校社合作办公室",邀请了家委会代表及社区人员参与讨论与设计,充分听取家委会及街镇社区人员、农耕专业人士意见与建议,三方代表保证每周开例会。组织班级幼儿观察与劳动,每两周组织家长义工团入园进行与幼儿一起开展日常照料与养护指导。不定期地组织各班家庭代表进社区参观百草园、参加劳动小基地的种植及采摘活动等。

二、家校社联动下幼儿园劳育"微"课程的创生

在"劳动小基地"的建设过程中,以种植活动为抓手,劳育"微"课程从设想到创生,历经三个阶段的思考与打磨。将实践成果与理论进行整合与转化,从"重结果"转变到"重过程",即通过三方合力来开发"微"课程,发挥其在课程实施中的重要引导作用。

(一)第一阶段——初步设计与架构课程

1. 目标的确立

研究初始,依据幼儿劳动教育相关文献的理论以及专家的指导意见,并结合《3—6岁儿童学习与发展指南》中有关目标和教育建议,以"劳动小基地"建设研究为载体,初步拟定了课程的总目标,更多地指向基于幼儿动手操作,亲身感受,尝试运用多种工具开展种植活动,注重幼儿劳动品质的提升。

2. 内容的预设

我们从基础课程与拓展课程两方面预设了"微"课程的内容,其中基础课程包括了劳动体验、劳动探究、劳动艺创与劳动故事四个方面。拓展课程主要包含了时令节气及健康食育等的相关内容。

3. 环境的打造

联合社区专业人士、家长共同选址,新建、改造、优化室外种植区并打造种植"小基地"。家长自发提供种植工具,家园共同布置"小基地"的展示板、活动墙等。

4. 我们的思考

以"二十四节气"作为种植物的选择依据是幼儿想要的吗?能完全实

现吗?

第一,在"微"课程内容的指引下,学校与家长、孩子共同选择感兴趣的植物。在种植初期,幼儿对种植的兴趣比较浓厚,但是种植过程中幼儿参与性没有达到预期的效果。过程中家长和老师照料得更多,幼儿主动劳作的意愿不强。

第二,受到季节的影响,二十四节气中种植品种比较单一,且有些植物的种植周期较长,植物的选择性会受到限制,所以在种植物的选择上,可以考虑以四季为参考维度,进行内容上的梳理和调整。

(二)第二阶段——动态调整与优化课程

1. 灵活调整,有增有减

减——通过教师及幼儿在实践中的思考与反馈,我们将种植物的内容进行了再梳理,将原本的按照二十四节气的划分改变为按照四季进行划分,便于教师选择适合的种植物。

增——考虑到幼儿种植兴趣和参与的主动性,改变原有教师预设的方式,在选择种植物的过程中更关注幼儿的兴趣和经验,从种植方式和种植种类两方面给幼儿提供更多的选择权,关注幼儿的参与性和主动性,凸显幼儿的主体地位。

2. 多方助力,共同研发

通过交流与研讨发现教师的种植经验十分有限,在种植经验和种植方法上都存在较大的局限性。因此把家长或有经验的社区人员纳入其中,"微"课程的开发从原先的以教师作为主体转变为多方相互合作,助力"微"课程的研发,真正实现家、校、社三方互助合作模式。

3. 环境整合,关联互动

在前期环境创设中,主要以幼儿园"劳动小基地"为主,辅以班级班本化"种植角"。但是在寒暑假期间,幼儿无法进园种植及观察,特别是一些种植周期比较长的植物。基于此引导家长在家里辟出"家庭自留田",让幼儿在关联与整合的种植环境中,亲身体验植物的播种、成长、收获、出苗、开花、结果、落叶凋零的全过程,使幼儿获得完整的感知和体验。

4. 我们的思考

如何凸显"微"课程的导和引,真正实现家校社合作共育?劳动教育要培养科学劳动精神,提高创造性劳动能力。因此不应只停留在小基地的建设、

"微"课程的开发上,而是更多地要凸显"微"课程的"导"和"引"的功能。培养幼儿的劳动认知、劳动技能和劳动习惯,发展幼儿劳动自主性和劳动创新性等精神。

(三)第三阶段——多方参与和多元整合

1. 以幼儿发展为导向

研读学习《关于全面加强新时代大中小学劳动教育的意见》《浦东新区幼儿园劳动教育课程方案》《3—6岁儿童学习与发展指南》等文件,对课程目标的层次结构进行研讨,以儿童立场、幼儿发展为导向,完善和优化了总目标。总目标中注重幼儿劳动意识的启蒙,劳动情感、体验、品质、行为的转变和发展。分解和细化阶段目标,结合幼儿的年龄特点及儿童发展行为观察为指引,确定各年龄段幼儿在种植活动中的具体目标和表现。如小班重照料和观察,中班重观察、比较、发现,大班重实践及问题的解决等。

2. 以"微课程"为引领

"微"课程的建立和应用,旨在发挥其指导启发作用,而非依赖"经验主义"或"固有模式"。为此,在结构上加入了实施要求和组织要点等建设性意见,使"微"课程的引领作用最大化,并在实际操作中实现灵活选择和应用。

- 课程目标

(1)课程总目标

通过幼儿园种植"微"课程的开发与实施,注重劳动意识启蒙,鼓励幼儿主动参与种植活动,在亲身经历的种植过程中,逐步提高幼儿观察、探索、表达表现等各方面的能力,拓宽相关的知识经验,激发幼儿对种植的好奇心和探究欲望,体验种植的快乐。提升家长对开展幼儿劳动教育的认同感,指导其多样化地参与,增进亲子感情。

年龄段	学习特点	目标
小班	充分运用感官探究,重观察和兴趣	1. 愿意与老师、爸爸妈妈共同承担种植小任务,自己能做的事情愿意自己做,为自己的好行为、成果感到高兴 2. 尝试用不同的工具照料植物,观察植物的外形特点,发现其成长过程 3. 寻找各种果实,运用视觉、嗅觉、触觉来观察和发现植物果实的多样性

（续 表）

年龄段	学习特点	目标
中班	观察和比较，发现相同与不同，初步操作实验	1. 愿意尝试使用各种材料、工具和方法进行种植活动 2. 观察并发现不同的植物在生长过程中的不同特征，制作个性化的植物名片 3. 用不同的介质培育植物，探索哪种介质最适合植物的生长，制作实验，体验劳动的辛苦和快乐
大班	大胆猜测，制订计划，用一定的方法验证猜想	1. 能积极主动参与到种植活动中，初步了解二十四节气农民劳动习俗，能尊重每个职业的劳动与成果 2. 利用多种观察记录材料，如放大镜、电子显微镜、记录纸等，探究植物的生长特性和生长需求，对环境的适应性 3. 能在种植过程中大胆提出问题、猜测、收集信息、验证并能与同伴交流自己的发现

（2）各年龄段目标

- 课程环境

在课程环境的建设中，关注校园室内外环境、家园之间的整体性和关联性；注重在课程的动态发展过程，强调创设预设与生成的表征环境；努力营造主导与合作的互动环境，使幼儿能够在这样的课程环境中受到良好的熏陶和影响。

- 课程结构与内容

（1）课程结构

依据种植场地的不同，"微"课程主要包括劳动体验、劳动探究、劳动艺创及劳动故事四个部分。劳动体验主要立足于幼儿主动参与到种植活动中进行种植、养护及收获，养成良好的劳动习惯，树立对劳动者的感恩之心；劳动探究主要立足于对种植物的观察、探究和发现，提升幼儿的认知水平；劳动艺创立足于将收获的果实等进行艺术化的呈现，注重将劳育和美育相结合；劳动故事立足于发现种植过程中的精彩瞬间，提升幼儿的劳动积极性以及家长对劳动教育的认同感。健康食育立足于在家庭中进行食物烹饪，了解食物的安全、营养知识等，培养良好的饮食习惯。

（2）课程内容

课程内容包括预设与生成两部分，预设部分主要是指教师按照春夏秋冬选择适合农作物与幼儿一起种植；生成部分主要是指教师或家长根据幼儿的兴趣及经验生成一系列幼儿感兴趣的种植活动。

• 课程组织与实施

种植"微"课程的组织与实施过程,是幼儿园和家庭合力创造性地开展工作的过程。围绕课程目标,从本园和家庭的条件出发,结合幼儿的实际情况,开展幼儿种植活动。课程实施分为总体要求和具体活动要求两方面。

1. 总体要求

(1)制定和组织实施幼儿园种植"微"课程计划。加强"微"课程的研究和开发,做好每日、每周、每月、每学期开展主题种植活动,体现种植日常化和生活化。

(2)根据幼儿的生活经验,选择、开发和组织种植"微"课程内容。在家园共育下渗透幼儿劳动教育,培养幼儿的劳动意识和情感。

(3)遵循幼儿年龄特点和学习方式,强调身心参与,手脑并用。让幼儿在真实情境中,亲历实际的劳动过程。注重幼儿劳动情感、劳动认知与劳动习惯的培养与发展,在面向集体的同时,尊重个体差异,因人施教,促进每个幼儿的发展。

(4)积极利用家园社区三方资源和条件,扩展幼儿种植活动的空间,拓展各类资源的有效运用,帮助和支持家长提高对培养幼儿劳动教育的认识和认同。

2. 具体活动要求

(1)劳动体验

组织要点:

① 注重种植活动的过程体验,使幼儿在获得种植经验的同时,发展认知能力,丰富劳动情感体验。

② 采用集体、小组、个别及亲子活动相结合的方式开展,根据幼儿的年龄特点灵活运用多种体验方式,如参观、照料、实验、比较、采摘等。

(2)劳动探究

组织要点:

① 经常带幼儿对种植物进行观察,激发其好奇心与探究欲望,支持和鼓励幼儿的探索行为。

② 支持和鼓励幼儿在探究的过程中积极动手动脑,寻找答案或解决问题。

(3)劳动艺创

组织要点:

① 和幼儿一起发现种植物的特征,感受和欣赏它们的美好。

② 尊重幼儿自发的表现和创造,并给予适当的指导。

（4）劳动故事

组织要点：

① 鼓励幼儿将种植过程中的发现、感受与教师、同伴及家长进行分享。

② 指导幼儿及家长利用图画、文字等方式共同记录亲子小故事，如植物生长的完整过程，或在种植过程中的所思所想。

（5）健康食育

组织要点：

① 帮助幼儿了解食物的营养价值，引导他们不偏食不挑食、少吃或不吃不利于健康的食品。

② 鼓励幼儿和家长一起对食物进行加工或烹饪，做力所能及的事情。

三、家校社联动下项目化推进幼儿园劳育"微"课程的实践

新时代的劳动教育呼唤"整合"的教学方式。我们利用幼儿园教育中最常用的项目化学习模式来逐步建构整合式经验的课程。项目化种植结合了做中学、家校合作、浸润式体验等特点，是一种类似于探究性和体验式的新型教学模式。

（一）赋能劳动教育新内涵

项目化推进方式结合幼儿实际生活和兴趣，基于他们的经验。每个班级都有自己的菜地，实施项目化"微"课程。根据果实分类和生长位置，分为"土里""地上""棚架"三大类及"种植工具"共四大项目组。各组以植物名称命名，如土豆组、鸡毛菜组、黄瓜组等，共有近30个项目化小组。

如"泥土"项目组，主要着眼于果实长在泥土里的一些蔬菜的种植方法。这类蔬菜在平时的浇水、除草、施肥过程中是看不到果实的生长情况，所以如何判断其生长是关注的内容；又如"地上"项目组，着眼于"卷心菜、青菜"等长在土壤上的蔬菜，有些叶子容易被虫咬，在种植照料过程需要特别注意；还如"种植工具"项目组，着眼于探索、比较不同种植工具带来的种植体验。

1. 准备阶段——环境熏陶

为了使"劳动小基地"真正适合孩子们的劳作、观察和学习，"种植工具"项目组的成员们收集了和幼儿身高相匹配的镢头、铁锹、挖锄、小型的水壶、水桶、扁担、箩筐、雨靴和雨衣，以及尺、量杯、纸笔等用以观察记录的工具和材

料，并配有图文并茂的说明，为幼儿提供物质上的支持，促进了幼儿爱劳动的主观意识及探究意识。

2. 开展阶段——经验整合

在项目推进的过程中，幼儿整合了多种经验，教师、家长积极引导支持，与幼儿有效互动，真正体现了以幼儿为主体，幼儿反思和解决问题的能力得到了进一步的全面的发展。

如"豌豆"项目组的小朋友们看到自己菜园里的豌豆枝都倒了下来纷纷说着自己的发现。昕宝："你看这个豌豆的叶子都快碰到地上了。"沐沐："它好像快要断了。"教师拍摄了豌豆倒下的照片，回到教室引导幼儿展开"豌豆拯救行动"的讨论。幼儿基于自己的已有经验，积极思考，大胆表达自己的想法：风雨太大，吹倒了豌豆；豌豆长得太高；豌豆宝宝长得太多了，枝干细无法承受重量；豌豆没有绳子绑在竹竿上……面对这些问题，幼儿积极思考、分组制订计划，师幼、亲子共同查询资料，向组内有经验的家长们寻求帮助等。

3. 结束阶段——辐射成果

在整个项目推进的过程中，幼儿留下了许多可见与不可见的过程性成果。可见的成果是每次观察、照料的种植物的照片；每次遇见问题搜索资料后留下的表征；幼儿和家长共同记录的《植物观察记录册》。不可见的成果是幼儿在项目开展过程中积累的种植经验、建构与空间发展经验、解决问题的能力等。

"豌豆"项目组在种植的最后阶段，幼儿与教师、家长共同收获果实。出于食品安全考虑，果实豌豆都由"豌豆"项目组家长带到家中品尝，家长反馈平时不愿意吃绿色蔬菜的幼儿也快乐地品尝着用豌豆做出来的美食，不挑食了。

(二)开发劳动教育新途径

经过不断实践，加强以项目化方式推进"微"课程的组织与实施。学龄前儿童处于学习的初始阶段，对外界的事物常常保持着新鲜感和求知欲。劳育"微"课程实施通过项目化推进，不仅能吸引幼儿的兴趣，增加幼儿在活动过程中的专注力，还能加速幼儿对科学种植知识的认识和理解。

以"棚架"项目组为例。种植对象主要为黄瓜、丝瓜、豇豆等蔓生作物。项目组由三个班级组成，分别种植黄瓜、丝瓜和豇豆，开展搭架、播种、照料养护等过程，便于不同班级幼儿的横向观察和对比。项目初期，邀请家长志愿者共同商讨和准备种植所需的材料，并通过网络资源了解、学习棚架种植的形式和方法，结合地形，分析、比较不同造型棚架的优缺点。由家长志愿者搭建棚架，幼儿一起播撒种子，为后期的观察与种植打下坚实基础。在课程实施过程中，幼儿对棚架植物的生长过程的观察呈现连续性和递进性，幼儿进一步了解黄瓜、丝瓜等植物由爬藤、开花、到结果的生长过程。同时，教师带领幼儿全程参与到课程实施中，承担照料养护、除杂草、浇水、清理垃圾等一系列劳动任务，培养幼儿自主动手，并且通过挖坑、埋种、翻土、浇水、记录生长等过程，深化科学体验，探寻幼儿种植活动的有效推进方式。

以"泥土"项目组为例。开展前期，教师利用家长会、班级QQ群以及家委会沙龙等途径广泛宣传种植活动对幼儿发展的价值，让家长了解幼儿的种植活动。首先，通过家委会会议商议决定，先发种植邀请函，征集有经验的家长，协助合理、科学种植的有序开展；其次，制定种植小组，邀请有种植经验的家长担任组长，设置2名组员，便于家长时间上的调剂，定期来园，和幼儿一起关注萝卜的成长及指导种植活动；最后，学校邀请家长义教进校园，为幼儿科普种植经验。幼儿真正体会了"脚踩泥土，手摸杂草，脸朝地，背朝天"的田园生活，在种植过程中有汗水和辛勤的付出，孩子们不怕脏、不怕累，还锻炼了吃苦耐劳、持之以恒的品质。

（三）分享劳动教育新故事

我们的课程实施路径非常丰富，研发了线上的云端"种植之旅"，使"微"课程不因任何外在因素而停滞。

利用学校微信公众号发出倡议，号召家庭"晒一晒"家中"自留田"的种植经验和成果，进行全园范围的辐射和分享。开展"云"上沟通会，邀请有信息技术专长的家长设计二维码，让家长和幼儿"扫一扫""看一看"，身临其境般欣赏到幼儿居家种植的全过程，了解居家亲子种植的"苦"与"甜"。"小番茄生长记""大蒜的故事"等一系列有趣、生动的视频在"云"上传递，越来越多的家庭在榜样的积极感染下开展家庭"自留田"亲子种植。大家共同讨论，分享体会，相互交流种植经验，进一步引发幼儿对于劳动的兴趣，有助于家园共育，总结种植"微"课程的成果。

家长与教师之间建立了"实践、质疑、解惑、再实践"的沟通互动形式，将"微"课程实施过程中遇到的困惑和难题以问答的形式进行记录，包含线上种植经验分享、积极情绪提升、劳动意识提高的各种经验与方法，梳理出了一套较为完善的劳育"微"课程之家庭教育指导手册。

　　总之,开展家校社联动下的幼儿园劳育"微"课程的探索与实践,不仅是打破传统教育模式的新尝试,更是对儿童立场和教育学理念的深入践行。劳育"微"课程的实施,注重幼儿在过程中的主体地位,激发幼儿的兴趣与潜能,培养其劳动意识、劳动技能和劳动精神。后续需要我们将继续坚持以儿童立场为导向,进一步探索深化家校社合作,创新合作方式与策略,为幼儿创造更加丰富、生动的劳动教育环境并增强家长对劳育课程建设的认同感和参与度。此外,我们还将不断反思和优化劳育"微"课程的设计与实施,确保劳育"微"课程能够真正落地生根,促进幼儿全面而有个性地发展。

游戏活动中以"一育"带"四育"的初浅尝试

——以幼儿园劳动游戏活动清洗衣物为例

张雪楠（上海市浦东新区东方德尚幼儿园）

在现代教育转型与发展过程中，"五育"融合的理念为其提供了丰富的科学指导。"五育"融合的终极目的是促进学生的全面发展，学前教育虽然不属于基础教育中的环节，但作为幼儿在初进入教育、形成良好阅读习惯的关键环节，把"五育"结合纳入整个学前教育的一日生活环节中是十分必要的。本文从"五育"融合的视角出发，以幼儿发展优先为前提，调研结果为证据，以我园的劳动游戏活动清洗衣物为例，浅析以劳动教育为首带动其他"四育"发展的实践意义，希望能够为幼儿教育工作的高质量开展积累丰富经验。

一、幼儿劳动活动——清洗衣物现状调研

（一）调研分析

我园以劳动教育为起点，将生命教育融入劳动教育中，以"一育"带"四育"的方式推动幼儿的全面发展。本次我以幼儿园劳动活动清洗衣物为例，解析在本活动中"一育"带"四育"的情况，并提出改进方法和反思。在活动之前，针对清洗衣物，我利用访谈法对幼儿进行了一次调研，调研结果如下：

由下图我们可得知：

1. "体、智"：幼儿劳动兴趣较高，但洗衣服技能掌握不足

在调研中，我发现幼儿对参与清洗衣物这项劳动活动表现出浓厚的兴趣。他们乐于尝试、愿意动手，对于能够亲手清洗自己的衣物感到兴奋和自豪，说明清

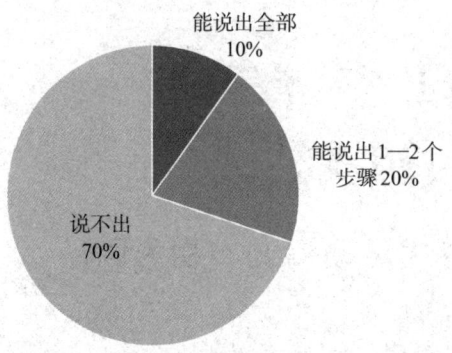
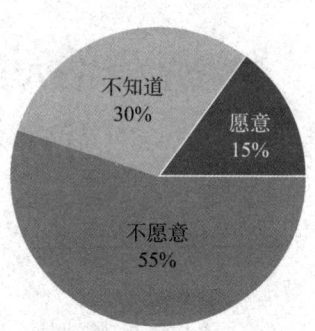
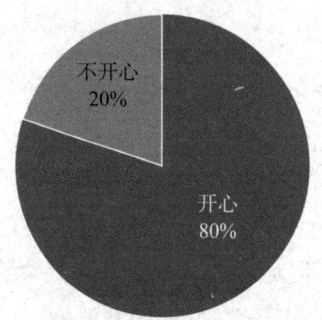
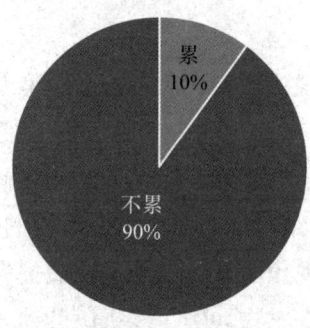

洗衣物的劳动活动能够提高幼儿"体"方面的发展，帮助幼儿强壮体魄。然而在清洗衣物这一具体劳动技能上，幼儿们普遍表现出掌握不足的情况。很多孩子对于如何正确洗涤衣物、分类衣物以及使用洗涤用品等方面存在较大的困惑和误区。说明清洗衣物的劳动活动对幼儿"智"方面的提升还不足够。

2."德"：幼儿合作、分享意识较少

在调研过程中，我也发现了一个较为明显的现象是幼儿在清洗衣物的过程中合作和分享的意识相对较少。他们更倾向于独自完成任务，而较少寻求同伴的帮助或与他人分享劳动成果。如对于洗衣液、搓衣板的使用大部分的幼儿会坚持自己独有一份，不愿意跟同伴共用。这说明清洗衣物劳动活动在促进幼儿"德"发展方面仍存在一定的不足。

3."美"：幼儿尚不具备发现劳动中美的能力

通过调研我们发现幼儿无法发现劳动中的美，幼儿只是单纯地进行劳动但是没有享受劳动的快乐，部分幼儿不了解劳动的意义，这在一定程度上影响了他们参与劳动活动的积极性和热情。

（二）调研结果反思

1. 丰富清洗衣服活动内容，鼓励幼儿合作清洗

调研结果显示幼儿的合作、分享意识不够强烈，对此，我丰富了清洗衣物活动的内容，不仅局限于简单的洗涤过程，而是将分类、整理、晾晒等环节也纳入其中，通过多样化的活动内容，不仅能够引导幼儿全面认识和理解清洗衣物的过程，培养他们的实践能力和生活自理能力，还能够鼓励幼儿分工合作清洗衣物，培养他们的合作意识和团队精神。同时在活动过程中，我还设置了一些需要多人协作才能完成的任务，如共同搬运衣物、合作搓洗等。通过合作完成任务，幼儿将学会如何与他人沟通、协商和分享，提高他们的社交能力和解决问题的能力。

2. 做好活动前后引导和铺垫，加深幼儿对清洗衣服的了解

经过调研我们发现幼儿对清洗衣物的步骤不熟悉，因此在活动开展前我会通过谈话、集体教学等活动与幼儿一起讨论清洗衣物的步骤。并且，我会结合图片、视频等多媒体教学资源，让幼儿直观地了解清洗衣物的流程，帮助他们建立起清晰的认知框架。在活动前，我还会组织幼儿进行相关的知识储备，如了解不同衣物的材质、洗涤要求和注意事项等，以便他们在实际操作中能够正确应对。在活动结束后，我会组织幼儿进行分享和交流，让他们谈谈自己在清洗衣物过程中的感受和收获。通过分享，幼儿不仅能够巩固所学知识和技能，还能够从同伴的经验中汲取新的启示和灵感。

3. 创设美的环境，鼓励幼儿在活动中发现清洗之美

在我们的调研中，我们发现许多幼儿对美的认识尚显不足，为此我积极采取了一系列举措，以期在创设美的环境的同时，鼓励幼儿在活动中发现洗衣服之美，从而培养他们的审美能力。首先，在清洗衣物的过程中，我们特别注重引导幼儿观察衣物的颜色、质地和图案。我们会选择色彩丰富、图案各异的衣物作为教学素材，让孩子们在观察中感受衣物的美感。其次，我们还会向孩子们介绍衣物的材质、来源以及制作工艺，让他们了解衣物背后的故事，从而更加珍惜和欣赏衣物。

二、"以一带四"——"五育"融合下劳动教育活动的实践

根据以上的调查数据分析以及改进措施，我再次开展了清洗衣物的劳动活动。

(一)第一次实践

1. 实录

豆豆和千寻今天一起玩清洗衣物,今天的活动有好多内容呀,他们站在一堆衣物面前,感到有些不知所措。豆豆望着眼前琳琅满目的衣物,困惑地问道:"有这么多的劳动我们要做哪个呢?"千寻思索片刻后,小声地说:"我想洗衣服。"豆豆点点头,开心地说:"那你去洗衣服,我去帮你晾衣服好吗?"

千寻觉得这个主意不错,但又有些担心:"好呀,可是还要把袜子和袜子放在一起,衣服和衣服放在一起,谁来帮助我们呢?"正当他们为这个问题犯愁时,小徐走了过来。他看见豆豆和千寻正在为清洗衣物而忙碌,便好奇地问道:"我可以加入你们吗?我也想玩洗衣服。"

豆豆和千寻异口同声地说:"好呀,你当然可以加入我们!"小徐高兴得跳了起来,然后问道:"那我可以帮你们做什么呢?"千寻想了想,说:"你可以帮我们分衣服,把相同类型的衣物放在一起,这样我们清洗起来会更方便。"

小徐欣然接受了这个任务,他仔细地将衣物进行分类,把袜子、裤子、外套等不同类型的衣物分别放在不同的篮子里。豆豆和千寻见状,也迅速投入到清洗衣物的行动中。他们按照小徐分好的衣物类型,开始一一进行清洗。

在清洗的过程中,千寻一边洗一边说:"老师跟我们说洗衣服要先把衣服弄湿,然后再涂一点洗衣粉,接着用力搓一搓,最后再用水冲一冲。"当所有的衣物都清洗干净后,他们开始晾晒衣物。豆豆和千寻负责将衣物挂在晾衣架上,而小徐则负责调整衣物的位置和角度,确保每一件衣物都能充分晾晒。经过一番努力,他们终于完成了这次清洗衣物的活动。

2. 活动反思

(1)幼儿合作意识明显加强,洗衣技能有所提高

通过这次的活动我们可以看出幼儿在劳动时的合作意识有了明显的增强,能够有条不紊地进行每一个步骤。有的幼儿负责浸湿衣物,有的负责涂抹洗衣液,还有的负责搓洗和冲洗。在这个过程中,他们互相交流、互相帮助,共同完成了清洗衣物的任务。此外,通过活动,我们也可以看出幼儿们对于清洗衣服的步骤也有了更清晰的了解。他们知道要先将衣物浸湿,再涂抹适量的洗衣液,然后进行搓洗和冲洗。这种对劳动步骤的熟悉和掌握,不仅提高了他们的劳动效率,也让他们在劳动中更加得心应手。

（2）劳动活动中美育方面的内容依旧体现较少

通过这次劳动活动，我发现美育在其中的体现仍然不够充分。教师在活动中缺乏一定的引导，为了进一步加强美育在劳动教育中的渗透，我计划在下一次的活动中，增加对衣物颜色和图案的观察与欣赏环节。引导幼儿们仔细观察衣物的色彩搭配和图案设计，让他们感受衣物所带来的视觉美感。另外，我可以通过鼓励的方式让幼儿发挥自己的想象力，设计独特的晾晒方式或动手装饰衣物。例如在阳光充足的天气里让孩子们自己动手晾晒衣物。他们可以根据自己的喜好，选择不同的晾晒架、夹子或绳子，创造出各具特色的晾晒方式。

（二）第二次实践

1. 实录

劳动游戏的时间如期而至，孩子们兴奋地奔向清洗区。今天的清洗区摆放着琳琅满目的物品，其中最引人注目的便是那些五颜六色的小夹子和晾衣绳。宁宁和天天第一时间来到了清洗区。宁宁看着那些五彩斑斓的小夹子，她好奇地问："这是什么呀？真好看！"天天作为一个有经验的孩子，很快就认出了这些物品，他解释道："这是晾衣服用的夹子和绳子呀，我之前在家里用过这样的。"

听了天天的解释，宁宁恍然大悟，她兴奋地说："这么多颜色的夹子把衣服晾起来肯定很好看！"天天也赞同地点点头，他说："那我们一起试一试吧，先去洗衣服然后再把衣服用漂亮的夹子晾起来。"

于是，两个孩子开始忙碌起来。他们先是把脏衣服放入盆中，加入适量的洗衣液和水，然后认真地搓洗起来。在洗衣的过程中，他们还互相交流着各自的洗衣经验，不时发出欢快的笑声。

洗完衣服后，他们开始使用那些五颜六色的小夹子。孩子们小心翼翼地将衣服挂在晾衣绳上，然后用夹子固定住。每夹住一件衣服，他们都仿佛完成了一件艺术品，脸上洋溢着满足和自豪的笑容。

在孩子们的共同努力下，清洗区很快就变得整洁有序。而那些用五颜六色夹子晾起的衣服，在阳光的照耀下显得格外鲜艳夺目。

2. 活动反思

（1）材料丰富，提高幼儿劳动兴趣

通过第二次实践活动的观察，我发现丰富的材料和工具对于提高幼儿的劳动兴趣起到了显著的作用。孩子们对于五颜六色的晾衣夹和晾衣绳表现出了浓厚的兴趣，他们不仅认真参与洗衣过程，还积极探索如何使用这些工具将衣物晾晒得既整齐又美观。这种对材料的喜爱和好奇，使他们在劳动中更加投入和专注，也更容易体验到劳动的乐趣和成就感。同时我也注意到，丰富的材料不仅激发了孩子们的兴趣，还为他们提供了更多的创造和发挥空间。在晾晒衣物的过程中，孩子们根据自己的喜好和审美，选择不同颜色和形状的夹子，创造出各具特色的晾晒方式。这种创造性的劳动体验，不仅让孩子们收获了劳动成果，还培养了他们的审美情趣和创新精神。

（2）色彩鲜艳，提高幼儿审美力和创造力

在第二次实践活动中，我还特别注意到色彩鲜艳的物品对提升幼儿审美力和创造力的积极作用。当孩子们看到那些五彩斑斓的晾衣夹和绳子时，他们的眼睛立刻亮了起来，脸上洋溢出惊喜和愉悦的表情。他们开始主动探索如何将这些色彩丰富的物品与衣物搭配，创造出既实用又美观的晾晒效果。在这个过程中，孩子们不仅学会了如何选择合适的颜色和形状来搭配衣物，还发挥了自己的想象力，创造出许多独特的晾晒方式。有的孩子将衣服按照颜色分类晾晒，形成了一幅幅色彩斑斓的图画；有的孩子则尝试用不同形状的夹子夹住衣物的不同部位，使晾晒的衣物看起来更加有趣和生动。

（三）反思总结

通过两次清洗衣物的劳动活动，我深刻感受到了幼儿们在多个方面的成长与进步。从德、智、美三个维度来看，这次活动无疑为孩子们提供了一个宝贵的学习和实践机会。

在德的方面，幼儿们的合作意识得到了明显加强。在洗衣的过程中，孩子们学会了分工合作，互相协助，共同完成任务。他们懂得了团结合作的重要性，也学会了如何与他人进行有效的沟通和协调。这种合作精神的培养，对于孩子们未来的成长和发展具有重要意义。

在智的方面，幼儿们的洗衣技能得到了显著提升。通过亲手操作，他们了解了洗衣的基本步骤和注意事项，掌握了如何浸湿衣物、涂抹洗衣液、搓洗和冲洗等技巧。这种实践性的学习方式，让孩子们在动手操作中获得了真知，也提高了他们的生活自理能力。

在美的方面，幼儿们的审美能力得到了进一步的提升。在第二次活动中，我们增加了五彩斑斓的晾衣夹和绳子，让孩子们在晾晒衣物时能够发挥想象力和创造力，创造出美观实用的晾晒效果。这种将美育融入劳动教育的做法，不仅让孩子们感受到了劳动的乐趣，还培养了他们的审美情趣和创新精神。

三、"以一带四"促进"五育"融合的再思考

良好的学前教育是小学教育的基石，教师不仅要关注孩子们习惯的养成、能力的提升，更要关注孩子们的成长与发展。"以一带四"是我园在幼儿发展优先的前提下对五育融合理念的初步尝试，但是"五育"融合视角下的幼儿劳动教育还应当从多个角度上出发，探索更有助于孩子们健康成长的路径。

1. 转变教育观念

传统的劳动观念常常将劳动归为"体力劳动""无能的人才做的事情"，这是对劳动的偏见。尤其如今社会发展迅速，很多家长认为能给孩子提供好的生活条件，因此孩子不需要劳动，这是观念上的偏差。因此，作为教师，我们应当以身作则，形成良好的劳动教育态度，身体力行地在幼儿群体中树立榜样，同时要根据幼儿不同的年龄特点，个性化地选择适合幼儿的劳动活动，从而让孩子们意识到劳动是美好的，是值得赞扬的，更加充分地体现"五育"融合的积极作用。例如在清洗衣物的活动过程中，作为教师的我们也可以注重观察和记录幼儿的表现，及时发现问题并进行有针对性的指导。鼓励幼儿尝试使用不同的洗涤用品和工具，让他们体验不同方式带来的洗涤效果，从而培养他们的探索精神和创新能力。同时，也可以引导幼儿关注劳动过程中的安全问题，如正确使用洗涤用品、避免烫伤等，确保他们的活动安全无虞。

另外，作为家长，应当适当放手，让幼儿做一些力所能及的小事，一方面，幼儿可以在劳动中体验快乐，增强体魄；另一方面，幼儿也可以在劳动成功的过程中收获喜悦，增强自信心。

2. 形成教育体系

幼儿园实施劳动教育并不是随便说说而已，除了常态化的劳动之外，如每日整理教室，打扫教室卫生之外，还可以定期地开展专门的劳动教育活动，逐步形成劳动教育体系。幼儿园可以整合现有资源，发挥园内环境对幼儿成长的积极影响，如小班的幼儿可以在玩具柜处贴整理玩具标志，培养他们的劳动习惯。幼儿园也可以将劳动转化为小任务分配给每个幼儿，培养幼儿的责任感。如在大班设置值日生，让孩子们轮流照顾盆栽，增强责任感和观察力。除此之外，幼儿园可

以将劳动教育与游戏结合起来。一日生活皆游戏,将劳动教育与游戏结合起来不但能够吸引幼儿的兴趣,还能够真正做到玩中学,让幼儿在游戏的过程中体验劳动的意义,感受劳动的价值。

3. 联合教育资源

幼儿劳动教育不能只依靠幼儿园单方面的努力,幼儿身处于社会环境中,在幼儿园中完成各项学习活动,在家庭环境中获得成长。幼儿园方面应当积极主动地拉近园方与家长之间的距离,更多地借助国家和政府给予的政策支持,将"五育"融合的教育观念渗透到幼儿成长的各方面,并充分运用现有的教育资源,为孩子们打造更加多元化的劳动教育空间。一方面,幼儿园应该加强与家长之间的沟通和交流,了解孩子们在家庭中的劳动表现,以便在幼儿园中为他们提供更加有针对性的劳动教育。另一方面,幼儿园可以充分运用现有的社区教育资源,为孩子们开发劳动教育空间。例如:我们可以设立小小农场,让孩子们参与种植和养殖;可以建立手工制作室,让孩子们亲手制作玩具和工艺品;还可以设置清洁区,让孩子们参与卫生打扫等。这些多样化的劳动教育空间不仅能够满足孩子们的好奇心,还能让他们在实践中学会合作和分享。

"五育"中的每一点都是相辅相成、不可或缺的,虽然我们已经初步探索了劳动教育与德育、智育、体育和美育的融合方式,但如何在实践中更好地实现五育的相互促进和协调发展仍是一个挑战。我们要充分利用家长和社区资源,加强家、园、社区的紧密合作,构建以幼儿园为主导,家庭为基础,社区为拓展的教育环境。未来,我们将继续深化对"五育"融合发展的研究,探索更多有效的融合路径和方法。为孩子们的全面发展和健康成长奠定更加坚实的基础。

生态德育视野下开展幼儿园环保教育的实践思考

吴佳音（上海市浦东新区巨野幼儿园）

党的十八大报告明确提出，要把立德树人作为教育的根本任务。立德树人，德育为先，作为基础教育的基础，学前教育阶段越来越关注德育的重要性，通过各种德育活动帮助幼儿扣好人生的第一粒扣子。但在幼儿园德育实践中，我们往往把德育聚焦于狭义的品德教育，更为关注幼儿良好品德的养成，而忽视了"大德育"背景下的生态德育。随着当今社会日益严峻的生态环境问题的出现，在幼儿阶段进行生态道德教育，将德育视野从传统的人与社会的关系拓展到人与自然的关系，从幼儿的视角出发，探究幼儿园的生态教育显得越来越重要。幼儿期如同人生大厦的基石，在这个阶段，儿童的认知、情感、社交和身体各个方面都在迅速发展。幼儿开始对周围世界充满好奇，通过观察、触摸、倾听等方式不断探索，在与自然环境不断地互动中，幼儿的认知得到发展。通过环保教育，幼儿可以了解自然环境中的各种事物，如动物、植物、水资源等，从而激发他们自主探索的欲望。基于此，我们开展了以幼儿发展为先，生态德育下的幼儿园环保教育的实践研究，并积累了相应的经验。

一、生态德育的内涵

季羡林在《漫谈伦理道德》中提到，人生一世，必须处理好三个关系：第一，人与大自然的关系，也就是天人关系；第二，人与人的关系，也就是社会关系；第三，个人身、口、意中正确与错误的关系，也就是修身问题。季羡林认为这三个关系互为因果，紧密相连，缺一不可，正确处理这三个关系即最高的道德。在这三个关系中，他认为人与自然的关系是排在第一位的，因为人类是大自然不可或缺的组成部分，人类所需要的所有资源都必须取自大自然。由此，可以看到德育的内容不仅包含人与自我及社会关系的处理，也包含人与自然的关系，即生态德育，并且生态德育是德育内容中最基本、最核心的部分。

那么何为生态德育？刘惊铎、王磊认为，生态德育是一种新型的德育活动，它是指教育者从人与自然相互依存、和睦相处的生态道德观出发，引导受教育者为了人类长远利益和更好地享用自然、享受生活，自觉养成爱护自然环境和生态系统的生态保护意识、思想觉悟和相应的道德文明习惯[1]。由此可见，生态德育将德育视角从传统的人际德育转移到自然领域的德育，将德育视野从人与社会的关系拓展到了人与自然的关系，将德育的社会性功能向生态领域拓展，将社会领域的道德规范拓展到自然领域的道德规范，强调人与自然相互依存，和谐共生。

二、生态德育视角下幼儿园环保教育存在的问题

生态德育的核心目标指向人与自然的和谐共处，聚焦幼儿生态道德意识的提升、生态道德情感的涵养、生态道德素养的发展以及生态道德行为的养成。以生态德育视角审视我园的环保教育，会发现存在以下问题：

（一）教师缺乏对生态德育的认知，生态道德素养有待提升

教师生态德育素养的高低很大程度上决定着幼儿园环保教育开展的质量。调查发现，我园大部分教师缺乏对生态德育相关理论知识的了解，对生态德育的理念、价值、原则及实施方法等了解不足，导致教师在组织环保教育活动时，缺乏宏观的生态视野及生态道德情感，对环保教育活动的重视不够。

（二）环保教育体系零散，缺乏系统性设计

首先，在目标层面，更多聚焦于生态认知目标与技能的传递，缺乏从人与自然和谐共生的关系视角，培养幼儿尊重自然、热爱自然、善待自然的生态人格，忽视环保教育背后幼儿生态道德情感的培养及生态人格的养成；其次，在内容层面缺乏系统性，环保教育的内容多围绕节约资源、保护环境进行，如节约用水、用电，节约粮食，保护动植物，垃圾分类，废物利用等，这些内容虽都有涉及，但未从系统的视角对环保教育内容进行组织，形成环保教育主题网络。另外，环

保教育内容也存在深度不够，浅尝辄止的问题。比如"节约用水"活动，更多涉及最基本的节约内容及对资源有限性的探究，缺乏对人与自然关系、水源与环境关系的探讨以及通过节约行为形成珍爱自然，保护环境的意识与态度。

（三）环保教育形式单一，忽视幼儿的主体地位，生态体验性不足

幼儿园环保教育实践中，活动内容的组织多根据教学用书、短视频及教师主观意愿等方式选择活动内容，往往会忽视幼儿的已有经验、兴趣与需要，缺乏对幼儿主体地位的尊重。另外，活动组织多以集体教学活动形式进行，借助视频、图片、绘本等资源激发幼儿的兴趣，缺乏生态体验性与实践性。Carson认为，如果要让幼儿与自然环境建立起联系，他们需要与自然环境有着频繁的、积极的互动经历。缺乏亲历与体验的环保教育，很难建立起幼儿对自然环境的积极态度与亲密情感[2]。

上述问题的存在，使得我们的环保教育开展效果并不理想，幼儿虽有一定的环保意识，但缺乏对自然、对生态的关心与情感，且以往开展的环保教育多是基于成人视角的预设，忽视了幼儿的主体地位。因此，基于儿童立场以生态德育视角开展环保教育显得迫在眉睫。

三、生态德育视野下开展幼儿园环保教育的策略

以生态德育视角开展环保教育，将整个自然界作为德育关怀的对象，能帮助我们以更加系统、整合、长远的思想开展环保教育，提升教育活动质量。接下来，我将以大班"水资源探秘"主题活动为例，分享我们的策略。

（一）强化生态意识引导，重视幼儿的生态人格塑造

目标是教育活动的出发点和归宿。幼儿园环保教育的高质量开展必须以科学有效的目标设置为前提。生态德育作为一种全新的德育活动形态，能帮助我们树立一种崭新的生态道德观，将人与自然和谐共生作为环保教育的核心价值取向，以培养具有良好生态道德意识和责任感，践行良好生态道德行为，具备生态人格的幼儿为环保教育的核心目标。

1. 塑造幼儿生态人格

对于幼儿自身而言，强化生态意识引导和生态人格塑造能够促进他们的身心

健康发展。幼儿时期是价值观形成的关键阶段，培养环保意识能让他们从小明白环境保护对未来生活的重要性。

以大班"水真有用"主题活动为例，我们从认知、情感、技能三个层面进行了目标设计，聚焦了解水资源、爱护水资源、节约水资源三个维度进行目标分解。"了解水资源"即帮助幼儿建构科学的生态知识。科学的生态认知是构成幼儿生态人格的重要因素，是从认知层面，帮助幼儿理解资源有用、资源有限的内涵，引导幼儿掌握有关资源、环境等关于自然本身的知识，以及自然常识背后所隐藏的人与自然的内在关系。"了解水资源"目标具体包含：了解水资源的现状；理解水在生活与生产中的功用，感知水与人类社会及自然生态的关系；了解大自然中水循环的过程；探究自来水净化的过程，知道生活污水的处理过程与去向。

2. 培养幼儿生态道德意识

"爱护水资源"是从生态道德情感层面，培养幼儿把人与自然作为道德共同体而倾注关心、怜惜与爱的情感，以及有对地球、自然的感谢、敬畏、热爱、保护之心[3]。具体包括：感受水在生活与生产中的功用，萌生对大自然的感恩与热爱；懂得水资源来之不易，激发爱惜水资源的情感；理解污染水源、破坏环境对自然生态与人类社会带来的影响，萌生对大自然的敬畏之情。

"节约水资源"即将生态道德认知与情感转化为生态道德行为，是在生活中践行保护资源，爱护环境的良好品行，也是建构生态人格重要的要素。"节约水资源"维度下，具体包括，知道节约水资源可以从身边小事做起，如及时关掉水龙头，接水不浪费；看到别人浪费水资源时，能主动提醒；积极主动向他人宣传节水重要性等。通过日常生活中的践行，能将幼儿对生态环境的认知与情感不断内化夯实，形成宝贵的生态道德素养。总之，以生态德育视角开展环保教育活动，在目标设定时，教师要强化生态意识的引导，着重塑造幼儿的生态人格，培养幼儿的生态情感，践行生态道德行为。

（二）凸显亲历与实践，关注幼儿的生态体验

学龄前儿童的学习不是通过记忆大量的抽象符号来进行的，其道德发展是通过生活体验来实现的[4]。因此，幼儿园基于生态德育视野开展环保教育，要坚持以儿童为主体，创新环保教育活动组织形式，积极拓展幼儿的生态体验空间，重视幼儿的亲历与实践，强化幼儿的生态体验感。

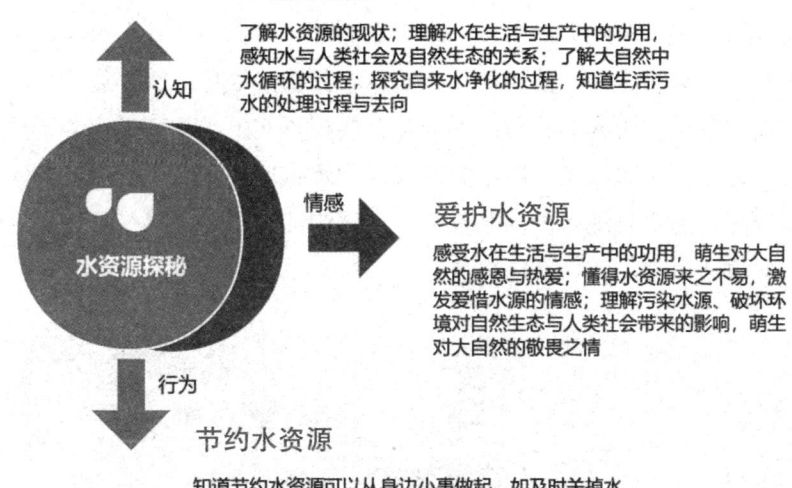

图1 "水资源探秘"主题活动目标

1. 集体教学凸显情境性，建立生态道德体验场

集体教学活动要凸显情境性，并借助信息化技术增进环保教育的立体感与实效性。我们强调亲历与实践，强调生态体验在幼儿生态道德发展中的重要作用，但并不否认集体教学活动的重要作用，而是要以"生态体验"的理念优化集体教学活动形式，更加注重集体活动中生态情境的创设，生态情感的激发，在师幼之间建立起一种生态道德体验场，引发师幼之间关于保护生态环境的情感共鸣。比如"水资源探秘"活动中，我们借助绘本《小水滴的旅行》，并通过动态PPT以及有趣的科普视频"自然界中的水循环"等，向幼儿呈现大自然如何通过水循环提供源源不断的水，滋养万物。同时，通过模拟小水滴旅行的游戏，以及组织问题讨论"如果小水滴没有旅行，会发生什么事情"，在故事情境、角色情境与问题情境中，激发幼儿对于水资源的认知与情感，强化幼儿的生态意识。

2. 巧用区角资源，激发主动探究兴趣

创设与"水资源探秘"相关的区角环境，鼓励自主探索、实际操作更容易激发幼儿对生态环境的探究兴趣，并在模拟体验中，形成持续发展的自然价值观。比如，我们在语言区中放置了水资源探秘的相关绘本，如《水·我们·世界》《一滴水》《水不是用来浪费的》《神奇的水》《是谁害了小鲤鱼》等，幼儿会进行自主阅读，并讨论与水相关的话题。再比如，在科学区角中，基于幼儿对集体活动中"水循环"的兴趣，我们准备了"袋中水循环"科学小实验，引导幼儿在透明塑料袋上画出云朵、太阳、雨滴等，用蓝色颜料把水染色后倒入袋子密封，用胶带固定在窗户附近，观察塑料袋内的变化，模拟真实的水循环过程。下雨天我们还和幼儿一起进行雨水收集，将收集回来的雨水带回区角，进行过滤实验。通过区角游戏模拟，能更好地帮助幼儿理解大自然中的水循环，感受自然世界的神奇与伟大，对世间万物的滋养与馈赠。

图2　幼儿在区角中模拟袋中水循环和雨水过滤实验

3. 带领幼儿走进自然与社会，丰富生态体验感

幼儿生态意识的提升，生态情感的建立以及生态人格的形成，不能仅仅在幼儿园内部，在模拟自然的课堂与环境中进行，必须带领幼儿走进真实的、充满生机的自然情境与社会中，将幼儿园自然小课堂与社会大课堂结合，这样才能生发出更为浓厚的生态忧患意识与生态保护的责任感，使在课堂与游戏中所积累的生态知识在幼儿的心灵中产生深远的影响，甚至奠定其一生的自然生态价值观。以"水资源探秘"活动为例，我们带领幼儿走进湿地公园，近距离感受湿地的自然生态，理解湿地在自然水净化系统中的重要作用，感受湿地中动植物的自然生长；我们还带领幼儿走进水环境科普馆，通过模型操作、视频观看以及趣味游戏等，帮助幼儿了解水对地球生命与环境的重要性，探索"污水变清"的秘密。另外，我们还组织幼儿进入社区，进行"节水宣传"活动，鼓励幼儿绘制节水宣传海报，并大胆向他人宣传节水的意义与方法，将内化的生态认知进行有效输出，增强生态道德情感与责任心。

在自然探秘与社会实践活动中，幼儿全身心地参与其中，通过实践经历与切实体验，才能对自然、对环境产生较为强烈的情感依恋，将体验的生态道德认知入脑入心，真正体会到人与自然相互联系、相互依存的关系，建立起人与自然的情感联结，进而形成人与自然和谐共生的生态道德意识，不断提升生态道德行为，并成为生态道德中的有机组成部分。

图3　幼儿绘制的节水宣传海报

（三）重视日常环境浸润，捕捉随机教育契机

日常生活中蕴含着丰富的生态德育教育契机，因此，我们需发挥环境的浸润作用，细心观察，关注幼儿的兴趣与需要，从儿童视角出发，不断捕捉随机生态教育契机。

1. 重视环境浸润，发挥环境育人作用

环境对幼儿生态意识的形成具有潜移默化的作用，我们要充分发挥环境的浸润性，依靠环境与幼儿之间的有形互动，强化幼儿的生态意识。比如，围绕"水资源探秘"活动，我们和幼儿共创了"保护水源，节约用水"主题墙，将幼儿绘制的"节水好方法"贴到墙上，随时提醒幼儿注意节约用水。同时，在水龙头、饮水机等地方贴上节水标志，发挥环境无声的育人作用。

2. 关注幼儿需要，捕捉生态教育契机

另外，考虑到幼儿生态道德的发展具有长期性、反复性、不稳定性的特点，需在日常生活中及时提醒幼儿，并发挥教师的榜样示范、言传身教作用。因此，我们还要不断捕捉日常生活中的随机教育契机，及时引导幼儿。比如，发现幼儿未关水龙头时，小声提醒幼儿，"水龙头在哭泣"，发现幼儿接水很多喝不完时，提醒幼儿"喝多少接多少"。另外，我们也通过日常激励的方式，设计节水小达人星星榜，对于生活中能够注意节约用水，并提醒其他幼儿保护水资源的小朋友加星星，通过累计星星兑换礼物的方式，激励幼儿践行良好的生态道德行为。

（四）把握长效性与一致性，形成家园共育合力

《幼儿园教育指导纲要》要求："家庭是幼儿园重要的合作伙伴，应本着尊

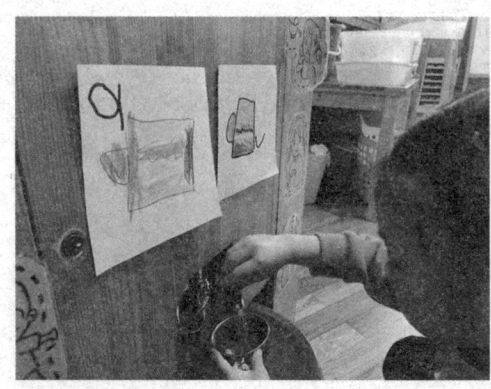

图4 幼儿绘制的"节水好方法"

重、平等、合作的原则,争取家长理解,支持和主动参与,并积极支持、帮助家长提高教育能力。"因此,幼儿园环保教育的有效开展,幼儿生态道德意识的提升及生态道德行为的养成需要联合家长的力量,建立家园伙伴关系,形成家园协同共育合力。

1. 开展多元活动,提升家长生态德育意识

家庭是生态德育的启蒙地,家长的生态道德素养很大程度上影响着幼儿的生态道德价值观的形成。因此,我们会通过亲子活动、家长开放日等形式,在活动体验中引导家长深度参与,帮助家长更好地了解我园所开展的环保教育活动,了解生态德育对幼儿生态素养提升的价值,从而提升家长的生态德育意识。

2. 鼓励家长从自身做起,践行生态道德行为

家长在生活中所表现出来的生态道德行为,也会对幼儿的生态德性养成带来潜移默化的影响。比如,家长若在生活中不关注节约用水、用电,节约粮食,幼儿也很难养成节约资源的习惯,更难以将自己作为生态系统的一部分,理解人与自然相互依存的关系。因此,我们会通过钉钉群、孩子通等发布不同形式的亲子小任务,比如和家长聊一聊、画一画生活中珍惜水的事,绘制节水倡议书、设计爱水宣传语等,提升家长的生态教育参与意识,并通过在日常生活中践行生态道德行为,如将水龙头关小、不浪费食物、不随便丢弃垃圾、爱护植物等,对幼儿进行榜样示范。

3. 鼓励家长带孩子走进自然,丰富生态知识与体验

幼儿生态道德行为的养成是缓慢且持久的,需家庭与幼儿园携手,不断拓展幼儿的生态体验,丰富生态知识。因此,家长可利用周末时间带领幼儿走进自

然，鼓励家长带孩子参观生态湿地、自然博物馆、野生动物园、植物园等，给予孩子更多的机会融入自然，与自然充分互动，多分享有关动植物的生态知识，使幼儿萌生热爱自然，保护生态的积极情感。

综上所述，基于生态德育理念，开展幼儿园环保教育，关注幼儿的主体地位，能拓展环保教育的新思路，从人与自然和谐共生的生态视野审视、优化我园的环保教育实践。当然，我们在实践探索中还存在非常多的不足，未来，我们将不断提升自身的生态道德素养，不断基于幼儿的兴趣与需要，拓展生态德育的内容，创新活动形态，更好地提升环保教育质量，促进幼儿生态道德意识的发展以及生态人格的建构。

参考文献：

[1] 刘惊铎，王磊.生态德育及其跨世纪意义[J].教育评论，1998（5）：36-37.

[2] 转引自陈秀梅.幼儿生态道德教育路径探析[D].广州：广州大学，2012.

[3] 朱小曼.情感德育论[M].北京：人民教育出版社，2005：51.

[4] 黄静.生态体验视域下的幼儿园德育[J].学前教育研究，2020（7）：94.

达义故事在小班生活活动中的探索与应用[*]

高敏颖（上海市浦东新区唐镇幼儿园）

摘 要：幼儿园的生活活动，是指幼儿入园、进餐、喝水、盥洗、如厕、睡眠、离园等环节的活动，它是幼儿一日活动的重要组成部分，对幼儿的学习与发展具有重要意义。达义故事中蕴含文明礼仪知识和优秀的美德，有其独特的教育价值和文学艺术特点。小班幼儿自我服务能力弱，良好的生活活动能有效地提升小班幼儿的自我服务能力，适当且及时的师幼互动能事半功倍地支持小班幼儿习得本领。如何巧妙地将达义故事融入小班生活活动中，是具有探索研究实践意义的。本文充分阐述达义故事在小班生活活动中所具有的教育价值，并加以适宜的师幼互动支持，探索达义故事在小班生活活动中的有效策略。

关键词：生活活动；达义故事；小班幼儿；师幼互动

幼儿在小班这一年龄阶段的可塑性极强，此时形成的各种习惯将对幼儿终身产生长远的影响。对于小班幼儿来说，促进身体正常发育和机能的协调发展，养成良好的生活、卫生习惯和初步的自理能力，在完成这些任务时，生活活动有着其他活动不能替代的作用，然而往往一味地说教并不能起到很好的作用。故事是小班幼儿最喜欢的一种文学形式，而达义故事中体现出的达义品质是其他故事所没有的，根据实际情况，选择一些有教育意义的达义故事，潜移默化地将达义故事融入生活活动，让小班幼儿更容易接受，培养小班幼儿的学习兴趣及优良品质，提升语言和动手能力。

---

[*] 本文是 2022 年上海市教育科学研究项目"指向达义品质培育的幼儿园故事活动创意设计"（立项编号 C202252）的相关研究成果。

一、达义故事内容与环境相结合，激发幼儿兴趣，解决共性问题

（一）活动背景

小班的幼儿刚踏入幼儿园，对于刚开始的集体生活，除了心理上的不适应，还有生活习惯和文明礼仪方面的不适应。我发现小班的幼儿有两个非常明显的特征，一是不愿意和老师、同伴打招呼，二是没有排队的习惯。在尝试一些常规的教育方法后，效果都不太理想，于是开始尝试不同的故事活动教学。根据小班的年龄特点我选取了小熊宝宝绘本《你好》和《小兔分萝卜》两本绘本，选取绘本图片分别创设于教室大门区域与喝水区域。本次活动以激励式的师幼互动来支持幼儿学习与活动，激励式的师幼互动先通过创设情景感染激励幼儿学习兴趣，再辅以生动形象的语言让幼儿持续性地进行活动。

（二）观察实录

实录一：老师，门口的小熊是在打招呼吗？

我把《你好》绘本中小熊与其他朋友打招呼的图片装饰在门口后，一连好几天孩子们都只是进门的时候看一看。正当我准备主动启发他们的时候，性格外向的小叶突然跑过来问我："老师，门口的小熊是在说'你好'吗？"我回答他："是的呢，小熊会和每个碰到的朋友说'你好'。"我接着问其他孩子："你们有看到小熊每天和朋友在打招呼吗？"孩子们纷纷都说"看到了，看到了"。我继续又问："你们喜欢小熊吗？为什么呢？"孩子们表示都喜欢小熊的，原因主要是小熊打招呼会让他们很开心，他们想和小熊一起玩。我接着说："可是这两天小熊有点伤心难过，因为你们没有和他打招呼。"小叶突然起身朝着门口一边挥手一边说："小熊你好呀。"其他孩子也模仿小叶和小熊打招呼。这时候我说："小熊好高兴啊！这么多的朋友都和他打招呼呢。原来和朋友、老师打招呼不仅自己很有礼貌，而且还能让朋友和老师都开心呢！从现在开始我们都做一个让人喜欢又懂礼貌的小熊吧。"

实录二：我们和小兔子一样排队吧

《小兔子分萝卜》的最后是小兔子们排队领胡萝卜的情节，排队领胡萝卜又快速又快乐。我把排队领胡萝卜的图片放入喝水区域。刚放进去就有眼尖的孩子看到了，只听见安安和小畅说："你看，是小兔子领胡萝卜哟。"小畅就看了眼没有说什么。安安继续和下一个孩子萱萱说："你看，是小兔子领胡萝卜。"萱萱

就说:"嗯,我们学过的,小兔子乱跳的时候没有拿到胡萝卜。"越来越多的孩子开始加入群聊,小宇说:"对的对的,我们还学小兔子跳远,好累的。"这时候我问道:"我考考你们,谁还记得我们还做了什么游戏?"小宇说:"还玩了排队的游戏,排队的时候玩得最好。"我就说:"是呀,小兔子们都说排队又快又开心。"第一个发现图片的安安这时候提议:"那我们学小兔子排队吧,一定很开心的。"孩子们都模仿起小兔子排队接水喝。

(三)分析反思

1. 直观的形象能激发小班幼儿学习兴趣

小班幼儿的思维特点是直观形象的,小熊宝宝绘本《你好》画面的色彩柔和,图画中的人物形象简单,内容易懂、真实,符合小班幼儿的审美认知和心理。在这次的活动中,将故事中可爱的小熊展示在门口,耳濡目染,幼儿心中的模仿欲望被这小小的绘本画面充分调动起来了。

2. 深刻的内涵延展于小班幼儿生活经验

在执教《小兔分萝卜》这一活动时,我们在让幼儿理解故事的同时加入一些排队的游戏,使孩子们自然感受从"乱作一团"到"井然有序"的快乐,知道遵守规则、有序排队能让生活又安全又有序,是最便捷的好方法,那对于小班幼儿来说,在生活中遇到具体问题时,他们是否能运用学到的相关经验呢?通过活动我们发现幼儿能明白《小兔分萝卜》中所学到的规则内容,但是由于幼儿年龄较小,当教师将故事内容再次展现出来时才能运用相关经验。

3. 成为"有故事的环境"

在将故事加入环创以前,我们班的幼儿对于教室里的环境是不闻不问的,有年龄段的关系,但更多的是小班幼儿对这样的环境没有兴趣。这次活动是根据孩子已有的经验、兴趣点和成长点为基础,加上对故事内容的审视,虽然主导权还是在教师手上,但是可爱的形象和有趣的故事对幼儿发出了"邀请函",让幼儿不知不觉地主动参与其中,也在不知不觉中进行了生活活动的教育,一举两得。

(四)推进策略

1. 环境指向可趋于多方位

此次活动中,将达义故事加入环境能初步解决幼儿打招呼和排队两个共有的问题,但我们也发现两个问题需要两个不同的故事与两个不同的环境相结合,虽然达到了一些不错的效果，但这对其他的活动教育价值不高，比较有局限性，如何把故事中蕴含的道理以多方位指向的方式融于环境里是需要教师动用大量智慧去完善的。

2. 环境静态向动态发展

在此次的活动中，门口的环境过了好几天才被幼儿发现，很大一部分原因是由于环境单纯以图片的形式呈现，很容易被幼儿忽略。关注并及时发现幼儿的兴趣需要，不断调整计划，加强幼儿与环境之间的互动，帮助幼儿在动态环境中深化认知。如在活动中用照片、视频等方式动态记录幼儿的学习过程，在环境以及原有经验的基础上吸收新知识并内化，形成新经验。环境由静态向动态转变，提升教育性。

二、在进餐活动中引入达义故事，以不同活动形式，进行"个性"教育

（一）活动背景

吃饭一直是我们班一个很头疼的问题，我们班吃饭存在两极分化的现象，吃得好的孩子既安静又干净，与之相反的就是吃饭讲话或者是吃得到处都是，试过通过集体教学活动、餐前谈话、"我是吃饭小能手"活动等形式，效果都不太理想。因此，尝试在进餐活动中引入达义故事，将达义故事以不同的形式进行活动，使得进餐消除两极分化问题，逐步达到文明就餐、样样食物都爱吃。因此利用餐前谈话的时候，引入达义故事《大公鸡和漏嘴巴》《我不挑食》和《中华弟子规》，分别以教师扮演、儿歌以及动画的形式，逐个养成进餐好习惯。本次活动以追随式的师幼互动来支持幼儿学习与活动，追随式的师幼互动是在幼儿自主探索的环境基础上，用灵活的策略和等待为辅助，更好地满足幼儿活动与发展的需要。

（二）观察实录

实录一：我不要做漏嘴巴

有一天，我在餐前活动的时候，给孩子们分享了故事《大公鸡和漏嘴巴》，讲述完故事后，我先后提问道："你们喜欢漏嘴巴吗？为什么呢？"对于第一个问题，孩子们都摇头表示不喜欢，当问理由的时候，小李告诉我："因为嘴巴漏了，要被大公鸡吃掉的，我害怕大公鸡。"我又问我们班吃饭不专心、容易漏得到处都是的越越，越越说："我也不喜欢漏嘴巴，可我是个漏嘴巴，我不想漏。"我就

告诉他："那你今天开始要专心一点哦，不然老师会变成大公鸡把你的饭吃掉，大公鸡肚子饿着呢。"孩子们吃饭的时候，我拿出大公鸡头饰，当有孩子不专心的时候，我就会说："大公鸡要来喽，专心吃饭哦！"吃完后，越越说："老师，我还是在漏，我不想做漏嘴巴。"我告诉他："今天你已经进步了，明天后天再试一试，一定可以不做漏嘴巴的。"

实录二：因为我吃了……所以……

在连续三天讲述了故事《我不挑食》后，当第四天我再要讲的时候，涵涵说："老师，这个听了好几遍了，我都会念儿歌了。"我就说："那请你来试一试吧。"只听涵涵说："因为我吃了很多米饭，所以长得快；因为我吃了很多青菜，所以长得高；因为我吃了很多鱼，所以长得壮啊。"我夸他你真棒！其他孩子也跃跃欲试，心心起来念的时候，他把青菜换成了肉，我就问他你怎么把青菜换了呀，他就说是因为不喜欢吃青菜。全班大多数的孩子都能念儿歌了，我把儿歌里的菜换成当天学校里的菜，再和孩子们一起念，有的孩子就不愿意继续了。

实录三：对饮食，勿拣择

有一天，我听到炅炅在念《弟子规》，因此把那天的餐前活动改成了看《中华弟子规》，我选择的是《最美味的早餐》。看完后，我就问孩子们："笑笑最后告诉我们什么呀？"孩子们就说："要吃早餐，早餐是奶奶辛辛苦苦做的。"我就问炅炅你听到了什么呀？她说是对饮食，勿拣择，我接着又问："那你知道是什么意思吗？"她摇了摇头，我说："没关系，老师来告诉你们，对饮食，勿拣择就是样样食物都要吃，食物不仅是农民伯伯辛苦劳作的成果，也是厨师爷爷精心烹饪的。笑笑希望你们光盘行动喔。"不少孩子都点着头说："我要光盘！"

（三）分析反思

1. 教师扮演有效果，但稍显负面

在讲述完《大公鸡和漏嘴巴》故事后，就有幼儿表现出对大公鸡这个形象的害怕。在进餐的过程中，幼儿也表示出因为不想成为故事中的漏嘴巴，所以吃饭的时候也小心翼翼的，再加上教师的扮演，幼儿进餐的精神环境不太理想。教师在幼儿进餐时应营造温馨的精神环境，这样不仅有助于幼儿进餐，也有助于食物的消化，有益于幼儿身心健康发展。

2. 儿歌朗朗上口，但效果甚微

对于故事中简单的儿歌小班幼儿能较快地接受，也能较好地呈现出来，但在在活动中我们能明显地看到，儿歌更多的只是起到一个提示、引导的作用，不能立竿见影地改善进餐中出现的偏食、挑食等问题，因为儿歌是一个需要连续、不间断的过程，可以在其他教育活动的基础上再利用儿歌，循序渐进地不断调整完善。

3. 喜欢动画人物，但不宜长期

进餐活动的最后一个案例中，是引入了蒙学经典《弟子规》中的达义故事，由于《弟子规》比起一般的达义故事内涵更难理解，内容也很拗口，常规的故事活动讲述没有办法让小班幼儿明白其中深意，因此采用了动画片的形式。虽然在进餐过程中还需要提醒，比起之前两个活动，这次是效果最好的。观看动画片不能长期运用，过度观看动画片，会影响孩子的身心健康。

（四）推进策略

1. 教师尝试扮演动画人物

既然动画人物对幼儿的影响力是最大的，那不妨让教师尝试扮演动画人物，只要幼儿在与教师互动过程中的情感特征是积极的、正向的，那就能营造一个良好的进餐环境。教师与动画人物的结合，不仅可以让幼儿更直观地感受到自己喜欢的元素，教师在进餐中给予的压力就会随之减小，幼儿也能以一个良好的情绪进餐，这样不仅有助于幼儿进餐，也有助于食物的消化，有益于幼儿身心健康发展。

2. 在角色游戏中鼓励幼儿故事角色扮演

故事角色的扮演对于小班幼儿来说是非常有难度的，可我们知道小班幼儿是对于角色游戏是非常热爱的，他们会简单地反映生活中的内容，最常见的就是重复扮演自己最亲近的父母和祖辈。在角色游戏中教师要鼓励小班幼儿扮演故事中的人物，不仅能丰富角色游戏的内容，更能让故事角色贴近幼儿，明白故事含义。

3. 家园合力，养成良好进餐习惯

为了达到教育的一致性，形成教育合力，充分利用各种活动形式，统筹安排活动内容，家园合作，同步将达义故事通过网络与家长共享，这样家长们也能对幼儿园的教育有所了解，幼儿的习惯才会在不断巩固中得以进步。

三、关注幼儿需求，午睡活动中加入达义故事，提高活动有效性

（一）活动背景

幼儿午睡是一日生活中的重要环节，我们班的幼儿午睡情况基本良好，绝大

多数的孩子都能安静地入睡，但是有少数几名幼儿由于父母工作繁忙，一直和祖辈一起生活，由于祖辈的娇纵，他们没有养成良好的午睡习惯，总是需要一位老师在旁陪伴许久，有时一个中午也没办法入睡，这对幼儿的生长发育有一定的不利影响。在这次活动中，从幼儿需求出发，在午睡活动中加入达义故事——《嘘午安》，让整个活动更有效。本次活动以挑战式的师幼互动来支持幼儿学习与活动，挑战式的师幼互动以幼儿为本，教师捕捉恰当的教育契机，在具有挑战的平台上推进幼儿尝试自主解决问题。

（二）观察实录

有一天，毛毛拿来了一本绘本叫《嘘午安》，希望我在自由活动的时候和大家分享，由于一些原因到了睡午觉时间还没有念。当大家都躺到床上之后，我发现毛毛在哭，我问她："毛毛怎么哭了呀？"毛毛小声地说："我想听故事。"我一听，灵机一动就说："那我们现在来分享故事吧。"我就拿来故事绘本，在午睡室来回走动，一边走一边念。今天居然出奇地安静，连入睡较困难的澜澜都在安安静静地听着故事。当我念完的时候，好多孩子都睡着了，毛毛也早就不哭了，毛毛说："老师，我想再听一遍。"我就又念了一遍，这次居然每个孩子都睡着了。午睡起来，澜澜就说："我和皮皮一样做了个甜甜的美梦。"好几个孩子都笑嘻嘻地说"我也是，我也是"。吃过点心后，毛毛跑来问我："老师，明天我能不能再带一本故事，睡觉的时候听呢？"我问其他孩子还想不想在睡觉前听故事呢？每个孩子都愿意，还说自己也想将自己喜欢的故事带来和朋友们一起听。我就说："好啊，那我们每天选出一位睡觉最好或者是进步最大的朋友，第二天可以带一本自己喜欢的故事绘本来。"澜澜说："太好啦！每天都有故事听啦！"从此之后，我们班的午睡室总是回荡着各种各样的故事。

（三）分析反思

1. 聆听幼儿心声，和谐师幼互动

此次活动是由幼儿发起的，教师感受幼儿情绪，听取幼儿想法，并给予情感认同，将故事引入到午睡活动中，达到积极的师幼互动。教师转变角色定位，发挥幼儿的主体地位；关注幼儿的需求，适时主动介入；灵活安排活动，提高午睡质量。

2. 给予幼儿安全感，消除睡前焦虑

在幼儿睡前进行故事讲述，此时环境一般较为安静，干扰少，幼儿的注意力不易受环境影响，对文学作品听赏活动的进行十分有利。在轻松、舒缓的听赏活动中，幼儿不知不觉地对故事中的角色对话、情节内容及一些规范形象的词语加以记忆，并逐渐从无意注意向有意注意发展，也能较快速地以平静的心情进入午睡，午睡有困难的幼儿也能消除睡前焦虑。

（四）推进策略

1. 浅析不同故事内涵

孩子们带来的故事不少都有着深刻的内涵，午睡时讲述故事与故事教学活动不同，不能及时深挖故事内涵，也无法在当时和幼儿阐明故事的含义，这样就流失了不少教育资源，那选择恰当的时机、以不同的形式对故事内涵进行浅析是值得尝试和探索的。

2. 深度培养自理能力

活动中的故事活动在一定程度上只能帮助幼儿安静入睡和发展一定的语言能力，那午睡活动除了入睡，还包括一些自理能力，如穿脱衣裤、穿脱鞋、如厕习惯等，方方面面都是教育的契机，都是锻炼的机会，同样能在轻松的环境中帮助幼儿提升自我服务能力。

四、后续思考

1. 家园共育，节日巧用

由于疫情，不能发挥出家园共育的作用，今后将尝试家园共育与节日的相结合的方式，赋予达义故事新生命力。例如我们班有一位妈妈是医务工作者，可以充分发挥其家长的自身优势进行教育活动，结合绘本《细菌不是用来分享的》来告诉幼儿正确擦鼻涕、洗手的方式，并在疫情下我们该如何保护自己，同时与"护士节"相联系，初步明白医务工作者工作的艰辛。

2. 突破常规，多元尝试

在以往的教育工作中，故事往往多与语言相关联；生活活动也更多的是对幼儿身体上的保育，忽视蕴含其中的教育因素。达义故事与生活活动两个看似毫无交集的事物，碰撞之后却能迸发奇妙的化学反应，将达义故事与生活活动相结合，是一次大胆的尝试，也是一次不错的选择。今后也将尝试不同活动的结合，为幼儿一日活动增添新色彩。

达义故事在小班生活活动中的探索应用，我们发现从一开始教师"有意"地将故事中与生活活动相关的元素提炼出来加入环境中，再到让幼儿与达义故事中的人物有了链接，最后再到孩子们从自身需求的出发，回归到幼儿本身，让达义故事活动更加丰富精彩，小班幼儿各方面都得到了提升，生活活动也能更多地服务于幼儿。师幼互动的不同策略也总能迸发出各种惊喜效果，今后继续尝试文中相关推进策略，尝试将不同策略融会贯通，以获得更大的探究价值。

参考文献：

[1] 缪惠.谈小班幼儿的礼仪教育实践[J].成功（教育版），2009.

[2] 邹丽华.运用学习故事开展小班区域活动的指导策略[J].小学科学（教师版），2019（03）：165.

[3] 滕帆，王荣.小班幼儿午睡环节教师的指导[J].家教世界，2021（30）：33-34.

[4] 郭苏.巧设育人环境促进小班幼儿进餐礼仪的养成[J].家教世界，2021（36）：36-37.

[5] 苏新华.故事教学对幼儿能力与品质的培养[J].内蒙古教育，2010（03）.

[6] 殷静.幼儿园班级环境的非准备性[J].学前教育研究，2021（1）：93-96.

[7] 杨春圆.浅谈如何实施幼儿园文明礼仪教育[J].文理导航·教育研究与实践，2018（12）：210.

[8] 曹能秀.关于幼儿德育的若干理论思考[J].儿童发展与教育，2006（9）：19-21.

[9] 段晓磊，薛秀琴.美国教师的幼儿德育启示[J].德育纵横，2009（5）：10-13.

[10] 艾华.在幼儿园如何开展品德教育工作——浅谈品德教育体会[C]//现代教育教学探索组委会.2012年6月现代教育教学探索学术交流会论文.北京：现代教育教学探索组委会，2012：2.

大自然的艺"树"

宋　悦（上海市浦东新区东方锦绣幼儿园）

缘起

在一次雨天，孩子们穿着雨衣来到户外感受下雨天的自然天气，他们来到中庭自由地漫步、触摸、观察，感知自然环境的魅力。走在草坪上感觉自己踩烂了什么东西，低头仔细一看发现地上掉落了许多黄色的果子，抬头看看又发现大大的柚子悬挂在树枝上，用手摸摸大树的皮发现有些地方干干的，有些地方湿湿的，低头闻一闻他们又闻到了些不太好闻的气味，在这一次的雨中漫步里我听到了许多孩子们和大树的"对话"。

故事1：与自然对话的奇妙故事

镜头1：矮灌木丛的触感与气味

卓宝停在了一个矮矮的树丛前，对着它看了一会儿，我便问道："你发现了什么？""超湿，"卓宝又摸了摸说，"全都是湿的。"

于是我便引导卓宝，"你闻闻看它有什么味道吗？"卓宝低下头闻了闻，表情僵硬地说："嗯，不好闻。"

镜头2：发现大树干上的不同触感

孩子们穿梭在大大小小的树丛中间，用手去触摸、用眼睛去发现，还会将自己的发现说出来："老师，我发现这里是湿的。""我这里也是湿的。""但这边是干的啊，好奇怪。""感觉冰冰的。"每个孩子都有着不同的发现。

镜头3：满园的秋收

走在草地上，梧桐踩到了一颗颗小果子问道："老师，你知道这些是什么吗？"

我说："这是银杏果。"听到答案的孩子们发出了不同的疑问："银杏果是长在银杏树上的吗?""它怎么臭臭的呀?""它坏掉了吗?"每个问题都表现出了孩子们对自然的探索欲。

我的发现与思考：

幼儿对自然物总是充满了好奇，他们好奇树上掉落下来的黄色果子为什么会散发出臭味？好奇这么大的柚子长在树上不会掉下来吗？这个大树干为什么有的地方是湿的有的地方是干的？幼儿们在不断地触摸体验下引发出了更深层次的思考与发现，从"湿的"延伸到"感觉冰冰的"，从表象延伸到了更深一层的感知觉。

带着好奇我们回到教室进行了分享与讨论，我们知道了大树干变颜色的地方就是湿的，没有变色的地方就是干的。淋着相同的雨，矮矮的灌木丛摸到的感觉就特别湿，因为叶子像小碗一样把雨水都接住了。

幼儿也愿意用嗅觉去了解大自然的味道，他们会发现，下雨天的气味格外明显，有着独特的自然气息。孩子们对大树的兴趣与喜爱逐渐浓烈。

下一步计划：

随处可见的大树我们是否停留观察过它们呢？它的颜色、形态、树皮的肌理、树的纹路等都有着许多不同，针对幼儿对千姿百态的大树所产生的好奇，让他们近距离地再次去感知，探索一下树与树的不同。也邀请爸爸妈妈一起利用假期时光带着幼儿去看看小区、公园、其他自然环境感受孩子们与大树发生的美好故事。

故事2：拥抱大树，我发现……

幼儿园的中庭花园有许多的树朋友，它们和我们一样，同样是树可又有着许多不一样的地方，带着疑问"它们哪里不一样"，孩子们决定一起去中庭看看、摸摸找一棵自己喜欢的大树朋友。

Leo："快来呀，你看我能抱住它。"悠悠回应道："我也可以（一边说，悠悠也去拥抱了大树），糙糙的，上面还有东西，上面是啥？"Leo抬起头："上面是蜜蜂的房子。"

他们看了会儿又来到了另一棵大树旁，我问道："这棵树和旁边那棵有什么不一样吗？"Leo指着每一棵树的分支说："这个不一样，这个不一样，这个也不一样。"我问："还有什么不一样吗？和刚刚那棵树比。"Leo："那个有个楼梯。"我追问："除了楼梯，树干本身有什么不一样吗？"悠悠："这里多出来了一些凸凸的东西。"Leo 说:"真的啊,这个,这个是大树它受伤了吗?"

我的发现与思考：

在与大自然亲密接触中开启探索美的旅程，我们发现了大自然中的每一棵树都是独一无二的，它们有大有小，有高有低，或歪歪扭扭或是笔直挺拔，不同的树先生还会结出不同的果实，开出美丽的花朵，大自然的世界可真神奇！同时大树和我们人类一样也会受伤，在感受自然生态之美的同时，懂得保护自然环境的道理。

那对于小班幼儿而言，语言表达能力以及逻辑思维能力还处在一个较低的发展区，当我引导提问幼儿对于自然树木的不同感受如"你们有什么发现吗？这是为什么呢？"这些问题时，得到的都是单一的重复的短句"糙糙的、滑滑的，这个不一样"这些简单的表达，从成人视角看可能觉得这些形容平平无奇，词不达意，但这正是幼儿融入自然感受自然的表现，他们乐此不疲地去触摸观察发现了自然带给我们的不同感知体验，能乐在其中享受大自然给予的"自然美"。

下一步计划：

孩子们能发现大树带来的自然魅力，却不认识，不会表达他们的发现，其实他们所观察触摸到的不同都是大树本身的皮肤，有点状的、片状的、裂纹的、孔洞的等，我决定带孩子们深入了解一下大树的不同皮肤，通过"大树的花花衣"活动，让孩子了解不同类型的树皮，知道树皮对大树先生的作用。

故事3：了解、寻找——树皮的肌理

镜头1：认识大树

当孩子们对大树皮肤的不同产生好奇后，我们决定一起来认识一下百变的大树先生们，有了之前和大树互动的各种经验，幼儿和爸爸妈妈一起回家制作了有趣的艺"树"海报。

分镜1：自然拼贴画

葡萄和悠悠在公园里捡到了许多落叶和树枝，还有掉落的树皮，通过组合粘贴的方式创造出了一棵独一无二的小树，在这个过程里，他们寻找观察感受，并且发挥了自己的想象，还会和我们说，"我还捡了果实，贴在上面，就像学校里的大柚子一样是长在树上的"。

分镜2：银杏的春夏秋冬

在幼儿园里和小朋友们一起踩过银杏果子，胡萝卜对银杏树的生长有着强烈的好奇心，便和妈妈一起进行了调查研究，认识了银杏在四季的不同形态和果实生长的秘密，在胡萝卜的介绍下孩子们认识了有特点的银杏叶，知道了长着小扇子一样的叶子的大树叫银杏树。

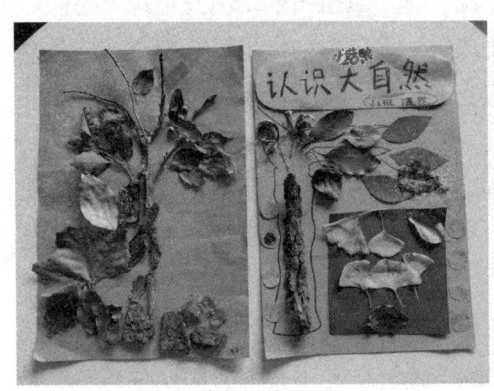

分镜3：大树的花花衣

大自然里的大树朋友有很多很多，他们有着各种各样的皮肤，仔细观察大树干上的花纹，发现有些裂纹细细长长，有些裂纹又仿佛一块块方形的格子；有的大树拥有粗糙的皮肤而有的大树却十分的光滑；有的大树上面会有黑色的疤痕，有的却长着白色的胎记。大自然的独特画笔可真是让人大开眼界。

通过小朋友们的分享和图片对比与介绍，孩子们对大树的皮肤类型有了初步的了解与认识，原来大树的皮肤有那么多漂亮的肌理纹路，还知道大树的树皮对大树有保护作用，基于这一个知识经验，我提出了疑问想引导幼儿想一想去了解大树的其他秘密："树皮的作用是保护大树，那大树还有其他本领吗？"带着好奇和疑问我们决定继续去感知了解大树。

分镜4：大树的本领

雷蒙回到家把自己的好奇分享给了妈妈，和妈妈一起用心研究了大树的秘密："你们看哦，这个有一点点叶子的是春天，然后呢这里长了很多的是夏天，这边叶子掉下来就是秋天了，到了冬天就什么都没有了。"

"这个是它的树叶，它是用来做光合作用的，这个是树根，它是要吸收营养的……"在雷蒙的介绍下班级里的孩子对大树的组成部分和其作用都有了初步的了解和认识，原来大树这么厉害，每一个部分都不可以缺少，帮助大树先生健康生长。

镜头2：寻树之旅

了解了各种大树的皮肤之后，孩子们对幼儿园里有哪些类型的大树皮肤也充满好奇和兴趣，纷纷跃跃欲试想去探索一番，于是我制作了树皮任务卡并且准备好了放大镜，带着孩子们开启了一场寻树之旅。孩子们高兴地带着任务卡在我们的林荫小道、中庭四处穿梭，看看身边的大树，再看看手里的任务卡，忙碌又快乐地寻找着。

"老师，我找到了！"

"是这棵是这棵，你看！"

"让我来看看！"当一个孩子拿着放大镜认真看的时候其他孩子也会聚集过来一探究竟，看看是不是自己要找的大树。当他们找到了正确的大树，会高兴地把小花贴纸贴在旁边，兴奋地说："找到了找到了！"

曼曼摸摸光滑的树皮对我说："老师，我找到啦，是这棵！"

我说道："是吗，给我看看你找到了哪一棵呀？""这个，它们都是光滑的。"我看了看曼曼手指着的任务卡说道，"是吗？这上面可有三根树干哦。"曼曼看了看笑了笑摇摇头，我鼓励道："再去找找吧。"曼曼和伙伴们一起继续往前走，都用看一看、摸一摸、比一比的方式找到了自己的大树。

我的发现与思考：

大自然是幼儿最好的学习环境，利用小小的任务卡开启寻树之旅，让孩子们在这个过程中充分调动自己的五感，用心去跟树皮对视，在寻找的过程中，孩子们不仅看到树皮之间的区别，也会主动地试着去摸一摸，感知到不同树皮类型带来的触觉差异，是软还是硬，是粗糙还是光滑，偶尔也会闻一闻，发现不同的树是否会散发出不一样的味道。

孩子们身处自然，对自然物感兴趣，萌发了了解不同树皮类型的求知欲与探索欲，通过"大树花花衣"的活动，孩子们认识了点状的、有鳞的、有刺的、剥皮的等各种皮肤肌理，知道树皮有着光滑或粗糙的质感，了解了同一种树的树皮裂纹也会有长有短，有深有浅，原来每一棵大树都是那么的独一无二，有着专属自己的美丽皮肤。

探索的过程中可以看到孩子们对已知经验的一个即时反馈，看到任务照片上的树干是光滑的，当孩子摸到一棵光滑的树时便觉得自己找到了，但忽略了大树的外形上也有着些许的差异，但是他们没有就此放弃，而是更有斗志地继续探索，保持着强烈的兴趣不断地寻找着不同的大树皮肤去比较去感知。

下一步计划：

与大树的互动，让孩子对树皮的秘密始终产生兴趣，他们喜欢树皮的独特外形，享受着运用多种感官去探索感知大树的"花花衣"，在这个过程中不断感受大树的神奇与艺术之美。

大树的皮肤如此绚烂多彩，孩子们对其充满喜爱很想把它记录保存下来，拿起画笔工具用不同的材料和方式来试试看吧！

故事4：大自然的艺"树"

镜头1：树干刮画

通过前期经验的了解，孩子们知道了树的皮肤有各种类型，它们凹凹凸凸，形状各异，于是我们将卡纸固定在树干上，利用蜡笔想看看能不能把树皮的样子记录下来，孩子们用蜡笔从上往下反复的刮着，发现白纸上显现出了断断续续的颜色，一条一条歪歪扭扭的线就和看到的大树纹路一样，但却比棕色的大树干更多彩绚烂。

"老师，你看我画的漂亮吗？"

"老师你看，我也画好了！"

"我画的是蓝色的！"

镜头2：树皮宣纸拓印

在利用蜡笔进行了刮画体验以后，我们还想用更多的方法去把美丽的树干花纹保存下来，平时我们玩色的拓印工具能成功吗？于是决定一起来试一试，这一次我们选择了不同的大树皮肤进行拓印创作，发现竖状裂纹的大树皮肤是最清晰的，对点状纹路的树干拓印并不清楚，但在给大树绘制彩色皮肤的过程中，看到深深浅浅的颜色在自己小手上下滑动逐渐出现的时候，孩子们的喜悦是溢于言表的。

就这样，幼儿们成功地把大树皮肤留存到了画纸上。那在大树干上除了有各种形状的花纹外还会有什么呢？"会有蚂蚁！""会有蜗牛！""会有小鸟！"……孩子们对大树的自然生态环境也充满想象，拿起棉签棒印下几只小蚂蚁，彩虹树变得更加栩栩如生了！

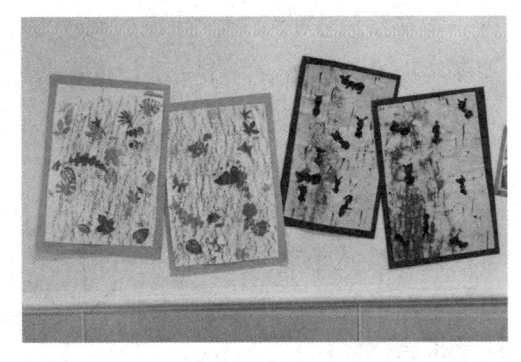

通过几次户外感知活动，孩子们在不同的情景下和大自然展开了互动，在雨中感受到雨滴落在树干上、树叶上、泥土里的触感，听到雨滴打在树叶上的声音，闻到雨后泥土和植物的清新气息，这些感官体验让他们对自然有了更深刻的感知，也对有着千姿百态的大树朋友感到好奇，于是我们围绕大树开展了有趣好玩的课程故事。

确定了幼儿的兴趣后，我们利用午休和户外活动的时间去到了幼儿园里不同的自然角落，在这过程中，幼儿自发探索感知，回到教室后在一起分享学习，让幼儿通过观察发现大树之间的不同，例如树皮纹理、树叶形状、树冠大小等，学会了用比较的方式探索自然。

与此同时，我也与家长进行家园共育，在这个月里鼓励家长在休息时能带着幼儿一起去探索幼儿园以外的美好自然，家长们利用周末和小长假的机会和孩子做了许多丰富有趣的活动，例如寻找独特的大树、拥抱大自然、不同大树的本领，通过收集自然材料进行艺术创作，共同制作百科小海报等活动，孩子们在这过程中体验到了亲子互动成长的乐趣，收获了关于大树的科学小知识，也促进了动手能力和创造力的发展。

其中在认识发现大树的肌理活动中孩子们表现出了浓厚的求知探索欲和兴趣。于是我们一起进行了看树皮寻找大树的游戏，通过触觉、视觉、感知观察比较的方式让幼儿进一步走进自然，发现树与树的不同，每一棵大树都是独一无二的存在，它们有着千姿百态的个性美。

发现美之后有孩子提出想将大树的独特美保存下来，于是我们又进行了艺术创想活动，我们进行了两次不同的尝试，第一次利用蜡笔进行刮画，发现在刮画时需要多用些力气才能印出树皮，第二次我们又选择了宣纸拓印的形式，将大树的纹理刻画下来。在拓印的同时他们能捕捉到更多在照片中无法发现的小细节，进一步观察树皮的纹理、颜色、裂纹等特征；感受其粗糙、光滑、凹凸等质感，加深对树木的认知；对作品进行色彩搭配，探索不同的拓印方式呈现出的不一样效果，提升了艺术感知和创作能力。

活动的收获：

大自然赋予了儿童取之不尽的天然材料。自然界中的一草一木、一土一石都可以成为激发儿童创作灵感的有用之材。陈鹤琴先生曾说："儿童的世界是儿童自己去探讨发现的，他自己所求来的知识才是真知识，他自己所发现的世界才是真的世界。"

在利用自然资源开展对大树的探究过程中，教师因势利导，不仅迁移了小班幼儿对自然体验的情感经验，同时还尊重孩子们的想法，用各种奇思妙想去感知树、观察树，和树互动，激发他们对植物的关爱之心，直到最终感受收获的开心，促进幼儿去探索、体验。

家长带孩子进行户外自然探索活动的过程，不仅能够满足孩子对大树的兴趣，还能促进他们的认知、感官、语言、创造力和情感发展。同时，家长也能在活动中提升亲子关系、增强自然教育意识，并享受与孩子共同成长的乐趣。这种活动为孩子的全面发展提供了丰富的学习机会，也为家庭带来了美好的共同回忆。

我们一起去探"藓"

——在户外自然探究活动中引导幼儿自主学习

蒋瑞芬（上海市浦东新区红苹果幼儿园）

在幼儿教育领域，户外自然探究活动日益受到重视。著名教育学家陈鹤琴曾说："大自然是我们的知识宝库，是我们的活教材。"大自然是孩子的教育之神，让幼儿亲近大自然，可以让幼儿亲身体验大自然的美丽和神奇，孩子可以在一草一木、一雨一露、一花一土中学习探索，教师通过引导幼儿接触自然、观察自然，帮助他们更好地理解世界，从而培养他们的想象力、观察力和创造力，感受别样的童年乐趣。在以下几则案例中，幼儿根据兴趣，观察苔藓，在"发现问题—亲身寻找—验证总结"的过程中，探究真实问题、进行自主学习。

发现"苔藓"

午餐后，孩子们在操场上散步，瞬瞬和俊宝在跑道上滑倒了。在附近的姐妹俩见状，连忙跑过去想把他俩搀扶起来，没想到也滑倒了……他们起身后，俊宝说："今天的跑道踩上去怎么是滑滑的？"姐姐说："不知道呀！今天没下雨呀！为什么跑道上会滑滑的呢？""会不会前两天下雨后，跑道还没有干呢？"妹妹一脸疑惑地问。孩子们带着疑问，蹲下身仔细观察了一下这块场地，发现这里有一些绿色的东西。这个绿绿的、毛茸茸，摸上去还有点滑滑的东西到底是什么呢？孩子们议论纷纷。

姐姐说："草地上的小草长到跑道上啦！"
妹妹说："不是小草，小草的叶子比它高。"
瞬瞬说："这个我之前在马路边也看到过的。"

俊宝说:"这个好像叫苔藓,之前在公园草地露营时看到过,妈妈告诉我的。"

妹妹说:"要不去问问老师吧……"

回教室后,我将几个孩子的问题抛给了全班幼儿。大家也对"苔藓"产生了兴趣。有的孩子借用我的手机识别、有的孩子回家查阅书籍、有的孩子请教家长,在第二天的交流中达成共识:在跑道上发现的这个绿绿的、毛茸茸的,摸上去还有点滑滑的东西叫"苔藓"。

《3—6岁儿童学习与发展指南》语言领域中指出:"5—6岁幼儿乐于参与讨论问题,能在众人面前表达自己的想法。"案例中,几名幼儿因寻找"为何摔倒"的原因、"绿绿的、毛茸茸的,摸上去有点滑滑"的植物名字发起了积极的讨论,在这过程中,幼儿的学习动机和动力被激发出来,对跑道上不起眼的苔藓产生了浓厚的探究兴趣。同时,《3—6岁儿童学习与发展指南》科学领域中指出:"5—6岁幼儿能用一些简单的方法来验证自己的猜测。"案例中,全班幼儿能借助手机、书籍、与家长互动等方法主动学习、寻找答案,发现"绿绿的、毛茸茸的,摸上去有点滑滑"的植物名字叫"苔藓",幼儿查阅能力、自我学习能力有了提升。作为教师,我在追随他们的兴趣的同时,根据他们的需要,及时抛出问题,鼓励幼儿用各种方式走近"苔藓",亲自去认识"苔藓"。

寻找"苔藓"

孩子们在幼儿园里寻找起了苔藓。有的独自寻找、有的三五结伴共同寻找,有的拿着铲子、耙子、放大镜等小工具寻找,有的在操场上寻找,有的去草地上寻找,有的去角落里寻找,还有的去大型运动器械下寻找……很快,在他们不懈努力下,发现了"苔藓"的藏身处并记录了下来。在集体交流分享环节,孩子们积极上台分享自己的发现和问题:

省省说:"我在轮胎里和石头下找到了许多苔藓。"

包包说:"我在爬网的角落里也发现藏着好多苔藓!"

可乐说:"大树根部四周都是苔藓,而且树皮上也有很多很多。"

悠悠说:"我在下水道盖子上也发现了苔藓。"

妹妹说:"跑道和台阶的缝隙里也有很多苔藓。"

兜兜说:"我和璟雯用放大镜发现,有的苔藓叶子短,有的苔藓叶子长。这是为什么呢?"

可欣说:"为什么有的草地上的苔藓颜色深,有的地方颜色浅呢?"……

《指南》科学领域中指出:"5—6岁幼儿能在观察、比较与分析中,发现并描述事物的特征和变化。"案例中,幼儿在"寻找—发现—记录—交流"的过程中得知:窨井盖上、草丛泥地上、墙角边、大树下、运动器具上……都有"苔藓"小小的身影,还使用放大镜发现有的苔藓叶子短,有的苔藓叶子长;有的草地上的苔藓颜色深,有的地方颜色浅等现象。这说明大班幼儿在寻找"苔藓"的过程中,能调动多种感官,获得丰富的探究体验、方法和经验,逐步提升自身的探究能力。作为教师,要善于捕捉孩子在活动中的发现,了解孩子在"探'藓'"活动中对苔藓的生长环境、对苔藓的认知需求,为孩子提供适宜的支持。

探秘苔藓

"苔藓喜欢在怎样的地方生长?""苔藓喜欢晒太阳吗?""苔藓喜欢喝水吗?""苔藓只会长在户外吗?""教室里会长苔藓吗?"……孩子们带着这些问题、根据自己的假设、带上湿度检测仪、带上记录纸,再次来到户外,做起了调查。在交流环节,孩子们根据记录纸表格中的内容分享测得的数据。

俊宝说:"我测到大树下的泥土湿度是在88%,强。"

包包说:"我和瞬瞬一起,测到沙池旁的泥土湿度是在黄色区域,中等。"

姐姐说:"我和妹妹合作,我钻到爬网下测到泥土湿度在蓝色区域,强,妹妹进行记录。"

我根据3名幼儿给出的数据,提出疑问:"为什么有的泥土湿度强,有的泥土湿度中等呢?"

悠悠说:"大树下的阴凉的地方,爬网下的泥土都晒不到太阳,所以湿度大;沙池旁的泥土一直能晒到太阳,所以湿度中等。"

听了悠悠的话,好多孩子连连点头。"阴凉处和太阳下的苔藓有什么不同吗?"我接着问。

兜兜说:"我发现大树下的苔藓长得特别多,树的周围一大片,树干的下面部分也长了一圈苔藓。但是有太阳的草地上只有一点点的苔藓。"

瞬瞬激动地说:"我也发现了。缝隙里的苔藓颜色深,在石头表面的能晒到太阳的就很淡一层,我用手摸了一下,绿色都沾到我手指上了。"

"这是怎么回事呢?"我故作惊讶地问孩子们。

"我知道。"俊宝一边举手一边站起来说,"这是因为太阳光太厉害,长时间照射在苔藓身上,水分全部都被吸收走了。"

"有没有补救的办法呢?"我接着俊宝的话追问。

均均说:"给它多浇点水应该会再次生长。"……

在探秘苔藓的过程中,幼儿的兴趣依然很高。幼儿带着自己的问题,带上湿度检测仪、记录纸,再次来到户外,根据自己的假设,做起了调查。在这个过程中,幼儿发现了苔藓更多的秘密,促进了幼儿的计划与动手实践能力,发展了自己的批判性思维。在集体交流中,幼儿积极发言,用连贯、清楚的语言讲述自己的发现,能倾听和接纳同伴与自己不一样的观点,并表达自己的想法,表现得更加自信、自主。作为教师,要营造宽松、开放、自由的氛围,让幼儿产生浓厚的兴趣,并在兴趣的带动下充分调动幼儿的自主性。教师还要通过提问和追问,鼓励他们聚焦问题、引发思考、寻找答案,自主学习。

《幼儿园教育指导纲要》指出:"科学教育应密切联系幼儿的实际生活进行,利用身边的事物与现象作为科学探索的对象。"幼儿在与幼儿园自然物质环境的接触中,会不时地生成许多问题。教师要判断幼儿生成的问题、内容是否有价值,对于有价值的问题、内容,教师就应予以支持。这样有利于培养幼儿自主学习的能力,让幼儿在积极主动的探索学习过程中,建构知识、获得能力、发展个性。

一、捕捉幼儿探究的兴趣,寻找感兴趣的探究问题

大自然充满了神奇、有趣的事物和现象,容易激发幼儿的好奇心和探究欲。

孩子在自然环境里,真实地触到、闻到、看到、听到、尝到,在真正的土地上奔跑、攀爬、玩耍、探索、发现。教师应带领幼儿走到户外、走进自然,细心观察幼儿在与自然互动中的行为表现,倾听幼儿的真实想法,找到幼儿感兴趣的探究问题。如在一次午餐后的散步活动中,幼儿在跑道上摔倒后引发了激烈的讨论:"今天的跑道踩上去怎么是滑滑的?""今天没下雨呀!为什么跑道上会滑滑的呢?""会不会前两天下雨后,跑道还没有干呢?""这个绿绿的、毛茸茸,摸上去还有点滑滑的东西到底是什么呢?"幼儿在观察和讨论中,发现了苔藓,并对苔藓产生了浓厚兴趣,他们迫不及待地想要找到答案而求助于教师。在了解到全班幼儿都想了解苔藓后,自然探究活动"我们一起去探

'藓'"诞生啦。由此可见，探究的主题和内容如何生成，应需要教师通过观察和倾听这一重要手段来进行捕捉，同时需鼓励幼儿聚焦问题、持续开展自主学习。

二、给予幼儿必要的支持，推动幼儿自主深入探究

幼儿对事物的好奇心是很强烈的，在户外自然探究活动过程中，教师给予幼儿必要的支持，是推动幼儿自主学习、深入探究的重要因素。

1. 创设环境，鼓励幼儿大胆探索

在"我们一起去探'藓'"探究活动中，教师提供有趣的探究工具和材料，如放大镜、铲子、耙子、湿度检测仪、记录纸、纸盘等，支持幼儿充分调动多种感官，让幼儿通过观察、触摸、测量、记录、实验等方式，深入探究苔藓，了解苔藓的生长环境。

2. 学会放手，激发幼儿自主学习

解放幼儿的双手，让他们大胆地去做、去尝试是最直接的自主学习的方法。在"我们一起去探'藓'"探究活动中，当幼儿提出"为什么有的苔藓叶子短，有的苔藓叶子长呢？""为什么有的草地上的苔藓颜色深，有的地方颜色浅呢？"等问题时，教师学会放手，没有急于告诉幼儿答案，而是鼓励他们记录自己的问题、查阅资料、提出假设，并尝试通过实验来验证。支持幼儿自主学习，既能满足他们探索的愿望，还能使他们在探究学习的过程中建构新的认知结构。

3. 重点辅导，重视个体探究差异

在幼儿自主学习的过程中，教师要支持和引导探究意识薄弱、缺乏自信、面临困难、有问题需求的幼儿，帮助他们克服障碍，使其体验到探索的乐趣、进行深入探究。当部分幼儿不会读取湿度计上的湿度时，教师提供了有湿度值的基础款湿度检测仪，演示操作方法；当部分幼儿有问题需求时，教师提供了iPad、图书等资源，及时解决探究中的问题。

三、关注幼儿的发展需求，重视幼儿能力全面提升

关注幼儿发展需求是我们在开展户外自然探究活动时非常重要的一点。教师可以通过观察和与幼儿的交流来了解他们的思维、社会性与情感等方面的发展需

求，促进幼儿能力的发展和经验的提升。

1. 生生互动，促进自我与社会性能力发展

在发现苔藓—寻找苔藓—探秘苔藓的过程中，幼儿与同伴的互动越来越频繁。他们会自由结伴寻找"苔藓"，自由组合测试湿度，分工合作完成测试和记录的任务。在与同伴的互动中，表达自己的感受，倾听他人的想法，通过换位思考、比较分析、实践尝试，使多种能力得以发展。如针对"为何会摔倒"的问题，幼儿展开对话，寻找摔倒的"原因"。有的说："草地上的小草长到跑道上啦！"有的说："不是小草，小草的叶子比它高。"有的说："这个我之前在马路边也看到过的。"有的说："这个好像叫苔藓，之前在公园草地露营时看到过，妈妈告诉我的。"还有的说："要不去问问老师吧……"综合大家的想法，孩子们决定用各种方式走近苔藓，亲自去认识苔藓。由此开启了"探'藓'"活动。通过与同伴的对话与交流，幼儿能感受和理解他人的需求，促发积极的行动，增强自身的社会交往能力和共情能力。

2. 师幼互动，推动语言和思维能力发展

探究后的集体分享交流不仅支持幼儿自由自主地表达表现，促发幼儿与教师、同伴的对话中共同分析和解决问题，也为教师进一步支持幼儿积累探究经验提供了充分的机会。如幼儿交流测试湿度时的发现：兜兜说："我发现大树下的苔藓长得特别多，树的周围一大片，树干的下面部分也长了一圈苔藓。但是有太阳的草地上只有一点点的苔藓。"悠悠说："我也发现了。缝隙里的苔藓颜色深，在石头表面的能晒到太阳的就很淡一层，我用手摸了一下，绿色都沾到我手指上了。"俊宝说："这是因为太阳光太厉害，长时间照射在苔藓身上，水分全部都被吸收走了。"……基于幼儿表述的不同观点，教师通过"这是怎么回事呢""有没有补救的办法呢"等关键提问，引发幼儿从不同的角度发现新的问题，营造更深度的学习环境，为幼儿持续探究提供支撑。

3. 家园互动，拓展幼儿探究经验发展

在户外自然探究活动中，教师要鼓励家长做有心人，鼓励他们积极参与幼儿正在开展的户外自然探究活动，给予幼儿最大的支持。"绿绿的、毛茸茸的，摸上去还有点滑滑的东西到底是什么呢？""苔藓喜欢生在怎样的地方生长？""苔藓喜欢晒太阳吗？""苔藓喜欢喝水吗？""苔藓只会长在户外吗？""教室里会长苔藓吗？"针对这些问题，教师没有直接告诉幼儿答案，而是引导家长参与进来，和幼儿一起探寻问题的答案。家庭和幼儿园是幼儿教育过程中不可分割的两个主

体，家长在幼儿的探究活动中发挥着重要的作用。积极发挥家长的作用，有利于拓展幼儿的探究经验。

户外自然探究活动是一种以自然环境为背景，通过观察、体验、探究等方式，引导幼儿探索自然世界的本能，是促进幼儿多元化能力发展的重要载体。而这背后，正是坚持幼儿发展优先的生动诠释。

聚焦表征之术　开启师幼共成长之旅

徐邢盈（上海市浦东新区芦潮港幼儿园）

表征是儿童思维内化的过程，幼儿表征作为一种有意义的语言，是幼儿思维的主要载体，是想象力发展的基础，是表达其记忆、想法、设想、感受，以及知识经验，也是教师读懂幼儿行为的关键。表征之术是幼儿对于事物进行表达表现的方式。经观察，以本园幼儿为例，经常使用到的表征之术有三种：语言表征、行为表征和绘画表征。三种表征内涵见表1。

表1　三种表征内涵

表征之术	内涵
语言表征	儿童在语言发展过程中，通过使用语言来表达和描述他们的思维、感受和经历的方式
行为表征	幼儿通过自己的动作来理解和表达外界事物的一种方式
绘画表征	幼儿通过绘画来表达和表征他们的思想、情感和经验的方式

一、忽视多元表征，使得表征无意义

1. 过度专注一种表征，让幼儿产生抗拒心理

现在的学前教育中，"表征"一词越来越盛行。很多幼儿园会通过表征的方式来促进幼儿发展。然而，我们最常看到的就是教师引导孩子们进行绘画表征。但这样高频次的绘画表征，影响了幼儿对游戏及其他活动的兴趣，慢慢产生了抗拒乃至厌倦使用绘画这种方式来表达自己的想法，同时也使教师忽略了其他重要的表征之术。表征趋于形式化，变得为了表征而表征，这种"表征"只会让教师更累。

2. 忽视其他表征之术，使教师降低表征敏感度

在研究中，发现幼儿教师之所以专注于绘画表征，可能是对其他表征不了解，从而忽视了幼儿可能出现的其他表征。由此，在本园中以表征为题对教师进行了访谈。访谈调查见图1。

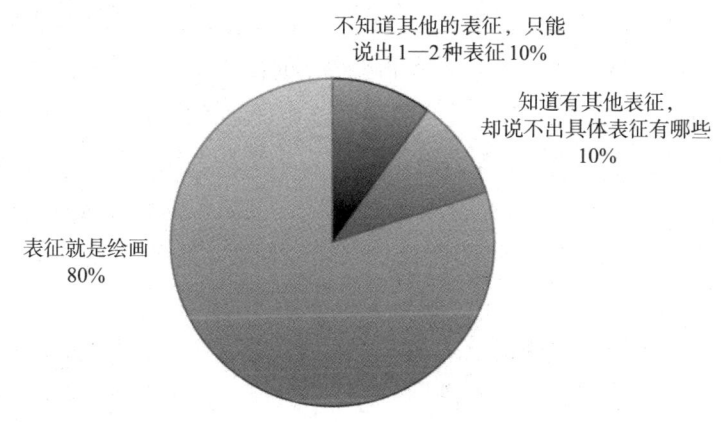

图1 教师访谈调查结果

从图中可以看出：大部分的老师都认为表征就是绘画，其他老师都对表征不够了解，也不清楚除了绘画之外，还有其他哪些具体的表征。只有10%的老师能够说出除绘画以外的1—2种表征，但也会忽略其他表征，对表征之术没有具体的认识。除此之外，教师也忽视了幼儿运用其他表征的能力，导致对幼儿表征的敏感度降低，进行表征的机会较少，更忽略了幼儿表征方式的个体差异。

3. 各类表征缺乏融合，阻碍幼儿整体和谐发展

教师平时没有提供多元的支持以及给予幼儿更多的表征机会，导致幼儿无法实践各类表征。另外，即使幼儿有实践机会，但各类表征过于孤立，缺乏连接。因为幼儿的发展是整体性的，所以表征也需要体现整体性。如果过于孤立，这与幼儿的发展及学前教育的教育理念是相违背的。

二、运用表征之术，助推师幼共成长

1. 加强认知，以幼儿需求鉴别表征支持

（1）查阅文献，了解其他表征之术

孙红吉在《基于多元表征的幼儿园教学实践研究》一文中提出的表征方式

包括语言、符号、图形、涂鸦、绘画、表情、建构、肢体动作、游戏活动等多种形式。赵春霞在《幼儿园"表征热"现象中的问题及改进策略》一文中阐述了幼儿以绘画、雕塑、搭建、说唱、表演等形式表达对世界的体验与感悟，称为艺术创造类表征。教师引导幼儿参与规则的讨论与制定，鼓励他们通过图画和语言表达自己的想法，与同伴进行交流、讨论、筛选，最终形成共同认可的规则，通过这类表征活动，教师能够更全面地了解幼儿的社会认知水平，进一步引导幼儿学会存异求同。《多元表征在幼儿园数学教学中的运用现状研究》中，周敏从幼儿数学教学的角度将表征分为动作化表征、实物情景表征、图像化表征、言语化表征、媒体化表征、形式化表征。张亚妮在《幼儿园教师教育智慧的涵义、表征与生成》中认为，幼儿园教师的教育智慧表征形式可分为三类，即行动、意象和语言。

通过查阅各种文献资料，发现了表征的方式有很多。我们整合出关于各类表征的相似概念，了解到表征有语言、符号、绘画、表情、动作、表演等。当老师们知道还有其他的表征之术后，便不会只关注于一种表征，而是在幼儿各种活动中发现其他的表征。而在本文中，我们重点研究语言表征、行为表征和绘画表征这三种表征来助推幼儿的发展。

（2）识别表征，理清表征主次关系

当开展某一活动时，幼儿的表征行为肯定不只有一种，但表征之间是有一定的主次关系。比如有的幼儿在绘画方面十分擅长，但语言表征就比较薄弱。由此，我们不能因为幼儿画得好，就只让幼儿进行绘画表征。而是应该在注重绘画表征的同时发展其语言表征，即以一种表征为主，其他表征为辅。另外，教师对表征的重视程度不能从只关注一个或全部重点关注的极端，这样不仅教师精力不够，也不符合幼儿的年龄特点和发展需求，取长补短，因需供求，才能助力幼儿运用表征更好地表达表现自己。

2. 观察理解，发现幼儿实践中各类表征差异

（1）选用适宜的观察方式

在对本园大3班幼儿的观察中，本研究用了多种观察方式：师幼互动、拍照记录、观察量表统计。通过观察，教师发现幼儿的表征差异。其中，以本班10位幼儿的观察量表统计为例。观察量表统计见表2。

在这个观察量表中可以发现大部分的幼儿在语言表征、行为表征和绘画表征这三类表征行为出现的情况较多，其他表征出现的情况相比之下较少。说明大部

表2 幼儿表征的观察量表统计

	语言表征	行为表征	绘画表征	符号表征	建构表征	游戏表征
小董			√			
伊伊	√		√			
涵涵		√				
小张	√			√		
小吴		√			√	
泷泷			√	√		
小李	√					
小庄	√	√				√
森森			√			

分的幼儿对语言、行为、绘画表征较多，也比较擅长。表中也能体现每一个幼儿表征的不同差异，都有其喜欢或常用的表征方式。

（2）全面分析幼儿表征差异

- **整体分析**

基于观察本班幼儿的表征行为后，了解到语言和绘画表征是最多的，占全班人数的90%；其次是行为表征占全班人数的7%；最后是其他表征占全班人数的3%。可见，孩子们最喜欢语言和绘画表征。

- **个体分析**

大部分幼儿是擅长语言和绘画表征，但也有少部分幼儿是擅长行为表征、建构表征、符号表征和游戏表征。说明每一个幼儿擅长的表征方式不一样。幼儿作为独立的个体，发展水平不一样。就像有的幼儿擅长语言表达，平时则较多使用语言表征；有的幼儿擅长建构表征，则其他表征就相对薄弱。

- **原因分析**

幼儿出现表征差异的原因有：幼儿受家庭背景的影响，每个家长对自己孩子的教养方式不一样，幼儿的表现和能力也是不一样的；教师在幼儿表征中采取的支持策略和对表征之术的了解程度不同，当教师对多种表征方式比较了解，则会敏锐的观察和捕捉到幼儿出现的表征行为，并及时采取相应的支持策略；幼儿园对幼儿表征的重视程度不同，园所提供教师关于表征的学习和培训并创设适宜的表征环境，就会大大提高幼儿表征行为的能力。

3. 追随幼儿，支持自然融合各类表征获得发展

（1）表征之术相互转换

①语言+绘画的表征之术

当幼儿在一个活动中同时或交替运用到语言表征和绘画表征时就是语言+绘画的表征之术。这两种表征之术是幼儿平时经常用到的，也是最擅长的。在很多活动中孩子们都会用到这两种表征之术。

比如在关于"基于情景体验开展趣味数活动"的课题研究中，大班幼儿开展了一次"设计座位表"的活动，教师与幼儿在讨论应该如何设计票子。孩子们你一句我一句，大家通过语言来讲述自己设计票子的想法。每个幼儿都在思考票子上需要画上的图案以及如何将自己选择的椅子画在纸上。

接下来，幼儿便开始画票子。教师看见大部分幼儿都画了一张小椅子，并在椅子的旁边写了一个数字。但是在巡回观察的过程中，也会发现不一样的"惊喜"。两类表征转换模型见图2。

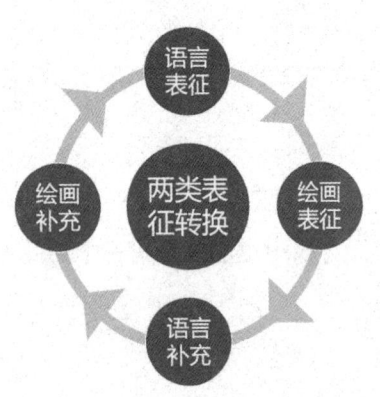

图2 两种表征的转换模型

通过此次活动的开展，教师发现了幼儿语言和绘画的两种表征之术。而且幼儿可以灵活地将这两种表征方法进行互相转换。《幼儿园保育教育质量评估指南》中第28个考查要点指出："重视幼儿通过绘画、讲述等方式对自己经历过的游戏、阅读图画书、观察等活动进行表达表征，教师能一对一倾听并真实记录幼儿的想法和体验。"可见，幼儿在设计票子的活动中利用语言+绘画的表征之术理解数字的不同意义并感受数字体验带来的乐趣。语言表征和绘画表征转换见表3。

②语言+行为的表征之术

语言+行为表征之术多出现在实践操作的活动中，幼儿的思维也处于直觉行动思维。《幼儿园保育教育质量评估指南》中提出，"最大限度地支持和满足幼儿通过直接感知、实际操作和亲身体验获取经验的需要"。因此，幼儿乐意运用语言表征和行为表征来表达表现自己，这就是语言+行为的表征之术。

比如在测量1米距离的活动中，教师引导幼儿思考如何准确测量出1米距离。

表3 语言表征和绘画表征互相转换

幼 儿	语 言 表 征	绘 画 表 征
小 董	"我已经想好要给第一个座位设计票子，我先画椅子，然后给椅子涂上好看的颜色。"	
泷 泷	"我想在橘色的椅子里面选一把椅子给客人老师设计票子。"	
伊 伊	"我要在椅子上画十二生肖，然后让客人老师按照自己的生肖来坐位子。"	

利用肢体和工具的行为表征方式进行测量，从中体验测量的快乐并有效促进幼儿数学思维的发展。幼儿在多次尝试借助工具测量后，都积极地想表达自己测量成功之后的喜悦，并证明自己选择的工具测量成功了。此时的幼儿又从行为表征转换成语言表征，进而帮助其他幼儿及老师更好地理解一米距离是如何测量的。

以上活动说明了幼儿在语言和行为表征之间也是可以进行相互转换的。《幼儿园教育指导纲要》中明确指出：儿童在主动获得经验的过程中，会形成和发展具有个性特点的语言与非语言的表达与表现方式。儿童会以他们特有的方式来表达和表现自己的所思、所想、所知，表达对参与活动的认知和了解。所以说，幼儿的这两种表征之术正是在表现出自己的感受与想法。

③行为+绘画的表征之术

行为+绘画的表征之术多运用在户外游戏活动中，幼儿可以将自己的游戏行为绘画出来，也可以绘画出游戏前的想法和计划，再以游戏的形式表现出来，这就是行为+绘画的表征之术。

例如幼儿在户外游戏的2号场地中，玩着农家小院的游戏。孩子们运用农家小院中各种材料开始了不同种类的游戏。幼儿通过不断地摆弄材料，运用搭、切、炒、涂、抹等各种动作，使得最后逐渐形成一样完整的作品。在游戏结束之后，孩子们回到教室进行自由活动。他们迫不及待想把在2号场地玩的游戏画出来，将自己的游戏过程以绘画的方式表现出来，然后分享给老师看。

老师问："对于明天的户外游戏你们有没有新的想法或者对新游戏有什么计划？"孩子们七嘴八舌说了很多自己的计划。老师见到大家如此活跃，便提出让孩子们把自己的计划和想法都画下来，方便他们充分发挥自己的想象。

画完之后，幼儿按照自己绘画的一张张富有想象力的计划图，在户外游戏中不断进行组合、搭建、拼装等一系列的游戏行为，从而把自己的画变成一件现实立体的作品。

在以上过程中，幼儿便表现出了绘画表征与行为表征的一个互相转变。通过户外游戏的形式，促进孩子们出现了明显的表征行为。利用画笔，让孩子们记录下自己在游戏过程中的想法，这种表征方式不仅可以回顾游戏内容，也能帮助幼儿提高游戏水平。另外，在户外游戏中还可以看出幼儿把绘画中的内容付诸实践，也可以将实践后的成果记录于绘画中，因此这两种表征方式是相辅相成的。两种表征的转换见图3。

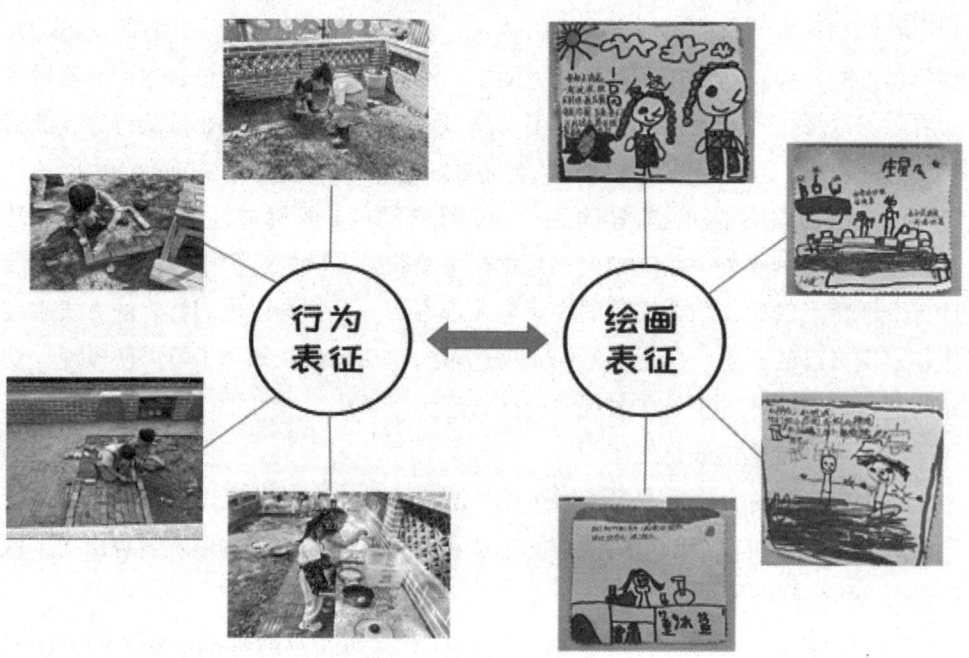

图3 幼儿对两种表征的转换

④ 语言+绘画+行为的表征之术

幼儿的表征之术是多种多样的，表征方式越多，幼儿的思维也会从形象思维不断向抽象思维转化，想象力也在不断发展。教师通过研究幼儿的表征之术对于读懂幼儿的思维模式具有重要的意义。三种表征转换模型见图4。

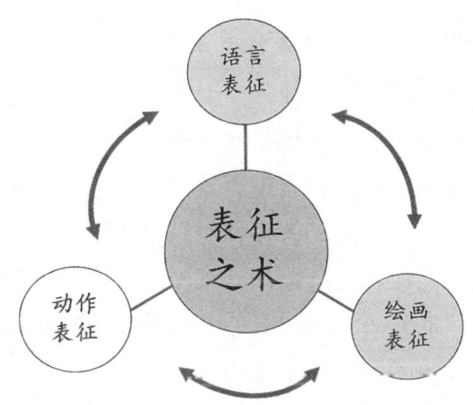

图4 三种表征转换模型

（2）互相融合相辅相成

当幼儿在进行活动时，出现的表征不只有一种，可能还会出现其他的表征。比如幼儿在进行绘画表征时，画中会出现一些符号，这就是绘画表征和符号表征互相融合。因此，教师在观察幼儿表征时，不能只关注一种表征，还要重视其他的表征之术，因为表征之间是互相融合的。只有幼儿自然融合各类表征，才能在各方面得到和谐发展。

三、分析表征之术，促进师幼齐发展

幼儿在不同的活动中，不断发展各种表征之术。对于幼儿来说，表征行为的发展是促进幼儿思维能力以及想象力的发展。然而，作为教师要通过观察幼儿的表征行为，从而发现儿童不同水平的发展能力。同时也感受到表征之术对幼儿发展具有重大价值。

1. 在各类活动中激发幼儿产生表征行为

在以上的各类活动中，幼儿自发地产生语言表征、行为表征、绘画表征。这些表征之术不仅吸引幼儿对活动的兴趣，也激发了幼儿求知的欲望，会不由自主地想要深入探索。不管是在"做票子""测量1米距离""户外游戏"等活动中，其实生活中的其他事情都会引发幼儿产生表征行为。幼儿就是在不同的表征行为中互相转换，使得语言发展更加完善、行为表现更加丰富、想象创作更加有创意。因此，作为教师，需要提供更多体验活动的平台和机会，帮助幼儿产生不同的表征行为。

2. 在鼓励支持中推动幼儿建构表征之术

当幼儿逐渐产生表征行为后，教师需要推动幼儿建构表征之术。因为儿童是独立的个体，每个幼儿的发展水平都是不一样的。就像"做票子"活动中，语言表达能力强的幼儿，在绘画方面的表现力就比较一般。当其他幼儿看不懂绘画作品时，幼儿又可以用自己丰富的语言去补充自身绘画的不足，通过解释和介绍自己的作品，帮助其他幼儿去理解这幅作品真正的含义。这就是语言和绘画表征互相建构的过程。教师在不断地支持和引导中助力建构幼儿不同的表征行为。

3. 在体验感受中引导幼儿转换表征之术

完成表征之术的建构之后进而逐渐引导幼儿转换表征之术，只有灵活转换表征之术，幼儿才能在真实生活中解决各类问题。对于大班的幼儿来说，正是发展表征能力的关键期，这也为后面的幼小衔接奠定了坚实的基础。大班幼儿进入小学生活后，遇到的问题都是比较抽象化的概念，这其实就需要幼儿运用到表征之术。幼儿在解决数学问题的时候，对于一些文字、语言等复杂的描述，便可以用简单的数字、符号、绘画等方式进行表征，从而充分理解数学概念，准确解决数学方面的问题。所以，在幼儿后续的学习和探索中，表征之术的运用和发展是他们不容忽视的一项重要技能。

幼儿发展优先理念背景下的幼儿园礼乐教育实践

施 宇（上海市浦东新区北蔡幼儿园）

中国素有"礼乐之邦"的美誉，习近平总书记提出，"建设优秀传统文化传承体系，弘扬中华优秀传统文化"；党的十七届六中全会决定中指出，"发挥国民教育在文化传承创新中的基础性作用，增加优秀传统文化课程内容，加强优秀传统文化教学研究基地建设"。对于我们幼教工作者来说，如何在幼儿园开展礼乐文化的学习和传承，体现幼儿发展优先的理念，显得尤为重要，已经成为当下中国教育教学中的重要指导思想。我们探索礼乐文化的传承教育，就要始终把幼儿发展放在优先位置，要使每位教师都能发挥工作潜能，让工作充满动力，让教育充满活力。我们把社会主义核心价值观熔铸于礼乐文化，推动优秀传统文化的传承与发展，激发师生创新创造活力，形成鲜明的"活力文化"。幼儿礼乐文化就是将可持续发展的思想和观念、内蕴于教育中，使幼儿在了解一定礼乐文化的基础上，逐步把掌握的知识用于实践，最终形成良好的行为习惯。

一、礼乐文化在幼儿园创新实践的内涵

2014年教育部印发的《完善中华优秀传统文化教育指导纲要》（以下简称《纲要》）分学段有序推进礼乐文化教育，把礼乐文化教育融入课程和教材体系，强化礼乐文化内容时代命题，以"诗""乐""礼"三位一体的教育模式让我们的幼儿讲好中国故事，传递好中国声音，践行好中国礼仪，并渗入五大领域，礼乐+教学、礼乐+生活、礼乐+主题活动，以其精深的思想内涵和价值滋养幼儿的

精神和心灵，促进我们的幼儿个体情感和社会性发展的同时，使我们的教师进一步探讨和总结增强教育活力的理念和经验。

二、礼乐文化在幼儿园创新实践的价值

（一）礼乐文化是传统的继承和教育活力认识的突破

中国是世界上历史最为悠久的国家之一，中华民族五千多年来积淀的文明，几乎都与"礼乐"文化背景息息相关。礼乐文明，不仅作为一种单纯的文化事象而存在，更上升为一种文化符号、一种价值体系，深植于民族的集体意识之中，成为影响华夏民族道德信仰和民族精神的重要因素。为此，《纲要》强调要开展中华优秀传统文化教育，要以弘扬爱国主义精神为核心，以家国情怀教育、社会关爱教育和人格修养教育为重点，着力完善青少年学生的道德品质，培育理想人格，提升政治素养。因此，我们学前教育阶段也应该重视礼乐文化的创新实践，通过礼乐文化的熏陶，授以幼儿礼乐的精神与知识，并使幼儿将其内化为自己的行为准则，新课改也为礼乐文化在学校教育中的应用提供了理论支撑。同样，幼儿园礼乐文化为解决目前社会不良现象及教学现状做出了补充，为新课改的实现提供了一种有效途径，成为教育活力认识的一个崭新突破口。

（二）礼乐文化推动幼儿自主发展能力的养成

由于现代家庭结构的变化，"独生子女""多孩家庭"，幼儿都希望得到家长更多的关注，容易形成"以自我为中心"的不成熟个性，规则意识差，社会交往技能难以得到锻炼，在生活习惯方面的培养缺乏正确指导，不利于幼儿的社会性发展，虽然这将会使幼儿礼乐文化教育面临更多障碍，但这恰是对幼儿开展礼乐文化实践的价值所在。结合我园多年实践研究经验和课程特色探索，以礼乐文化实践为途径，尝试通过课题促进幼儿社会性发展，提升他们的社会适应能力是我们园本研究的重中之重。

（三）礼乐文化促进教师创新设计能力的提升

我园教师在活动内容设计、流程安排、材料选择等方面的能力参差不齐，有的教师能力强，有的教师能力弱，能力弱的教师需要锻炼、提高。在实践活动时，教师要结合幼儿的特点，采用丰富多样的活动形式和教育策略，达到活动的

目的,这一点也需要在实践中进行锻炼,总结经验并不断提高。

(四)礼乐文化助力园本课程创新构建的充实

以往的礼乐相关课题研究虽然已有一些活动教案,但是数量不多,并且由于目标制定不够科学化、可行化,因此年龄段的课程层次性、系列性都不够明确,需要整理出有价值的教案,活动教案更多地集中于集体教学活动和综合活动,可操作面比较狭窄,且现有的课程框架比较凌乱,需要进行系统梳理。此外,在梳理已有经验的基础上,还需要在实践中寻找新的模式和新的方法,开发新的活动,补充原有的课程,从而形成一套完整的系列的礼乐文化课程实施方案。

三、礼乐文化在幼儿园创新实践的实施途径

幼儿礼乐文化在幼儿园创新实践是我园在《纲要》的指引下,有目的、有计划、有步骤地开展的研究,是探索其实施内容、形式、策略、方法、评价及其内在规律的教育活动。通过教育活动将礼乐文化融入幼儿生活的方方面面,使之成为一位人见人爱的谦谦小君子。

1. 每日礼乐频道

俗话说:读经典一部,胜杂书万本。在每天的午餐后休息时间内进行礼乐文化诵读经典活动中,孩子们懂得了孝顺父母、懂礼貌、知礼仪。经常诵读经典的训练,识字量自然也增加了,以后作文、发言时出口成章、引经据典,颇有深度。诵读经典,品味经典,也能帮助孩子形成博览群书的习惯。许多孩子会主动找书读,开阔视野,提高智力。体会到了中华礼乐文化的无限魅力。

2. 每周礼乐课堂

每周五集体教学活动时间由每班青年教师进行礼乐文化教育的相关教学活动,她们根据自身的特长和班级幼儿特点,在研究初期认领了自己研究的领域,并在礼乐课堂中按不同领域进行前期活动设计和现场演绎。

(1)语言活动中的礼乐文化创新实践

①选取适宜的语言活动作品,激发幼儿对礼乐文化的学习活力

A. 选择地域性强的沪语童谣

沪语是上海的地方方言,作为地方语言文化,值得我们传承保存,这可是文化保护的一部分,所以我觉得在幼儿园传诵沪语童谣具有深远的意义。

B.选择朗朗上口的儿歌

让孩子们学习文明礼仪儿歌，一定会让孩子们在学习中，知道文明礼仪的意义。因为小班的孩子小，很多有关文明礼仪的知识你教下去，他们不一定懂，不能理解其中的道理，用朗朗上口的儿歌形式教幼儿学文明礼仪，对于小班的孩子来说是非常不错的。

C.选择经典的故事

中华民族拥有五千年的历史，自然会流传下许多经典的故事，如《司马光砸缸》《女娲补天》《愚公移山》等，于是我就根据小班幼儿的年龄特点，选择了一些具有教育意义的经典故事进行集体教学。

D.选择有教育意义的绘本

好的绘本故事，图画发挥着强大的功能，文字部分的创作比较诗歌化，有的像奇幻的童话诗。经常为幼儿读着富有诗意与想象力的语言，可以帮助宝宝学习母语，学习礼乐文化。

②活动和实践的创新设计，培养幼儿对礼乐文化的学习活力

A.个别活动中渗透礼乐文化

通过有针对性的个别教育手段，使幼儿在通过语言活动学习礼乐文化的过程中获得更多的经验。比方对于刚进小班的孩子来说，他们的性格、所受的家庭教育都是不同的，有的孩子特别爱和老师打招呼，有的孩子则是需要在成人的引导下和老师打招呼，有孩子不管你怎么提醒他，他都不愿意开口和老师打招呼，这时候就需要老师通过语言活动去引导了。在来园的时候，老师主动和孩子、家长打招呼，用语言暗示幼儿。还可以通过谈话活动，引导个别幼儿主动和老师、同伴、家长打招呼。

B.小组活动中渗透礼乐文化

小组活动为培养幼儿学习礼乐文化提供了更多的表现和练习的机会。这种活动形式我们一般用在个别化学习活动、区角游戏、角色游戏中。

C.语言集体活动中渗透礼乐文化

通过集体谈话、讨论、主题活动、游戏活动、亲子活动等，来培养幼儿习得礼乐文化，进行师生互动，生生互动。每星期五我们都会进行礼乐文化的集体教学，有关语言的集体教学活动有"在公共场所如何说话""分享玩具""比尾巴"等。

（2）音乐活动中的礼乐文化创新实践

①从既有生活经验导入，由易到难，循序渐进

幼儿在音乐活动中均表现出较高的兴趣，尤其在"小猪的一天""劳动狂想曲"等活动中，很多小朋友都有相关的生活经验，因此表现踊跃。生日是每个幼儿年年都过的，现在家庭都把幼儿的生日当成一件大事，幼儿已有经验比较丰富。在由易到难的课程进程中，小朋友始终能保持积极的态度和较高的专注力，通过课堂学习，巩固了既有的生活经验，又得到了新的提高。

② 相信幼儿的理解感知能力，激发幼儿自行探索

对于礼乐文化在音乐活动中的渗透，其教学成果最终要体现在幼儿对于音乐的感知乃至对于礼乐文化的理解程度上。让幼儿能够感受理解音乐表达的情感氛围，这并不是教师简单地将结论告诉小朋友，小朋友就能够理解并接受的。事实上，音乐所传递的情感氛围，只能个人自行去体会，老师只能提示引导，而不能代替小朋友欣赏。在这一点上，教师的策略是要做一个引导者，而不是用直接下结论来限制小朋友的个人思维和体验。

③ 细水长流，加强平时的音乐欣赏活动

在教学中发现孩子们平时对各种经典的民族音乐欣赏还比较少，因此缺乏相关经验。而仅仅依靠几堂音乐活动的课程，是不能补足这方面的缺乏的。因此我们感到要提升幼儿这方面的欣赏能力，理解乐曲所表达的情怀，加深对音乐在礼仪文化中的作用的理解，需要幼儿园在平时加强对幼儿音乐欣赏方面的培养。要针对该年龄段的幼儿对音乐欣赏的兴趣及理解程度来设计音乐活动，并积累相应的音乐素材，用教师的热情和对音乐的感知力来感染幼儿，让教学活动更有效。

（3）美术活动中的礼乐文化创新实践

① 通过美术活动让幼儿初步理解社会礼乐规范

当今社会越来越注重孩子的礼乐教育，可是在实践中礼乐教育的效果并不明显，这主要表现为礼乐教育内容忽视幼儿内在需要；礼乐教育方式方法单一。我们尝试从美术教育教学活动等艺术教育的角度出发，通过艺术的情感渗透，将礼乐教育内容内化为孩子的内在需要，使艺术成为礼乐教育的一剂"良药"，真正让幼儿园的礼乐教育内容为幼儿所接受、吸收，进而潜移默化地转化为他们的人生准则。

② 通过多种艺术形式，大胆表现对礼乐文化的感受和理解

用现代的幼儿教育理念来看传统的礼乐教育形式、礼乐教育的方式方法，如"说理教育法""行为实践法"等，它们有一个共同的缺陷，那就是忽视了受教育者幼儿的主体性。教师是礼乐教育方法的掌握者和使用者，其维度是单向的、一

维的,是他律的,缺乏幼儿礼乐主体的自我教育。单一的礼乐教学方法不仅违背了现代幼儿教育的法则,而且使得礼乐教育的效果停留在知识上,而不是行为和情感上。所以,很多礼乐教育培养出来的孩子往往是能说会道,可是实际行为中没有任何作用。

在我园的礼乐教育实施中,结合自身艺术特色园的有效资源,尝试从艺术教育的角度作为礼乐教育的方法,在美术、绘本等艺术方面构建一个适合幼儿接受的礼乐教育体系,使幼儿将一个个礼乐道理内化为自己的行为,达到自律的效果。

如果说,传统的礼乐教育是在画一条龙身的话,艺术教育的融入就为其添了点睛之笔。我园每周根据"礼乐课堂"主题内容开展美术活动。让幼儿在礼乐教育中有如身临其境的感觉。

③ 创设礼乐环境,感受礼乐文化

在我园的一楼大厅,每月我们都会结合主题内容,和孩子一起制作"主题海报"。

④ 开展美术专题活动,发扬传统美德

除了每周的"礼乐课堂",我们还每月开展了"礼乐空间"大活动,以此引导幼儿理解一些传统美德。

礼乐教育本身需要打动受教育者的情感共鸣,才能产生良好的教育效果,礼乐教育融进美术教育的方式和内容,使得孩子在礼乐情感上产生了共鸣,从而改变内在的行为。让美术在礼乐教育中成为灿烂的点睛之笔。

3. 每月礼乐空间

每月按照计划中相应的主题:3月(种植季)——快乐种植、认领;4月(郊游季)——春游踏青、放风筝或风车转;5月(劳动季)——剥豆、家务小能手;6月(感恩季)——毕业典礼、感恩周围的人;9月(成长季)——我长大了、补种植物;10月(生日季)——祖国生日、集体生日;11月(分享季)——分享金秋、分享图书或音乐;12月(迎新季)——圣诞迎新、家长开放)。以园内教育和园外教育两种形式,开展礼乐文化教育活动。

(1)园内教育

园内教育就是充分发挥教师的主导作用和幼儿的主体作用,合理利用幼儿园内的资源,积极创造条件,提供空间,促进幼儿全面发展的教育方式。

幼儿礼乐文化教育的园内教育是指教师合理利用幼儿园内的资源,积极创造条件，提供空间，对幼儿进行礼乐文化相关教育，促进幼儿全面发展的教育过程。

园内教育一般可以分为以下四步进行：

① 制定目标

教师根据每个月的活动主题、特殊节日、随机事件，根据幼儿的年龄特点，精心设计在活动中所要达到的重点和难点。

② 设计内容

合理利用幼儿园内的资源，如主题墙饰、活动区、班级资源等，遵循幼儿的兴趣和需要，确定活动的内容。

③ 确定形式

幼儿在学习的过程中存在着差异，表现为不同幼儿的兴趣点不同。教师需要为幼儿灵活设置符合不同发展需要的活动形式。

④ 进行实施

实施中科学性很重要，不能传授给孩子错误经验，要求教师事先做好充分的调查研究。

（2）园外教育

园外教育是指以幼儿园为主体，借助家庭甚至社区的资源，让幼儿从中获得知识经验的一种教育方式。

园外教育不仅可以让孩子将自己习得的经验知识，在生活中进行实践和验证，同时也可以使园内的教育在家庭甚至社区的范围内得到普及，从而使幼儿获得更多的教育资源和机会。

幼儿礼乐文化教育的园外教育是指：从幼儿熟悉的周围生活入手，把对环境的认识和情感统一起来，然后开展以幼儿园为主体，借助家庭甚至社区资源，让幼儿从中获得知识经验的教育方式。

园外教育一般可分为以下四步进行：

① 制定目标

结合相关的主题和节日，针对幼儿的年龄特点进行活动目标、重点和难点的制定和修改。

② 设计内容

园外教育，通常以情先行，在真正走出幼儿园之前，如何让幼儿把对环境的认识和情感统一起来，是整个活动的主要部分，因此在进行一个园外教育活动之前，教师可能会设计不止一个活动来达到前期的情感准备。

③选择场景

当情感培养到位后,园外教育开展就成了水到渠成的内容,教师只需根据完成目标的难易程度挑选适合幼儿的活动即可。

④开展实施

开展实施首先要注重安全,在出幼儿园之前,教师需要对活动的场地进行实地考察,杜绝一切可能的安全隐患。另外,园外教育配备的教师、保育员乃至保安叔叔必须人数充足,保证幼儿的活动安全。其次要让每个幼儿都能体验成功的快乐,教师在活动中为不同的孩子提供不同任务,使每个人都能在活动中有所收获。

对幼儿来说,除了同伴,最经常、最主要的接触者是家人,特别是父母的言传身教潜移默化地影响着幼儿。实践也证明,礼乐文化教育只有在家园的共同配合下,使幼儿园与家庭、幼儿与教师、家长间产生互动的教育功能,才能使礼乐文化教育达到最好的效果。

因此,以孩子为纽带,带动家庭乃至社区的礼乐文化实践活动,让园内教育与园外教育相结合,才是我们倡导礼乐文化教育的有效举措。

4. 每学期礼乐家园

每学期结束我们结合家长开放或是大班毕业典礼等活动,进行幼儿礼乐文化教育的展示,一场礼乐文化集体教学活动、一台形式多样的礼乐盛会,让家长看得流连忘返,在经典欣赏中一次次检阅我园礼乐文化教育活力的实践成果。

在迎新季礼乐大活动中,我们开展了经典诵读比赛。中华古诗词内涵丰富,语言精练,易于诵记,名篇佳作篇目繁多,美不胜收。让幼儿从小诵读古诗词,不仅能拓展他们的知识面,还能培养对文学的兴趣爱好,为文学功底打下扎实的基础,提高幼儿的人文素养,激发幼儿的爱国主义情感,陶冶他们的情操和审美情趣,全面提高整体素质,承接传统,直面经典。通过活动让幼儿沐浴礼乐文化的恩泽,接受传统文化的洗礼,享受诵读的快乐。

经过近年来的实践和探索,取得了较为显著的成果,推动了我园教学实践的再造和突破,提高了教师的教育活力和实践能力,从而使幼儿感知礼乐文化,接受礼乐文化熏陶,成为一名知礼、懂礼、守礼、行礼的好公民,进一步激发了幼儿的活力,促进了幼儿自主成长。